财政部规划教材
全国财政职业教育教学指导委员会推荐教材
全国高等院校财经类教材

电子商务基础与实务

杨　宇　主　编
姚树香　方　晓　副主编

中国财经出版传媒集团
经济科学出版社
Economic Science Press

图书在版编目（CIP）数据

电子商务基础与实务 / 杨宇主编. -- 北京：经济科学出版社，2023.6（2025.1 重印）

财政部规划教材 全国财政职业教育教学指导委员会推荐教材 全国高等院校财经类教材

ISBN 978-7-5218-4856-4

Ⅰ.①电… Ⅱ.①杨… Ⅲ.①电子商务-高等职业教育-教材 Ⅳ.①F713.36

中国国家版本馆 CIP 数据核字（2023）第 110277 号

责任编辑：白留杰 杨晓莹
责任校对：蒋子明
责任印制：张佳裕

电子商务基础与实务
杨 宇 主 编
姚树香 方 晓 副主编
经济科学出版社出版、发行 新华书店经销
社址：北京市海淀区阜成路甲 28 号 邮编：100142
教材分社电话：010-88191309 发行部电话：010-88191522
网址：www.esp.com.cn
电子邮箱：bailiujie518@126.com
天猫网店：经济科学出版社旗舰店
网址：http://jjkxcbs.tmall.com
北京密兴印刷有限公司印装
787×1092 16 开 15.5 印张 440000 字
2023 年 7 月第 1 版 2025 年 1 月第 2 次印刷
ISBN 978-7-5218-4856-4 定价：48.00 元

前言

《电子商务基础与实务》是电子商务类专业基础课程教材，它全面而系统地介绍了电子商务的基本理论、基本知识、基本应用、基本运营模式和流程，以及电子商务管理的基本技能。在知识点的设计上是根据高职高专学生的职业特色和基本要求，通过项目教学法、案例教学法等教学手段，按照电子商务运营过程中每一个环节所涉及的内容进行知识点的设置，将所有的电子商务基础知识点贯穿起来，并且按照电子商务的流程进行内容的讲解，从而帮助读者对电子商务的基本框架和轮廓以及相关知识和技能有一个较为全面的掌握，为后续专业课程的学习打下坚实的基础。

本书针对目前高等职业学校教材“理论枯燥、实训不足”的现状，采用模块化教学设计，从项目教学法案例引导入手，以任务驱动为主要模式进行教学内容的整合和编写。每个项目模块均包含了教学设计所要达到的知识目标、能力目标和情感目标三个部分，并配置了相应的项目实训内容，学生可以在实训练习中巩固所学知识点，教师也可以从最有利于学生学习的角度来使用教材。同时，全书从立德树人的角度出发，坚持贯彻课程思政的教学创新理念，充分体现了“德才兼备、学做一体”的教学思想。

教材编写过程中，参考、引用和借鉴了大量的文献资料、研究成果和相关书籍，充分了解和利用国内外电子商务相关最新研究成果和实践现状，并配备有微课、课件、案例、习题等类型丰富的数字化教学资源，扫描教材二维码，可获取重要知识点、技能点对应的优质教学资源。因而不仅适合于高职高专院校电子商务类、工商管理类等相关专业学生学习使用；适合于电子商务创业者或兴趣爱好者提升专业技能自学使用；也可作为企事业单位电子商务的培训教材，普通高等院校的本科学生以及从事电子商务相关工作的企业管理、应用和研究人员的参考书。

本教材编写团队成员分别来自厦门软件职业技术学院、厦门东海职业技术学院、泉州经贸职业技术学院、漳州高新职业技术学校，均具有丰富的从事电子商务专业教学、科研的实践经验和教学经验，对高职学生学习和接受知识的能力有深入的了解；本教材的编写还得到了很多电商相关企业一线运营人员的大力支持和帮助，其中校企合作企业九牧集团为本教材提供了大量的资料、文献、案例等素材，并进行教材的审校工作。

全书由福建省级精品课程、省级教学成果、省级产教融合示范专业、现代学徒制试点专业带头人，厦门软件职业技术学院经济管理学院院长杨宇教授担任主编，负责拟定大纲、协调分工和最后的统稿、审校及定稿，姚树香、方晓担任副主编，教材各项目编写情况如下：

项目一　姚树香（厦门软件职业技术学院）执笔

项目二　方晓（厦门软件职业技术学院）执笔

项目三　范青云（漳州高新职业技术学校）执笔

项目四　方伶元、周贤东（厦门软件职业技术学院）执笔

项目五　陈金鱼（厦门软件职业技术学院）执笔

项目六　陈碧云（厦门东海职业技术学院）执笔

项目七　张泽兰（厦门软件职业技术学院）执笔

项目八　赵思思（泉州经贸职业技术学院）执笔

项目九　叶晔（厦门软件职业技术学院）执笔

项目十　朱国庆（厦门软件职业技术学院）执笔

在编写过程中，力求精准贴合行业发展，然因电商行业变化日新月异，故难免存在疏漏与不足，恳请专家和读者批评指正，以使本书在使用过程中不断地完善和提高。

编者

2023 年 4 月

拓展阅读

目录

项目一

电子商务认知

知识目标

- 了解电子商务的基本发展脉络
- 掌握电子商务相关概念和术语
- 理解电子商务的基本分类
- 了解电子商务各岗位技能需求

能力目标

- 能整体把握电子商务的不同概念
- 能够识别不同类型的电子商务网站
- 能够分析电子商务发展的现状及趋势

情感目标

- 培养学生勇于实践、勇于创新的精神
- 培养学生树立正确的职业观和职业道德

思维导图（见图 1－1）：

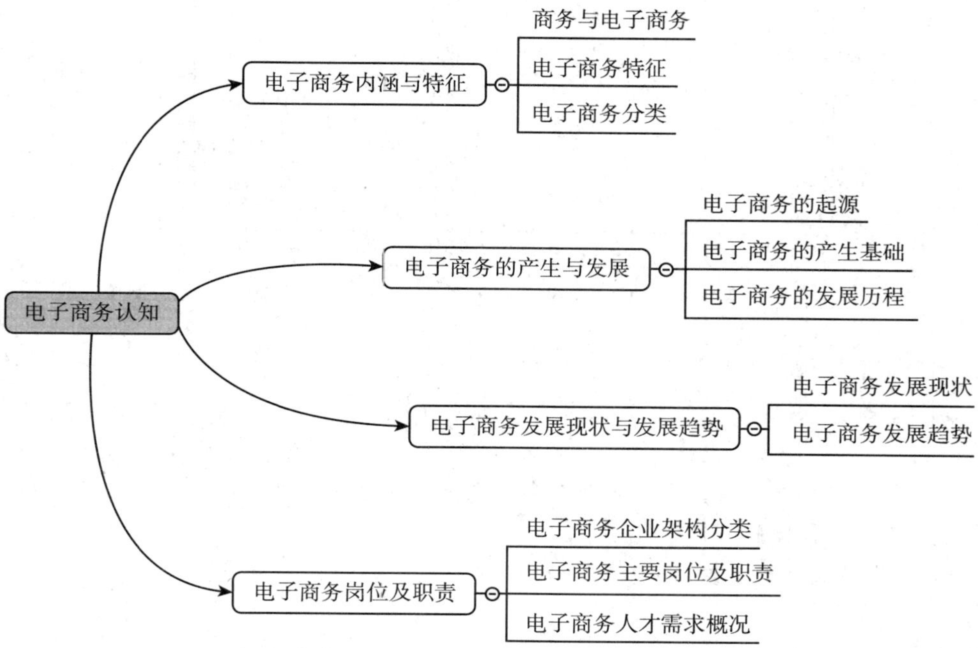

图 1－1　电子商务认知

引导案例

天猫“双十一”——全球购物狂欢节

“双十一”购物狂欢节，是指每年 11 月 11 日的网络促销日，源于淘宝商城（天猫）2009 年 11 月 11 日举办的网络促销活动，当时参与的商家数量和促销力度有限，但营业额远超预想的效果，于是 11 月 11 日成为天猫举办大规模促销活动的固定日期。

每年的“双十一”，都是消费者网购的大好时机。网上购物已经变成了人们生活中必不可少的事情，这一天，全国甚至全世界的人们都在网购；这一天，淘宝、天猫、阿里巴巴等大型电商打折打到爆；这一天，几乎每个人都在网上疯狂地抢购东西；这一天，几乎成为全世界的购物狂欢节。“双十一”已成为中国电子商务行业的年度盛事，并且逐渐影响到国际电子商务行业。越来越多的商家在网上售卖商品，竞争也就开始了，用“双十一”的降价优惠吸引消费者，每年“双十一”大促活动优惠多多，而且每一次的销量也都在突破新高。据天猫官方数据，如图 1－2 所示，从 2009 年首届“双十一”购物节交易额 0.52 亿元，至 2021 年天猫“双十一”总交易额 5 403 亿元，创下历史新高。天猫“双十一”交易额的稳健增长，折射出新的消费活力和经济韧性。

在当前经济下行压力加大的背景下，“双十一”购物狂欢节的汹涌客流和极为庞大的单日成交量显示了老百姓较强的消费意愿和较高的消费能力，这对拉动内需无疑是个积极信

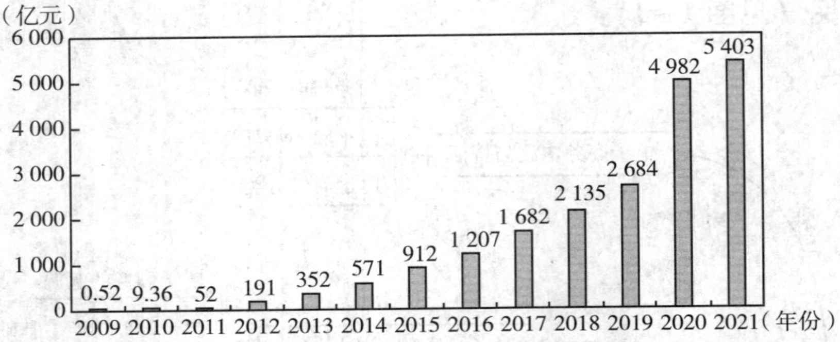

图 1-2　2009～2021 年天猫“双十一”交易额

号。电子商务需求的逆势“井喷”，透露出中国网上消费的巨大潜力，是传统零售业态与新零售业态的交锋。“双十一”购物狂欢节是中国经济转型的一个信号，是新的营销模式对传统营销模式的大战。分析人士表示，中国的零售业态正在“发生根本性变化”——线上交易形式已经由之前的作为零售产业的补充渠道之一，转型为拉动中国内需的主流形式，由此开始全面倒逼传统零售业态升级。

“双十一”是电子商务发展史上不可磨灭的一道印记，从中我们可以窥测到电子商务的发展轨迹和趋势。

资料来源：天猫官方，https://baike.baidu.com/item/6811698?fr=aladdin.

➢ **启发思考：**

1. 从历年“双十一”交易额数据，你觉得电商增长速度如此快，与哪些因素有关？
2. 近年来“双十一”活动不断变化，说明了电子商务的哪些发展趋势？
3. 你觉得“双十一”的成功对企业经营有哪些启示？

视频：电子商务内涵与特征

课件：电子商务内涵与特征

任务一　电子商务内涵与特征

一、商务与电子商务

（一）什么是商务

随着我国市场经济的不断完善，企业、政府、个人同市场之间的联系越来越紧密，企业的市场化运作水平越来越高，政府采购也开始采用市场化运作，个人消费日趋多样化。商务活动已渗透到社会经济生活的各个领域。商务可以理解为以营利为目的的市场经济主体为实现商品交换而开展的一系列经营管理活动。对商务含义的具体解释如下：

1. 商务主体具有多元性，既包括一切以营利为目的的市场经济主体，又包括不以营利为目的的政府部门（包括事业单位）社会团体及家庭、个人等。

2. 商务的实质是商品交换，即通过买卖方式实现商品所有权转移。

3. 商务的对象或客体是所有的经济资源，包括各种有形商品和无形商品。

4. 商务活动包括采购、生产、销售、商贸磋商、价格比较、经营决策、营销策略、推销促销、公关宣传、售前与售后服务、客户关系及咨询服务等。

（二）什么是电子商务

电子商务已经进入了传统商务活动的各个环节和领域。电子商务是一个不断发展的概念。什么是电子商务？关于这个问题，至今都没有一个统一、权威的定义。虽然各种组织、机构和学术团体都从自身的认知角度给出了不同的理解，但没有一种解释可以完全囊括电子商务的所有特点。所以，从多方面对这些定义进行对比分析，可以帮助我们对电子商务持有一个综合且全面的认知。

想一想：网上在线购票，是电子商务吗？

1. 广义的电子商务是指交易当事人或参与人利用现代信息技术所进行的各类商务活动，包括货物贸易、服务贸易和知识产权贸易等。其中，“现代信息技术”涵盖了各种以电子技术为基础的现代通信方式，如互联网、手机应用等。而“商务”则涉及各种由商务关系引起的相关事项。总体而言，广义的电子商务具有以下两个方面的特征：

第一，电子商务依托于最先进的信息技术。交易各方通过电子商务网络输入自己的供求意愿，电子商务网络会以此为依据对供求进行合理的匹配，并提供给用户多种交易选择，一旦用户选定了交易对象，后续的合同签订、款项支付等都可以在电子商务网络的协助下完成。

第二，“商务”是电子商务的核心。电子商务的目标在于通过先进的信息技术来进行商务活动，所以它既要服务于商务，也要满足商务活动的需求。换个角度说，虽然商务的发展有其自身的规律，但电子商务的广泛应用必然会给原有的商务模式注入新的理念，产生巨大的影响。

2. 狭义的电子商务是指仅仅通过网络进行的电子交易活动。从发展的角度来看，电子商务的概念只局限于以互联网为载体来处理各类商业活动是远远不够的。所有利用电子信息网络进行的贸易活动，如设计、开发、采购、销售、结算等全都应该纳入电子商务的范畴。正如美国学者瑞维·卡拉克塔（Ravi Kalakota）和安德鲁·B. 温斯顿（Andrew B. Whinston）在《电子商务前沿》中所指出，“一般地讲，今天的电子商务通过互联网将买方和卖方的信息、产品和服务器联系起来，而未来的电子商务则通过构成信息高速公路的无数计算机网络中的一条路径将买方和卖方联系起来。”换句话说，在将来，电子商务会依附于比互联网更为先进的网络载体。

3. 国际性组织和政府对电子商务的定义。

（1）联合国经济合作和发展组织是较早对电子商务进行系统研究的机构。它指出，电子商务是利用电子化手段从事的商业活动，以数据处理和信息技术（如文本、声音和图像等数据传输）为基础，以通信传输、Web 信息交换为标准，遵循 TCP/IP 协议，并提供安全保密技术。

（2）1997 年，国际商会在巴黎举行了世界电子商务会议，从商业的角度对电子商务进行了概括，将其定义为实现整个贸易活动的电子化。这是目前关于电子商务概念较为权威的阐述。从涵盖范围来看，其包括了任何通过电子交易方式、而非当面交易方式所进行的商业活动；从技术方面来看，其集合了交换数据（如电子邮件和电子数据交换）、获得数据（如电子公告牌和共享数据库）以及自动捕获数据（如条形码）等多项信息技术。

（3）1997 年，欧洲议会在《电子商务欧洲动议》中对电子商务的概念做出了解释。它认为电子商务是以电子方式进行的商业活动，强调通过电子方式对数据进行处理和传递。在交易环节，电子商务不仅涉及了货物电子贸易和服务、电子证券交易、商业拍卖、在线资料、公共产品获得等诸多领域，还涵盖了如产品（消费品和工业品）、服务（金融服务和信息服务）、传统活动（教育）和新型活动（虚拟商场）等诸多方面的内容。

（4）世界贸易组织（WTO）在其电子商务专题报告中提出，电子商务就是通过电信网络进行的生产、销售和流通行为。它没有把商务交易仅仅绑定在互联网上，只要是利用电子信息技术解决问题、降低成本、增加价值的商务活动，都属于电子商务的范畴，如通过网络实现原材料的查询和采购、产品的展示和订购、货物的运输和储存等一系列的贸易活动。

4. 除了国际性组织，相关政府部门也对电子商务的概念有过或多或少的阐述。

（1）美国政府在《全球电子商务纲要》中较为笼统地指出，电子商务是指通过互联网进行的各项商务活动，包括广告、支付服务等活动。全球电子商务涉及全球各国，也终将会成为电子商务未来发展的趋势。

（2）中国政府的观点是电子商务代表着未来贸易发展的方向。中国电子商务协会发布的《中国电子商务发展分析报告》对电子商务进行了定义。文中认为，电子商务是以电子形式进行商务活动。它在供应商、消费者、政府机构和其他业务伙伴之间通过电子方式（如电子函件、报文、万维网技术、电子公告牌、智能卡等）实现非机构化或者机构化的商务信息的共享，以管理和执行商业、行政和消费中的交易。

二、电子商务特征

在商业社会下，电子商务是网络技术发展的重要成果，是信息化技术改变人们生活的重要体现。互联网为传统商业的发展提供了新的“助推剂”，它与生俱来的开放、共享等特点也成为电子商务的固有属性。借助于网络的先天优势，电子商务将极大地革新企业的生产经营活动，它带来的思维方式的改变也将为世界经济运行带来变革，使其产生的价值远非任何一种传统贸易形式可以比拟，电子商务的主要特征可以归纳以下几点：

（一）交易快捷化

借助现代化的通信手段，商业活动可以突破时间和距离的限制，降低了买卖双方沟通的时间成本，使交易的效率得到提高。电子商务能在世界各地瞬间完成传递与计算机自动处理，而且无须人员干预，加快了交易速度。

（二）成本低廉化

交易双方通过网络进行商务活动，无须中介者参与，减少了交易的有关环节，大大降低了交易成本。电子商务以低廉的交易成本、简化的贸易流程、超越时空限制的经营方式，正成为传统企业追逐的热点。

（三）交易虚拟化

参与交易的各方可以通过互联网进行贸易洽谈、签订合同、资金支付等，而且这些环节都无须当面进行，整个交易过程完全虚拟化。市场交易场所的虚拟化和交易环节的电子化是电子商务的一大特点。

（四）交易互动化

通过互联网，商家之间可以直接交流、谈判、签合同，消费者也可以把自己的反馈建议反映到企业或商家的网站，而企业或商家则要根据消费者的反馈及时调整和改进产品种类及服务质量，做到良性互动。

（五）交易全球化

所有联网的人，无论其是在国内还是在国外，都将被包容在一个市场中，都有可能成为上网企业的客户。互联网跨越国界，穿越时空，无论你身处何地，无论白天与黑夜，只要你利用浏览器轻点鼠标，你就可以随心所欲地登录任何国家、地域的网站，互联网真正使整个地球变成了一个地球村。

三、电子商务分类

电子商务应用范围很广，从不同的角度可以有多种分类方式，通常按照交易对象、交易的地理范围、商务活动内容等标准对电子商务进行分类。

（一）按照交易对象分类

电子商务是交易对象之间进行的交易，按信息在交易对象之间的流向，可以分为以下几种分类：

1. 企业与企业之间（business to business，B2B）的电子商务是一种企业与企业之间通过互联网开展商务活动的电子商务模式。在这种模式中，交易的供求双方必须为商家、企业或公司。企业可以通过互联网技术或其他网络平台寻找到最佳合作伙伴，完成从订购到结算的整个交易过程。这些过程包括发布供求信息、下单、支付、票据往来、配送等。典型的企业代表有阿里巴巴①、中国制造网②、慧聪网③和环球资源④等。

2. 企业与个人买家之间（business to consumer，B2C）的电子商务是一种企业与个人买家之间进行商品或服务交易的电子商务模式，例如企业在网上向买家销售商品或提供服务。使用 B2C 模式时企业可以自己建立平台，例如亚马逊、京东商城的自营等；也可以使用第三方平台，例如入驻天猫开展 B2C 商务活动。

3. 个人与企业之间（consumer to business，C2B）电子商务模式，是互联网经济时代新的商业模式。这一模式改变了原有生产者（企业和机构）和消费者的关系，是一种消费者贡献价值，企业和机构消费价值。C2B 的核心是以消费者为中心，消费者当家作主。它是一

---

① 阿里巴巴一般指阿里巴巴集团控股有限公司（简称阿里巴巴集团），成立于 1992 年，是中国电子商务公司。

② 中国制造网成立于 1996 年，是一家综合性电子商务网站，旨在利用互联网将中国供应商的产品介绍给国内外采购商。

③ 慧聪网成立于 1992 年，是慧聪集团旗下子公司，中国 B 端企业服务商和行业门户网站。

④ 环球资源成立于 1971 年，是一家面向全球的多元化专业展览承办机构。

种先由买家提出需求，后由生产或商贸企业按需求组织生产或提供货品的电子商务模式，阿里巴巴创始人 2015 年在一次博览会上表示，未来的生意将会由 C2B 主导，而不是 B2C，是用户改变企业，而不是企业向用户出售；制造商必须满足买家的个性化需求，否则将很难得到发展。以定制家具为例，每位买家都可以根据户型、尺寸、风格、功能进行个性化定制，最大限度地满足了消费者对于空间利用及个性化的核心需求，C2B 最典型的代表是尚品宅配、海尔、云衣定制等。海尔是国内率先引入定制概念的家电企业，在海尔商城用户可以选择容积大小、调温方式、门体材质、外观图案等功能。

4. 个人与个人之间的电子商务。个人买家与个人卖家之间（consumer to consumer，C2C）的电子商务，是一种个人买家之间通过在线交易平台实现交易的电子商务模式，例如个人物品可以在淘宝、eBay 等电商平台上买卖。

5. O2O 模式。线上到线下（online to offline，O2O）模式是指将线下商务与互联网结合在一起，让互联网成为线下交易的前台。这样，卖家可以线上揽客，线下提供商品或服务；买家可以在线上搜索商品或服务，然后到线下完成交易。O2O 模式和 B2C、C2C、团购既有联系，又有区别。在 B2C 和 C2C 模式下，在线支付购买的商品会通过物流公司送到买家手中；而在 O2O 模式下，买家在线支付购买线下的商品和服务，然后到线下去自提商品或享受服务；团购与 O2O 相比，O2O 是线上线下结合的销售模式，而团购是低折扣的临时性促销。

> **想一想：** 电子商务还有其他模式吗？这些模式都有什么特点？

6. 其他模式。除了以上几种模式外，电子商务还有 G2C/G2B（政府机构对个人/企业）、B2B2C（企业—企业—个人）等其他模式。

（二）按照交易的数字化程度分类

网上交易有商品、交易、配送三个主要要素。根据这三个要素条件，电子商务可以分为完全电子商务和不完全电子商务两大类。如果商品、交易过程、配送都是通过网络完成，就是完全电子商务，主要针对无形商品和服务，其中包括软件、音箱制品、机票、火车票等，在交易过程中，商家将无形商品和服务数字化，并通过网络以电子的形式传递给客户；如果其中的一个环节没有通过网络，就是不完全电子商务，不完全电子商务主要针对有形商品和服务。例如买家在天猫买了一件裙子，登录天猫，挑选裙子，下单，付款，收货，因为裙子是实物，需要快递配送，只有下单这一环节是通过数字化完成的，因此属于不完全电子商务；如果买家购买的是一份电子资料，就是完全电子商务，因为商品、交易、配送都是数字化的。

（三）按照交易的地域范围分类

> **想一想：** 还有其他分类方式吗？请举例说明

按开展交易的地域范围，电子商务可分为本地电子商务、远程国内电子商务和全球电子商务三类。本地电子商务通常是指在本城市或本地区内开展的电子商务。由于仅局限在本市区内，故电子交易的地域范围相对较窄；远程国内电子商务是指在本国范围内开展的电子交易活动；全球电子商务也称为“跨境电商”，是指在全世界范围内开展的电子商务活动，涉及有关交易各方的相关系统，如国家进出口公司系统、海关系统、银行金融系统、税务系统、运输系统、保险系统等。

视频：电子商务的产生与发展

课件：电子商务的产生与发展

任务二　电子商务的产生与发展

一、电子商务的起源

就电子商务而言，它并非新生事物，早在1839年电报出现以后，人们就开始将其用作交易手段，当贸易开始以点和线的形式在信道中传递信息、进行商务交易时起，就标志着步入电子商务雏形阶段，开启了运用电子手段从事商务活动的新纪元。

电子商务是在与计算机技术、网络通信技术的互动发展中产生和不断完善，依托于因特网，随着其爆炸性发展而急剧发展的。电子商务最初起源于计算机的电子数据处理技术，从科学计算向文字处理和商务统计报表处理应用转变。字处理软件和电子表格软件的出现，为标准格式（或格式化）商务单证的电子数据交换（EDI）开发应用提供了强有力的工具。政府或企业的采购，企业商业文件的处理，从手工书面文件的准备和传递转变为电子文件的准备和传递；随着网络技术的发展，电子数据资料的交换，又从磁带、软盘等电子数据资料物理载体的寄送转变为通过专用的增值通信网络的传送，近年来更转移到通过公用的因特网进行传送。

银行间的电子资金转账（EFT）技术与企事业单位间电子数据交换（EDI）技术相结合，产生了早期的电子商务或称电子商贸（electronic commerce，EC）。信用卡、自动柜员机（ATM）、零售业销售终端（POS）和联机电子资金转账（POSEFT）技术的发展，以及相应的网络通信技术和安全技术的发展，使得今天网上持卡购物（B2C）与企业之间网上交易（B2B）这两种模式的电子商务得到飞速的发展。1991年美国政府宣布因特网向社会公众开放，允许在网上开发商业应用系统。1993年万维网在因特网上出现，这是一种具有处理数据图文声像、超文本对象能力的网络技术，使因特网具备了支持多媒体应用的功能，1995年因特网上的商业业务信息量首次超过了科教业务信息量，这既是因特网此后产生爆性发展的标志，也是电子商务从此大规模起步发展的标志，如图1－3所示。

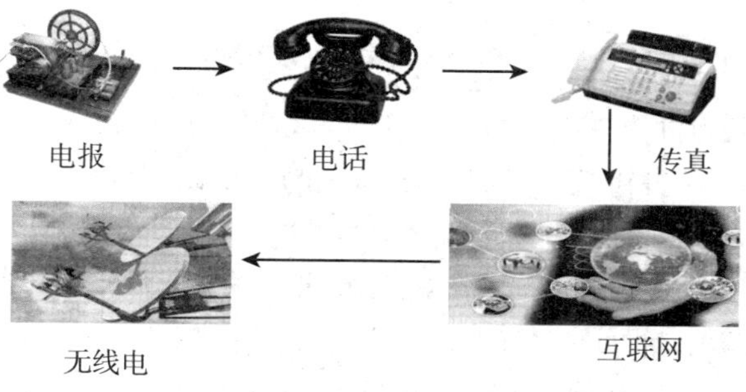

图1－3　电子商务工具

二、电子商务的产生基础

对电子商务的需求主要来自企业，计算机技术可以降低成本、提高效率、拓展业务范围等，所以他们需要更有效地应用计算机技术以改善客户交互、业务流程和企业内部及企业之间的信息交换。电子商务产生和发展的主要条件包括以下几点：

（一）计算机的广泛应用

近30年来，计算机的处理速度越来越快，处理能力越来越强，价格越来越低，应用越来越广泛，这为电子商务的应用提供了基础。

（二）网络的普及和成熟

由于因特网逐渐成为全球通信与交易的媒体，全球上网用户呈级数增长趋势，快捷、安全、低成本的特点为电子商务的发展提供了应用条件。

（三）信用卡的普及应用

信用卡以其方便、快捷、安全等优点而成为人们消费支付的重要手段，并由此形成了完善的全球性信用卡计算机网络支付与结算系统，使“一卡在手、走遍全球”成为可能时，也为电子商务支付提供了重要的手段。

（四）电子安全交易协议的制定

由美国VISA Master card国际组织等联合制定的电子安全交易协议（secure electronic transfer protocol，SET协议）出台，该协议得到大多数厂商的认可支持，这为开发网上的电子商务提供了安全环境。

（五）政府的支持与推动

电子商务受到世界各国政府的重视，许多国家的政府开始尝试“网上采购”，这为电子商务的发展提供了有力的支持。

三、电子商务的发展历程

（一）全球电子商务

1969～1995年为电子商务的起源阶段。1995年之后，互联网产业化运营和商业化应用的大幕正式拉开。最近20多年被认为是电子商务的发展阶段，通常又被细分为快速发展期、放缓洗牌期和稳步发展期三个阶段。

1. 快速发展期（1995～2000年）。在这一时期，基于互联网的电子商务受到了高度重视，单纯依赖EDI技术的局面逐步改变。1995年，出现了世界上第一个互联网购物中心，英国威斯敏斯特国民银行、米德兰银行和英国电信公司实现了网上支付。雅虎和亚马逊1995年成立，谷歌1997年成立，电子商务开始成为各国经济活动的热点，大量的资金流入电子商务行业，2000年世界电子商务的交易额高达3 549亿美元。

2. 放缓洗牌期（2000～2003 年）。伴随着飞速发展，电子商务的问题逐渐暴露出来。2000 年，在纳斯达克市场上市的企业共有 5 500 家左右，包括微软、戴尔、雅虎、亚马逊等世界级高科技企业。2000 年 3 月 20 日，投资的不断增长导致相关企业规模增长过快，网络泡沫问题越来越突出，商品的生产能力大大超过了市场的实际需求，导致库存增加，利润降低，纳克达斯市场崩盘，超过 1/3 的网站销声匿迹。

3. 稳步发展期（2003 年至今）。在这个阶段，大批网民接受了网络购物方式，B2B 模式高速发展，大型企业全面采用电子商务，许多中小型企业也从中分到了一杯羹。在这一基础上，电子商务稳步发展的环境也不断成熟，配套的物流、支付等问题也基本得到了解决，全球范围内的电子商务异彩纷呈。2022 年，全球网购买家的规模达到 23.8 亿人，网购渗透率提高至 30% 以上。

（二）中国电子商务

中国电子商务与全球电子商务的发展基本上同步。1996 年，随着国家信息化工作领导小组的成立，中国电子商务之梦开启，中国电子商务发展至今已经历 20 多个年头，而这 20 多年的发展大致可以分为以下几个阶段：萌芽期与概念传播时期、起步与探索时期、冰冻与复苏期、高速发展时期、战略推进与规模化发展期。

1. 萌芽期与概念传播时期（1990～1996 年）。

（1）EDI 商务应用阶段（1990～1993 年）。中国 20 世纪 90 年代开始 EDI 的电子商务应用。自 1990 年开始，原国家计委、原国家科委将 EDI 列入“八五”国家科技攻关项目。EDI（electronic data interchange）又名电子数据交换。通俗地讲，就是标准化的商业文件在计算机之间从应用到应用的传送。EDI 涵盖工业、商业、外贸、金融、医疗保险、运输、政府机关等；在全球前 1 000 家大型跨国企业中，有 95% 的企业应用 EDI 与客户和供应商联系。

（2）电子商务概念开始在中国传播（1993～1996 年）。EDI 商务应用阶段虽然不算中国电子商务正式的开端，但为 1997 年以后电子商务的起步打下了坚实的基础。1994 年召开的亚太地区电子商务研讨会使电子商务概念在中国扩散开来，进一步奠定了中国电商的开端。

2. 第二阶段：起步与探索时期（1997～1999 年）。

（1）电子商务的“启蒙教育”。1999 年是中国电子商务史上充满机遇性的关键一年。正是从这一年开始，中国电子商务真正脱离了高姿态的学院派应用，正式步入实质性的商业阶段。

（2）阿里巴巴诞生。1999 年在杭州城郊湖畔花园建立了阿里巴巴电子商务网站。在一间简陋的房子里，阿里巴巴创始人对全体员工开始了一番创业演讲，“第一，我们要建立一家生存 80 年的公司；第二，我们要建立一家为中国中小企业服务的电子商务公司；第三，我们要建成世界上最大的电子商务公司，要进入全球网站排名前十位。”

3. 第三阶段：冰冻与复苏期（2000～2005 年）。2000 年 4 月慧聪网开启 B2B 时代；5 月卓越网①成立，拉开了我国 B2C 的序幕；6 月中国电子商务协会成立；12 月阿里巴巴获得 2 500 万美元投资。2001 年 13 所大学试办电子商务专业。2002 年 3 月 eBay ②购

① 卓越网一般指亚马逊中国，是一家中国 B2C 电子商务网站，前身为卓越网，被亚马逊公司收购后，成为其子公司。

② eBay（EBAY，中文电子湾、亿贝、易贝）成立于 1995 年，是一个可让全球民众在网上买卖物品的线上拍卖及购物网站。

入易趣① 33%股份；10月阿里巴巴实现收支平衡。这个时期我国也经历了互联网泡沫，很多互联网公司就此倒闭。经历了互联网泡沫之后，我国电子商务于2003年进入回暖期。2003年5月淘宝网②成立，我国拉开了C2C序幕；6月，eBay全盘收购了最大的C2C平台易趣网，开始了与淘宝网的竞争；10月阿里巴巴推出支付宝；12月聪慧网于香港创业板上市。2004年“网商”概念提出，亚马逊收购了卓越网。2005年8月，阿里巴巴收购了雅虎；而在9月，腾讯依托591亿名用户推出了拍拍网。

4. 第四阶段：高速发展时期（2006～2010年）。这一时期，是中国的“十一五”时期。《国民经济和社会发展第十一个五年规划纲要（2006～2010年）》提出，积极发展电子商务。建立健全电子商务基础设施、法律环境、信用和安全认证体系，建设安全、便捷的在线支付服务平台。发展企业间电子商务，推广面向中小企业、重点行业和区域的第三方电子商务交易与服务。2007年9月15日的网商大会上提出“未来我们将投资100亿元打造电子商务生态链”的口号，一个半月后B2B上市的意义也落在了“100亿元”和“电子商务生态链”这两个关键词上。2008年淘宝商城成立，中粮我买网、苏宁、国美等传统企业纷纷投入电子商务领域。2009年，“双十一”开始。2010年各大电子商务巨头开始竞争，如天猫、京东等，进入了群雄激战的时期。

5. 第五阶段：战略推进与规模化发展期（2011年至今）。腾讯公司于2011年1月21日推出了一个为智能终端提供即时通信服务的免费应用程序即微信应用；2012年唯品会流血上市；2013年余额宝推出以及菜鸟网诞生；而在2014年O2O模式也得到了推广；2015年互联网+移动电商迅速发展；2016年跨境电商、生鲜电商等热门领域带动行业发展；2017年我国网络零售销售总量再破纪录，增速重回加速轨道，大大高于2015年、2016年的增长率。2018年是从电商时代向新零售时代转型的一年，这一年，迎来了社交电商的爆发，拼多多、蘑菇街相继上市。2019年直播/短视频电商“爆发年”，直播/短视频已成电商最强带货“神器”；2020年互联网激发磅礴力量，助力抗疫斗争取得重大胜利；2021年网络支付使用率近九成，数字货币试点进程全球领先。

视频：电子商务发展现状与发展趋势

课件：电子商务发展现状与发展趋势

任务三 电子商务发展现状与发展趋势

一、电子商务发展现状

我国电子商务目前正在从高速增长迈向高质量发展阶段，新技术应用日益深入，新兴资源要素重要性逐渐凸显，新模式、新业态层出不穷，并已成为经济增长的新亮点。本书将从市场规模、网民规模、网络购物用户规模、电子商务从业规模四个维度来分析我国电子商务发展现状。

---

① 易趣成立于1999年，是一家电子商务企业。

② 淘宝网由阿里巴巴集团在2003年5月创立，阿里旗下综合零售商圈。

（一）市场规模

1. 全国电子商务交易额达 42.3 万亿元。商务部发布的《中国电子商务报告（2021）》显示，2021 年全国电子商务交易额达 42.3 万亿元，同比增长 19.6%，其中商品类交易额 31.3 万亿元；服务类交易额达到 11 万亿元，如图 1－4 所示。从 2012～2021 年交易规模可以看出，我国电商交易额逐年上涨，目前电子商务仍处于稳步发展持续增长阶段。

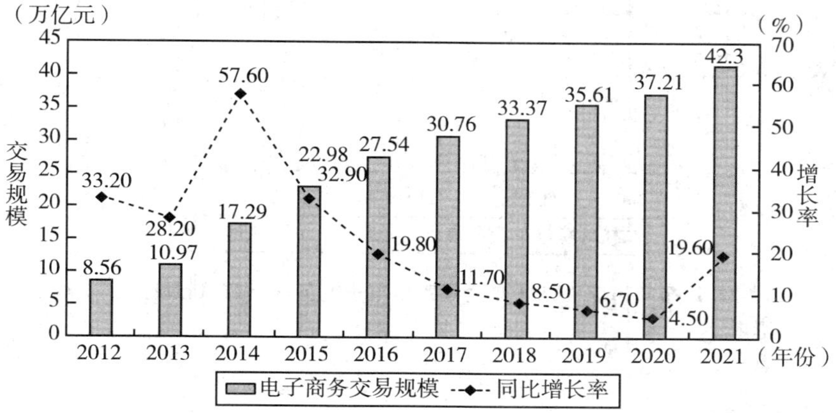

图 1－4 2012～2021 年全国电子商务交易总额

资料来源：国家统计局。

2. 全国网上零售额达 13.09 万亿元。《中国电子商务报告（2021）》显示，2021 年全国网上零售额达到 13.09 万亿元，同比增长 14.1%，其中实物商品网上零售额是 10.8 万亿元，占社销零售总额比重为 24.5%。农村网络零售额达到 2.05 万亿元，同比增长 11.3%；农产品网络零售额达到 4 221 亿元，同比增长 2.8%，如图 1－5 所示。从 2012～2021 年全国网上零售交易总额可以看出，在电商稳步发展的基础上，网络零售额水涨船高，也处于稳步增长阶段。

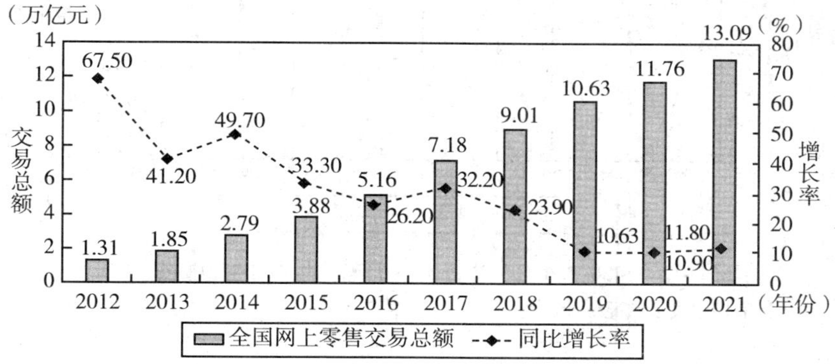

图 1－5 2012～2021 年全国网上零售交易总额

资料来源：国家统计局。

3. 全国跨境电商进出口总额达 1.92 万亿元。2021 年，我国跨境电子商务蓬勃发展。海关总署数据显示，全国跨境电商进出口总额达 1.92 万亿元，同比增长 18.6%，占进出口总额的4.9%，其中出口1.39万亿元；进口0.53万亿元，如图1-6所示。从全国跨境电商进出口总额可以看出，2017~2021年，跨境电商发展迅猛，全国跨境电商进出口总额不断增加，规模5年增长近10倍。

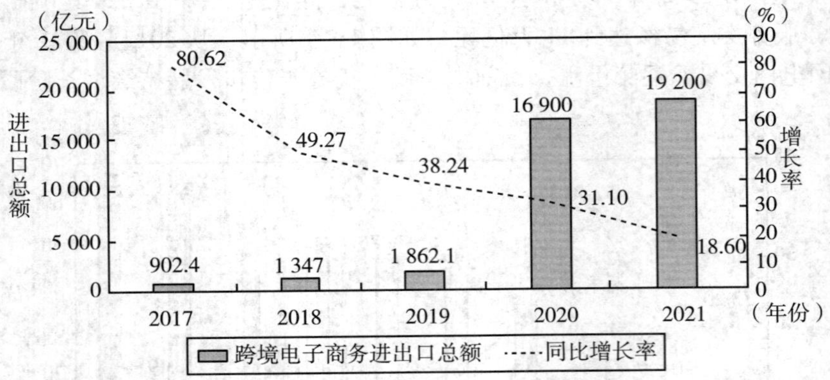

图1-6　2017~2021年全国跨境电子商务进出口总额及增速

资料来源：海关总署。

（二）网民规模

1. 总体网民规模。

（1）截至2022年6月，我国网民规模为10.51亿人，较2021年12月新增网民1 919万人；互联网普及率达74.4%，较2021年12月提升1.4个百分点，如图1-7所示。

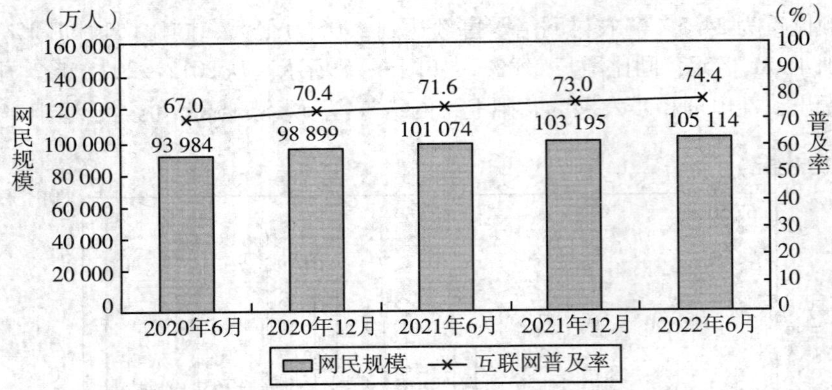

图1-7　2020年6月~2022年6月网民规模和互联网普及率

资料来源：中国互联网络发展状况统计调查。

（2）截至2022年6月，我国手机网民规模为10.47亿人，较2021年12月新增手机网民1 785万人，网民中使用手机上网的比例为99.6%，如图1-8所示。

2. 城乡网民规模。截至2022年6月，我国农村网民规模为2.93亿人，占网民整体的27.9%；城镇网民规模为7.58亿人，占网民整体的72.1%，较2021年12月增长1 039万人，如图1-9所示。

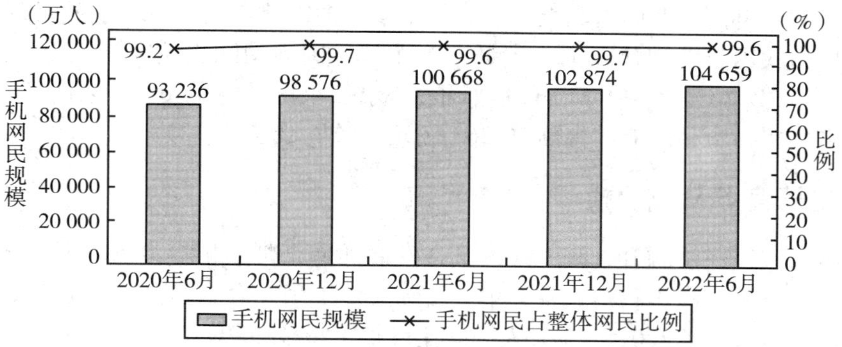

图 1-8　2020 年 6 月～2022 年 6 月中国手机网民规模及其占整体网民比例

资料来源：中国互联网络发展状况统计调查。

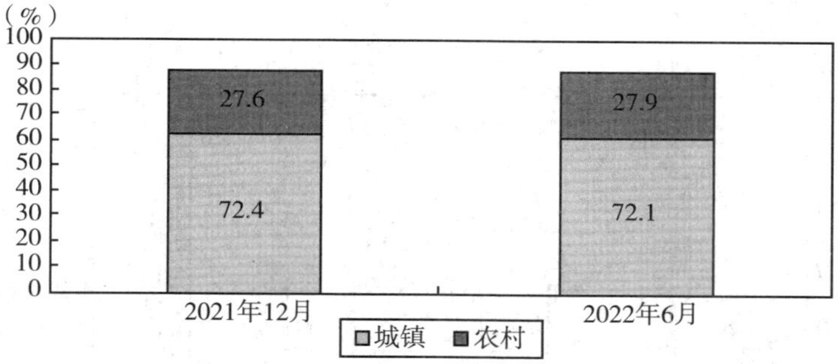

图 1-9　2021 年 12 月～2022 年 6 月网民城乡结构

资料来源：中国互联网络发展状况统计调查。

（三）网络购物用户规模

从用户群体看，由 CNNIC 发布的第 50 次《中国互联网发展状况统计报告》可知，截至 2022 年 6 月，我国网络购物用户规模达 8.41 亿人，较 2021 年 12 月减少 153 万人，占网民整体的 80.0%，如图 1-10 所示。

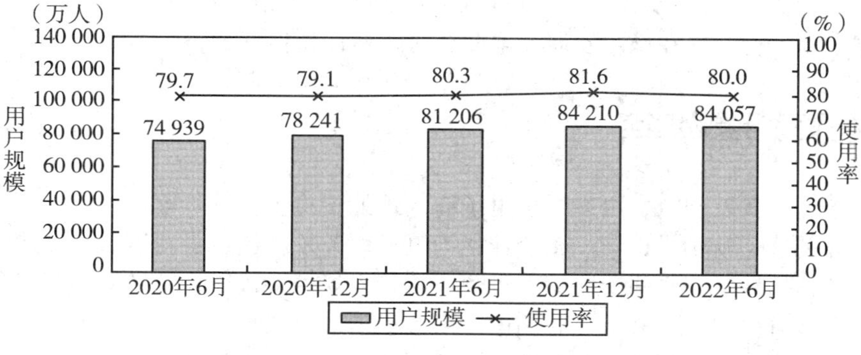

图 1-10　2020 年 6 月～2022 年 6 月网络购物用户规模及使用率

资料来源：中国互联网络发展状况统计调查。

近年来，随着电商行业的蓬勃发展。农村市场电商需求不断释放。地域网络消费鸿沟进一步缩小，助力我国经济构建以国内大循环为主体、国内国际双循环相互促进的新发展格局。国家统计局数据显示，2021 年上半年，全国网上零售额 61 133 亿元。同比增长 23.2%。其中，实物商品网上零售额 50 263 亿元，增长 18.7%。

（四）电子商务从业规模

数字技术与实体经济融合、线上线下融合发展加速，带动了更多人从事电子商务行业。据电子商务交易技术国家工程实验室、中央财经大学中国互联网经济研究院测算，2020 年，全国电子商务从业人员达 6 015.33 万人，同比增长 17%；2021 年电子商务从业人数达到了 6 727.8 万人，同比增长 11.8%，如图 1－11 所示。《“十四五”电子商务发展规划》数据显示，至 2025 年，我国电子商务领域相关从业人数将达到 7 000 万人，未来五年预计我国电商人才缺口将达 985 万人。

图 1－11　2014～2021 年电子商务从业人员

资料来源：电子商务交易技术国家工程实验室、中央财经大学中国互联网经济研究院测算。

综上，无论是从市场规模、网民规模还是从网络购物用户规模、电子商务从业规模来看，我国电子商务行业仍在稳步发展，电商交易仍然保持良好的增长态势。

二、电子商务发展趋势

结合电子商务发展现状，可以看出电子商务仍处于稳步上升阶段。目前，新一轮科技革命为电子商务创造了新场景，新一轮全球化为电子商务发展创造了新需求，经济与社会结构变革为电子商务拓展了新空间，我国电子商务将步入规模持续增长、结构不断优化、活力持续增强的新发展阶段。总体来看，我国电子商务呈现以下四种发展趋势：

趋势一：未来电商将同其他互联网经济业态，实现进一步融合发展。

以微信为代表的互联网社交平台，以今日头条、抖音为代表的互联网内容平台，逐渐与电商平台实现业务结合。腾讯在微信平台上为京东提供接口，在社交媒体服务、广告采买和会员服务等一系列领域与京东展开深度合作；内容平台抖音引入购物车功能，可以从小视频页面直接跳转至淘宝页面，实现了从内容到电商的“引流”。未来几年，电商平台将与这些业态实现进一步融合发展，如图 1－12 所示。

图 1－12　业态融合发展

趋势二：电商新业态新模式将快速发展。

近年来，中国线上消费、无人零售、智慧消费、共享消费、信息消费、体验式消费等新业态、新模式将快速发展，聚焦新型消费模式的新电商企业与传统制造企业合作，促进消费产业双升级。一方面，随着大数据、人工智能等现代技术发展，消费多样化、个性化、小众化发展趋势显著，消费者之间的信息交流显著增强，社交互动消费需求逐渐凸显，催生出更多电商新模式。另一方面，在数字经济迅速发展、年轻人独立意识增强的趋势下，消费者的个性化需求将进一步被挖掘，多元化、个性定制化消费将持续成为消费热点。“90 后”“00 后”等年轻消费者愿意分享数据，电商企业以此为依据将提供更加个性化、针对性强的产品和服务，定制化订单数量显著增加。

趋势三：社区团购将继续获得瞩目。

社区团购将继续扩大规模，社区团购是一种基于位置的方式，向附近的消费者进行批量销售。社区团购在 2020 年变得流行，到 2022 年，中国的社区团购市场规模将到达 1 020 亿元，在 2019～2022 年的复合年增长率为 44%。许多互联网巨头纷纷推出社区团购平台以抢占市场份额。

趋势四：电商将在中国乡村振兴中发挥积极作用。

农村电商是精准扶贫的重要载体，也是数字经济的重要组成部分，农村电商为乡村振兴提供了新动能、新载体。电商打破了农村长期以来信息闭塞的局面，并有助于扩大农产品的销售，增加农民的收入，利国利民。随着基础设施不断完善，农产品供应链管理体系提升，农村电商品牌培育加强，农民的电子商务技能提高，促进农民增收，农村经济将得到加速发展，在乡村振兴中显现出积极作用。

想一想：在新时代背景下，你还能总结出我国电商发展的其他趋势吗？

视频：电子商务岗位及职责

课件：电子商务岗位及职责

任务四 电子商务岗位及职责

一、电子商务企业架构分类

企业分类的方法很多，从企业架构角度可以分为小微创业型企业、中量架构企业、重量架构企业。

（一）小微创业型企业

小微创业型企业处于发展初期，抗风险能力较弱。主要以企业现有产品或外部采购为主，一般架构如图 1－13 所示。小微企业在涉足电子商务初期，属于试水阶段，部门设置较少，除了人力、行政、财务岗位外，主要包括产品岗、营销岗、运营岗、设计岗、客服/物流岗等，其特点是工作职能划分不太明晰，需要既懂运营又懂推广，最好还会美工技术的多面型电子商务人才。

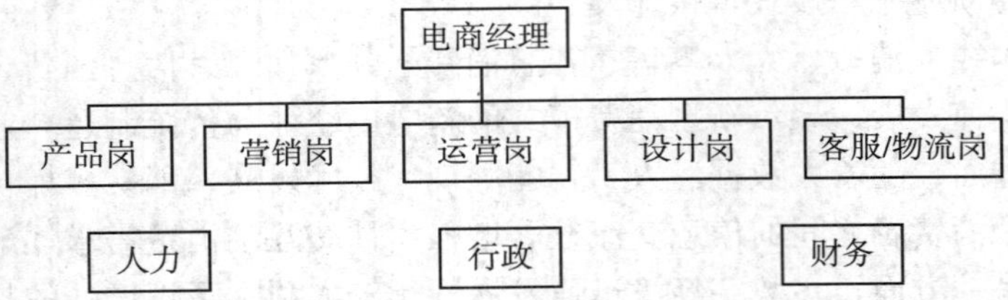

图 1－13　小微企业架构

（二）中量架构企业

主要适用于快速成长期的中小型企业和大型企业起步阶段，架构较为完善，一般架构如图 1－14 所示。中量架构企业除了人力、行政、财务岗位外，主要包括产品中心、运营中心、市场推广、客服中心、技术中心、物流中心等，其特点是工作职能划分较为清晰。

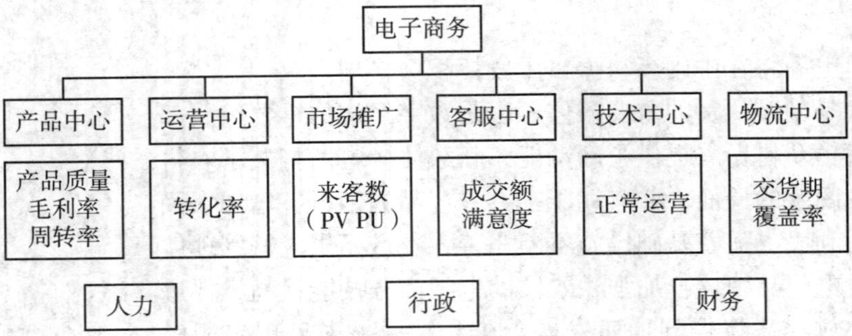

图 1－14　中量架构企业

（三）重量架构企业

重量架构适用于中大型企业，架构齐全，分工清晰。对于员工要求更加专业的方向发展，如图 1－15 所示。

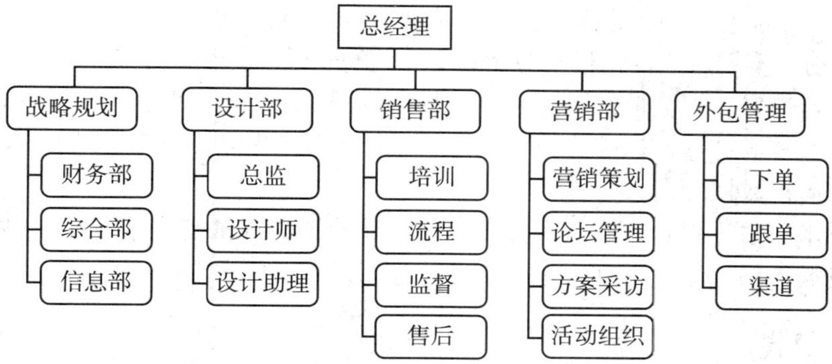

图 1－15　重量架构企业

综合上述企业架构，可以得出，一般一个企业的电商团队主要包括店铺运营、市场推广、数据分析、行政管理、人力资源、仓储物流、视觉设计、品牌策划、客户服务等部门，如图 1－16 所示。

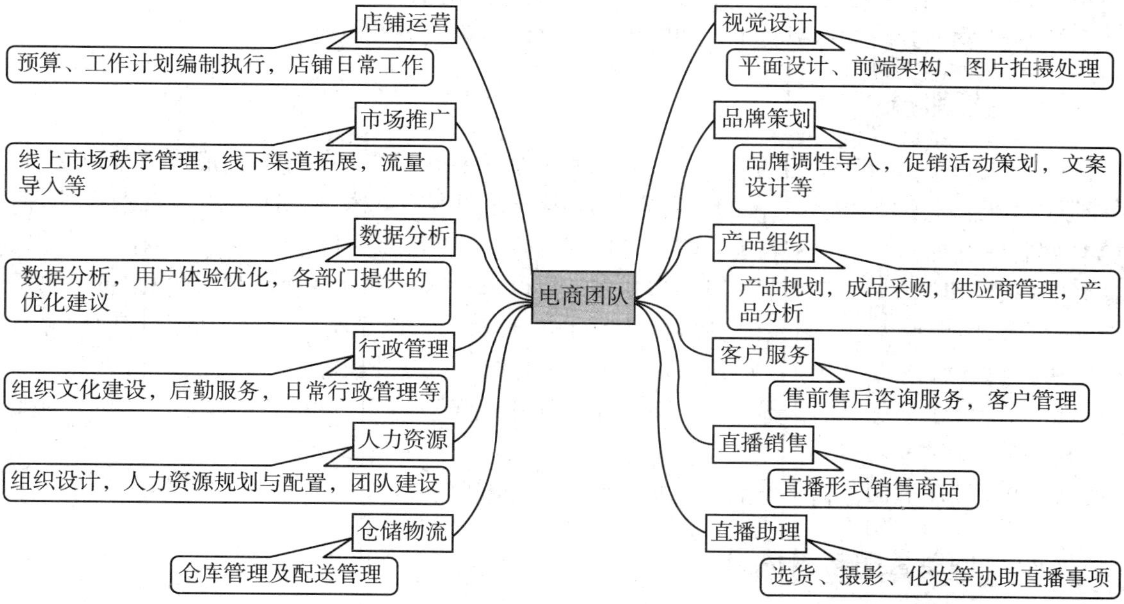

图 1－16　电商团队

二、电子商务主要岗位及职责

综上，无论哪种规模、哪种架构类型的企业，以下几种岗位是电商企业必备的岗位。

（一）运营岗

1. 岗位职责：（1）负责网店整体规划、营销、推广、客户关系管理等系统性工作；（2）负责网店日常改版策划、上架、推广、销售、售后服务等经营与管理工作；（3）负责网店日常维护，保证网店的正常运作，优化店铺以及商品的排名；（4）负责执行与配合公司相关营销活动，策划店铺促销活动方案；（5）负责收集市场和行业信息，提供有效应对方案；（6）制定销售计划，带领团队完成销售业绩目标；（7）目标客户群研究，分析和定位消费者的职业、年龄等，构建客户画像，从而更好地提高店铺与消费群体的匹配程度；（8）负责店铺运营数据的统计与分析。

2. 技能要求：熟悉平台规则、对数据敏感、懂营销并具备实施能力。

3. 职业发展方向：运营助理→运营主管→运营总监。

（二）美工岗

1. 岗位职责：（1）网店商品的设计和美化；（2）首页、详情页制作设计及美化工作；（3）负责店铺视觉规划、设计，以及产品描述工作；（4）负责网店产品图片处理和排版；（5）满足企业对网站和网店的风格和服务功能的要求。

2. 技能要求：掌握 PS 等技术、懂网页设计、思维活跃，有创意有想法，美术功底扎实，品位高雅，同时还要熟悉平台规则，有较强的营销思维。

3. 职业发展方向：初级美工→中级美工→高级美工→设计总监。

（三）客服岗

1. 岗位职责：（1）通过聊天工具，耐心回答客户提出的各种问题，达成双方愉快交易，处理订货信息；（2）熟悉平台的各种操作规则，处理客户要求，修改价格，管理店铺等；（3）解答顾客提问，引导顾客进行购买，促成交易；（4）为线上客户提供售后服务，并以良好的心态及时解决客户提出的问题和要求，提供售后服务并能解决一般投诉；（5）熟悉产品信息，实现与客户需求的精准对接；（6）处理客户在产品购买过程中的一切问题并有效解决，负责后台的订单审批、到账确认、订单完结、积分处理等工作。

2. 技能要求：优秀的沟通能力、基本的技术和计算机技能、多任务能力、对细节有敏锐的洞察力。

3. 职业发展方向：初级客服→中级客服→高级客服。

（四）网络营销与推广岗

想一想：一般中小型电商企业还会设置哪些必备的岗位？

1. 岗位职责：（1）主要负责运用营销手段进行产品推广；（2）平台产品发布、优化关键词排名；（3）做好品宣、提升旺铺曝光率和询盘量；（4）定期整理数据，并作出提升方案；（5）店内营销活动的计划制定、方案策划及效果评估；（6）营销推广工具的维护以及数据挖掘整理和分析。

2. 技能要求：熟悉平台规则、对数据敏感、懂营销并具备实施能力。

3. 职业发展方向：网络营销专员→网络营销主管→网络营销经理→网络营销总监。

三、电子商务人才需求概况

据网经社电子商务研究中心与赢动教育于2022年5月9日共同发布的《2021年度中国电子商务人才状况调查报告》显示，六成电商企业存在人才缺口。被调查企业中，造成企业发展压力的最主要因素中，团队人才问题占65.35%，如图1-17所示。

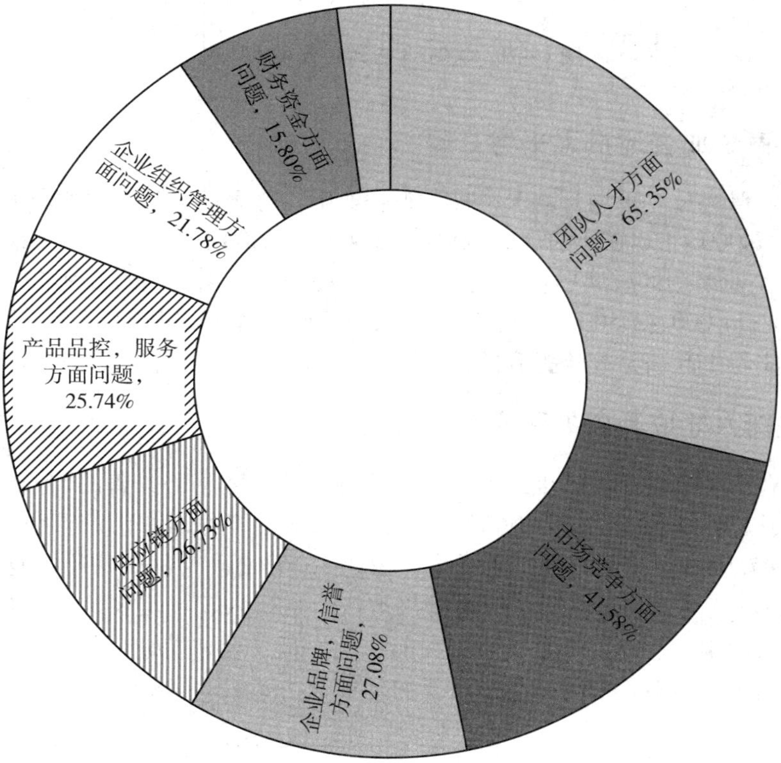

图1-17 2021年电商企业遇到的主要挑战

（一）电商企业最急需人才

近年来，主播（助理）、网红、达人方向人才需求增长迅速，被调查企业中，47.02%的企业急需淘宝天猫等传统运营人才；46.53%的企业急需新媒体、内容创作、社群方向人才；57.43%的企业急需主播（助理）、网红达人方向人才；26.73%的企业急需客服、地推、网销等方向人才；23.76%的企业急需复合型高级人才。复合型人才需求比例上升趋势明显，这应该和电商行业发展迅速，需要多学科知识和技能结构有关，如图1-18所示。

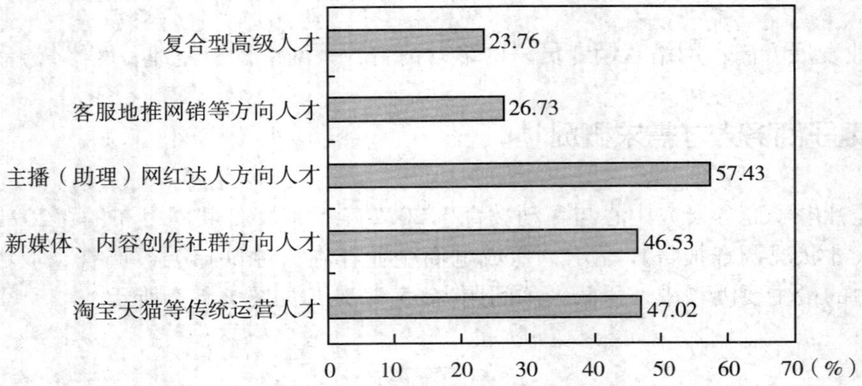

图1-18　2021年电商企业人才需求

（二）电商企业普通员工平均月薪

在电商企业普通员工平均月薪上，被调查企业中，普通员工月平均薪资4 000~6 000元的占18.81%；6 000~8 000元的占52.48%；8 000~10 000元的占25.74%；10 000元以上的占2.97%。企业录用的应届毕业生或实习生起薪3 500元以下的占8.91%；3 500~4 000元的占34.65%；4 000~4 500元的占32.67%；4 500元以上的占23.76%。从数据显示看，应届毕业生或实习生起薪是逐年提升的。

（三）电商人才应具备的素质

被调查企业中，刚毕业大学生或实习生如果想快速成才，需具备的15项素质中，最重要的5项素质：工作执行能力，占比52.48%；持续学习能力，占比66.34%；责任心和敬业程度，占比47.52%；困难与挫折承受力，占比36.63%；专业知识及技能和解决问题能力，占比32.67%。连续3年，这5项素质都被认为是初入职场需要具备的最重要的素质。特别是执行能力和学习能力，更是一直排在前两名，商业的本质是价值交换，通过高效的学习和行动拿到结果、创造价值是职场最重要的基本功，如图1-19所示。

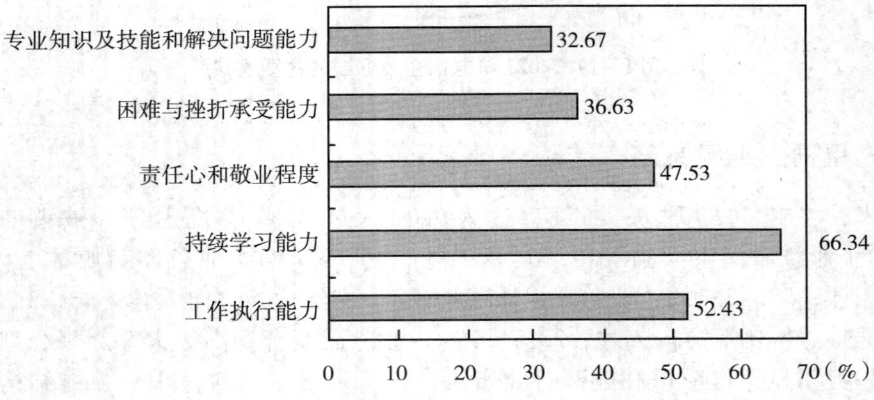

图1-19　2021年电商人才应具备的素质

思政园地

电子商务助推夺取疫情防控和经济社会发展双胜利

2020 年，电子商务经受住了新冠肺炎疫情的严峻考验，显示出了强劲的韧性，成为服务构建以国内大循环为主体、国内国际双循环相互促进的新发展格局的重要力量，电子商务也成为抗疫保供生力军。新冠肺炎疫情发生以来，电子商务在防疫物资筹措、民生供应保障、稳定就业、助力复产复工、解决农产品滞销等方面发挥了重要作用。电子商务企业积极践行“保价格稳定、保质量可靠、保供应有序”号召，取得积极成效。许多电子商务企业主动捐助抗疫物资，并参与物资调配工作，一些电商平台协助地方政府搭建了应急物资供应链管理平台，发挥数字化优势整合抗疫物资信息，进行统一管理分配；杭州、成都等城市依托跨境电商综合试验区建设，打通了依托跨境电商在全球范围内应急采购防疫物资的新通道；部分电子商务平台创新性地推出“无人车配送”“无接触配送”等模式，在避免密切接触、保障消费者安全的前提下提供基本生活物资；部分电子商务企业通过灵活用工等方式，为受疫情影响而待业的餐饮企业员工提供了临时就业岗位；部分平台紧急开通“抗疫助农”专区，集中平台资源，联合各方力量，优化产销对接打通疫情发生以来的农产品上行通路。抗击新冠肺炎疫情期间，主要电子商务平台商品供应基本正常，商品价格基本有序，为广大群众抗击疫情提供了坚实的物质基础保障。

网络零售率先回暖复苏。随着全国新冠肺炎疫情防控阻击战取得重大战略成果，网络零售迅速回暖，带动消费水平快速回升。在 2020 年 GDP 增速收窄、社会消费品零售总额下降的形势下，网上零售额在 4 月首次实现正增长，实物商品网上零售额在社会消费品零售总额中占比由 2019 年的 20.7% 提高到 24.9%，展现出强大的韧性和活力，成为拉动消费的重要力量。新冠肺炎疫情发生以来，越来越多的消费者通过电子商务平台和线上商超购买商品，越来越多的企业通过小程序、微信社群、直播带货等方式扩展线上销售新渠道。同时，“双品网购节”“五五购物节”等促销活动成为促进经济恢复活力的重要推手。在商务部、国家邮政局等部门指导下，百余家电子商务企业上线“双品网购节”专场、专区，以直播带货、拼团秒杀、新品首发、以旧换新等多种形式，激活疫情防控常态化时期的消费潜力。据商务大数据监测，第二届“双品网购节”共有超过 10 万个品牌参与活动，总销售额 1 825.1 亿元，较首届活动增长超过 1.37 倍，带动同期全国网络零售额超过 4 300 亿元，同比增长 20.8%。

资料来源：中国电子商务报告［R］. 中华人民共和国商务部，2022：9.

本项目主要知识点

商务　电子商务　电子商务特征　电子商务分类　电子商务产生基础　电子商务发展历程　电子商务发展现状　电子商务发展趋势　电子商务企业架构分类　电子商务主要岗位及职责　电子商务人才需求概况

课后习题

一、单选题

1. 下列（　　）不是电子商务的模式。

A. B2C　　B. B2B　　C. C2C　　D. G2D

2. B2B 中的“B”代表（　　）。

A. 企业　　B. 个人　　C. 政府　　D. 消费者

3. 下列（　　）不属于按照交易主体的性质的分类。

A. A2A　　B. B2B　　C. B2C　　D. C2C

4. 定制生产的特点不包括（　　）。

A. 买家在线下单　　B. 企业精准生产

C. 企业开展大规模的批量生产　　D. 企业库存增加

5. 电子商务应用领域很多，应用于国际贸易行业的我们称之为（　　）。

A. 移动教育　　B. 农村电子商务

C. 大数据分析　　D. 跨境电子商务

6. 淘宝网上常见的拍卖方式为（　　）。

A. 减价式拍卖　　B. 双重拍卖

C. 增价式拍卖　　D. 密封递价拍卖

7. （　　）是通过“线上”将用户和流量引导到“线下”。

A. B2B　　B. B2C　　C. C2C　　D. O2O

8. 通过互联网（Internet）网络进行的商务活动称为（　　）。

A. 狭义电子商务　　B. 一般电子商务　　C. 广义电子商务　　D. 虚拟电子商务

9. 下列（　　）不属于电子商务分类的标准。

A. 按照交易主体的性质　　B. 按照交易的数字化程度

C. 按照交易所使用的网络类型　　D. 按照交易货物的体积大小

10. 海尔个性化服务的主要思想就是“我的冰箱我设计”“你来设计，我为你创造”，这种（　　）的个性化服务，体现了以消费者为核心的思想。

A. B2B2C　　B. B2C2B　　C. B2B　　D. B2C

二、多选题

1. 以下可以归属于电子商务的有（　　）。

A. 小明将自己做的手工钥匙扣照片发在 QQ 群中，想买的人给她 Q 发红包，并私聊留下收货地址电话等

B. 小明将自己做的手工钥匙扣放在学校食堂门口进行售卖，没带钱的同学现场支付宝转账给她

C. 小明在淘宝开店售卖自己做的手工钥匙扣，好的创意为小明带来了很多订单，现在的她每天忙着手工制作和发货

D. 小明将自己做的手工钥匙扣做成漂亮的海报贴在学校内的报栏中，看到的同学可以打海报上小明的电话进行咨询

2. 1995 年以后，互联网产业化运营和商业化应用的大幕正式拉开，全球电子商务的发展通常被划分为（　　）等阶段。

A. 快速发展期（1995～2000 年）　B. 放缓洗牌期（2000～2003 年）

C. 稳步发展期（2003 年至今）　D. 爆炸性增长期（2003 年至今）

3. 以下（　　）属于电子商务的特点。

A. 交易电子化　B. 交易全球化　C. 产品丰富化　D. 交易高成本

4. 电子商务实质上形成了一个（　　）的市场交换场所。

A. 在线实时　B. 虚拟　C. 全球性　D. 网上真实

5. 下列（　　）不属于电子商务分类的标准。

A. 按照交易主体的性质　B. 按照交易的数字化程度

C. 按照交易所使用的网络类型　D. 按照交易货物的体积大小

三、判断题

1. 电子商务能够改变企业商品研发、设计、制造和销售全流程。（　　）

2. 电子商务深刻地影响着零售业、制造业和物流业等传统行业。（　　）

3. 个人物品转让，可以选用 ebay、淘宝这样的第三方平台。（　　）

4. C2C（Customer to Consumer）是企业与企业之间的网上交易。（　　）

5. 在线教育、在线医疗、在线旅游不属于电子商务。（　　）

四、简答题

1. 简述电子商务的特征。

2. 如何正确理解电子商务的含义。

3. 简述电子商务发展的趋势。

4. 列举你熟知的电子商务模式，并分别举例说明。

5. 你有网上开店的想法吗？说说你的创意。

项目实训　电子商务岗位调研及职业规划

一、实训目的

了解当前电子商务岗位的现状及需求，结合自己的兴趣设计自身的职业规划。

二、实训素材

计算机、网络、素材案例、在线资源等。

三、实训步骤

1. 登录前程无忧、智联招聘等网站查询电子商务热门岗位需求，填写表 1－1。

表 1-1　电子商务热门岗位

职位名称	北京	上海	深圳	广州	杭州	厦门	西安
网络营销							
客户服务							
美工							
淘宝运营							
网页编辑							
数据分析							
……							

2. 查询热门岗位的知识、技能、素质要求。

3. 从表 1-1 中选择一个你最喜欢的电子商务岗位，并查询其晋升岗位的知识、技能素质要求，设计自己的职业规划。

四、实训成果

撰写一份电子商务岗位调研报告和自身职业规划书，内容包括电子商务热门岗位、岗位要求、自身职业规划等内容。

项目二

信息技术在电子商务中的应用

知识目标

- 了解计算机网络知识
- 掌握大数据概念及数据挖掘的方法
- 理解 AR、VR 技术在电商中的应用
- 了解人工智能在电子商务中的应用场景

能力目标

- 能够掌握互联网网络架构知识
- 能够将增强现实，虚拟现实技术应用到电商活动中
- 能够将人工智能技术融入电商活动的各领域

情感目标

- 培养学生勇于实践、勇于创新的精神
- 提高学生的团队协作以及沟通能力
- 培养学生树立正确的职业观和职业道德

思维导图（见图2－1）：

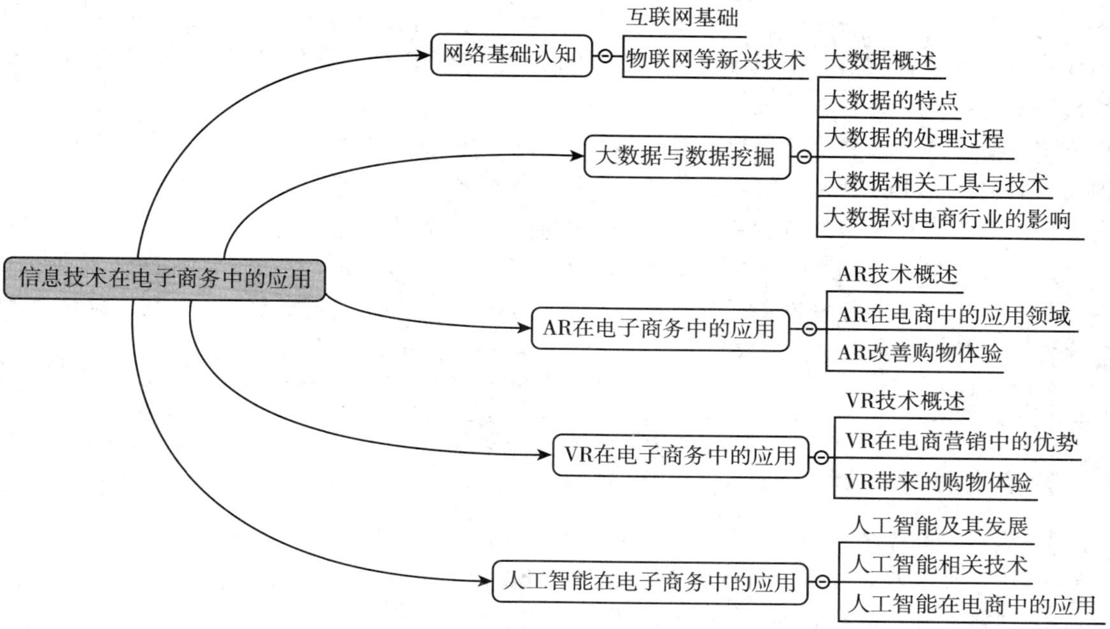

图2－1 信息技术在电子商务中的应用

引导案例

新兴技术为电商双“十一”赋能

2022年双“十一”，阿里巴巴旗下天猫App迎来全面升级，一种可支持AR试穿试戴的3D购物功能上线，全面开启沉浸式购物新体验。在新版天猫App中，用户无须借助外接设备即可进入3D世界，体验逛街，购物，看展，户外漫游。在3D世界里购物，消费者能360度查看商品细节，通过AR穿戴，预览商品真实摆放效果。

消费者在手机天猫App中的3D空间，进入“任意门”可穿越进品牌馆、潮玩馆等场景。在手机天猫3D空间，商品都是3D展示，可随意旋转、查看细节，腕表、首饰等商品还可以AR试穿、试戴。帐篷、电器等商品，也都可以用AR放置在现实空间，预览摆放在实际场景里的效果。

除了任意买，消费者还可在手机天猫3D世界里随意逛展、看剧和收集专属数字作品。手机天猫3D世界还原了喀纳斯森林、雪山、海岛等场景，消费者可以穿梭其间；在天猫App 3D“臻品馆”，消费者可以逛不同品牌的新品展览，天猫双“十一”期间，就有江诗丹顿钟表展、梵高《向日葵》油画展。

一个名为“未来城”的虚拟空间，出现在了淘宝App中。在这个虚拟空间中，有商业街、有广告屏，用户可以直接带着淘宝人生中的虚拟形象进入这个全新的虚拟世界，逛街、购物、抽奖，和陌生人互动。在未来城中，有电商橱窗、直播橱窗的展示，用户可以赚积分换红包。手机淘宝中的“淘宝人生”，能实现像打游戏一样逛街。

淘宝直播的官方 App 点淘则为未来城设置了多个入口，从未来城入口，还能找到“领千万红包”的标识进行双“十一”红包领取。整个未来城画面是以横向展示，借助屏幕左侧的虚拟摇杆来控制形象在 3D 空间里四处走动。在不同位置游玩的同时，用户也可以完成系统给到的收集水晶任务，水晶属于未来城的积分系统，可以兑换双“十一”优惠券。当用户来到主播展位或者主播营地附近的品牌灯箱时，点击相关海报即可进入相应主播或品牌的淘宝直播间。用户可以直接点击品牌墙和主播展位即可进入相应直播间，体验顺畅，让人印象深刻。虚拟门店里的商品展示、试穿、下单流程简单直观。

一些企业结合 AR 互动性、普遍触达，集合文本、图片、音视频、位置等多种媒体形式等特性，赋予行业新鲜活力。将拥有全球领先的 AI 视觉技术，通过 AR + AI 把普通影像变成全息 3D 内容，融合奇幻特效技术在互联网直播上，应用电商购物领域。

资料来源：https：//baijiahao. baidu. com/s？ id = 1747828627619986138&wfr = spider&for = pc.

➢ **启发思考：**

1. 举出一些你了解的电商领域新兴技术？
2. 你觉得这些新技术会为消费者购物带来什么改变？
3. 目前有哪些应用软件或 App 能支持新型购物模式？

视频：网络基础认知

课件：网络基础认知

任务一 网络基础认知

一、互联网基础

（一）互联网的发展

互联网又称国际网络，指的是网络与网络之间所串连成的庞大网络，这些网络以一组通用的协议相连，形成逻辑上的单一巨大国际网络。中国互联网发展分为三阶段。第一阶段，1994 ~ 2000 年从四大门户到搜索；第二阶段，2001 ~ 2009 年从搜索到社交化网络；第三阶段，2010 ~ 2021 年移动互联网融入生活。互联网经过三个阶段的发展，进入移动互联网时代，互联网渗透入生活各个层面，移动社交平台成为人们沟通联络的主要平台，如图 2 – 2 所示。

（二）互联网的构成

1. 网络硬件。构成网络的硬件主要包括路由器、交换机、服务器、客户机、调制解调器、防火墙、网关等设备。

2. 网络操作系统。网络操作系统是网络用户与计算机网络之间的接口。网络操作系统是使网络上各计算机能方便而有效地共享网络资源，并为网络用户提供所需各种服务的软件和有关规程的集合。在现今的互联网中，最流行的网络操作系统主要有 Windows，UNIX，Linux 等。

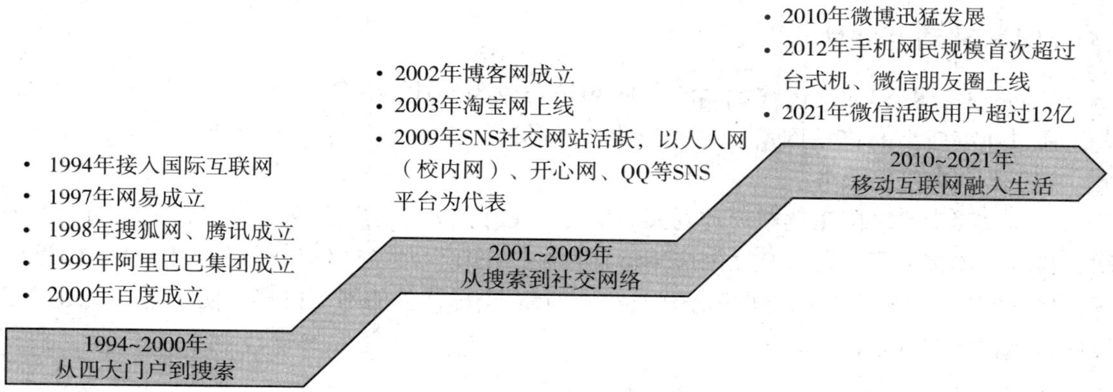

图 2-2　中国互联网发展三阶段

（1）Windows 操作系统是美国微软公司开发的窗口化操作系统，是世界上使用最广泛的网络操作系统，不仅在个人操作系统中占有绝对优势，它在网络操作系统中也是具有非常强劲的力量。微软的网络操作系统主要有 Windows Server 2008/ 2012/2016/2019/2022 等版本。

（2）UNIX 操作系统是一个强大的多用户、多任务操作系统，支持多种处理器架构，按照操作系统的分类，属于分时操作系统，最早由贝尔实验室开发。目前主流的 UNIX 操作系统有 Oracle 公司的 Solaris、惠普公司的 HP-UX 等。

3. 网络。

（1）局域网（LAN）。一般指覆盖范围在 10 公里以内，一座楼房或一个单位内部的网络。由于传输距离直接影响传输速度，因此，局域网内的通信，由于传输于距离短，传输的速率一般都比较高。

（2）广域网（WAN）。是指远距离的、大范围的计算机网络。跨地区、跨城市、跨国家的网络都是广域网。由于广域的覆盖范围广，联网的计算机多，因此广域网上的信息量非常大，共享的信息资源很丰富。互联网是全球最大的广域网，它覆盖的范围遍布全世界。

想一想：我们的校园网是属于哪一种网络？

（3）城域网（MAN）。其覆盖范围在局域网和广域网之间。一般指覆盖范围为一个城市的网络。

（4）内联网（intranet）。指在现有的局域网基础上，运用互联网技术，在企业内部所建立的网络系统，供企业内部的人员使用。

（5）外联网（extranet）。利用互联网将企业与分支机构、供应商、合作伙伴、相关企业、客户等相连的网络，形成了外联网。通过外联网使企业可以完成一些合作性的商业应用，如企业和客户及供应商之间的电子商务等。

（三）互联网的应用领域

互联网在我国很多行业都得到了广泛的应用，在全世界以及人们生活的各个领域都有很重要的地位。互联网的主要应用领域包括电子商务、通信服务、工业制造、商业贸易、交通旅游、生活娱乐、金融、医疗、教育等领域。

（四）移动互联网

移动互联网是移动通信终端与互联网相结合成为一体，是用户使用手机等无线终端设备，通过速率较高的移动网络，在移动状态下随时、随地访问互联网以获取信息，使用商务、娱乐等各种网络服务。

目前，移动互联网正逐渐渗透到人们生活、工作的各个领域，微信、支付宝、淘宝、美团、抖音等丰富多彩的移动互联网应用迅猛发展，正在深刻改变信息时代的社会生活。近几年，更是实现了3G到4G再到5G的跨越式发展。全球覆盖的网络信号，使人们可以随时随地保持与世界的联系。

二、物联网等新兴技术

（一）物联网技术

1. 物联网的概念及体系结构。物联网是指通过信息传感设备，按约定的协议，将任何物体与网络相连接，物体通过信息传播媒介进行信息交换和通信，以实现智能化识别、定位、跟踪、监管等功能的一种网络。物联网是新一代信息技术的重要组成部分。

物联网体系结构主要由三个层次组成，包括感知层、网络层和应用层。感知层由各种传感器以及传感器网关构成，包括各种传感器、传感器网关、二维码标签、RFID标签和读写器、摄像头、GPS等感知终端，感知层的作用相当于人的眼耳鼻喉和皮肤等神经末梢，它是物联网识别物体、采集信息的来源，其主要功能是识别物体，采集信息；网络层由各种私有网络、互联网、有线和无线通信网、网络管理系统和云计算平台等组成，相当于人的神经中枢和大脑，负责传递和处理感知层获取的信息；应用层是物联网和用户（包括人、组织和其他系统）的接口，它与行业需求结合，实现物联网的智能应用。物联网典型体系结构如图2－3所示。

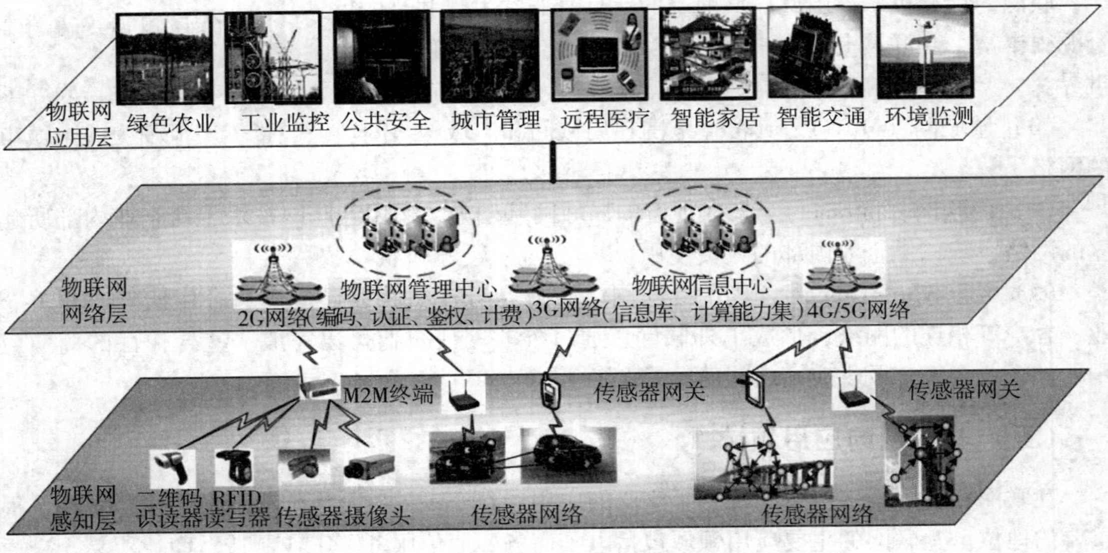

图2－3　物联网典型体系结构

2. 物联网所涉及的技术。

（1）射频技术。射频识别即 RFID（radio frequency identification）技术，又称电子标签，是一种通信技术，可通过无线电信号识别特定目标并读写相关数据，而无须识别系统与特定目标之间建立机械或光学接触。RFID 技术在国外起步较早，而中国起步较晚，但是中国在短时间内取得了显著的成绩，不但掌握了高频芯片的设计技术，并成功实现产业化，而且超高频芯片也已经开发完成。在中国开始使用 RFID 技术，例如中国的二代身份证、中国火车管理系统、智能交通、城市建设、移动支付等多领域。如今，RFID 技术已经融入人们生活的方方面面，它给我们带来的方便和快捷已经让我们深深地感受今天生活的美好。例如装有电子标签的汽车通过高速公路收费站时能被自动识别，无须停车缴费，大大提高了行车速度和效率。

（2）传感器技术。传感器可通过声、光、电、热、力、位移、湿度等信号来感知现实世界，为物联网提供最原始的信息。从仿生学观点，如果把电子计算机看成处理和识别信息的“大脑”，那么传感器就是“感觉器官”。传感器类似于人的“感觉器官”，是人类感官的延伸，如图 2－4 所示。例如通过温度传感器可感知鱼塘水温；通过压力传感器可感知桥梁受力情况。

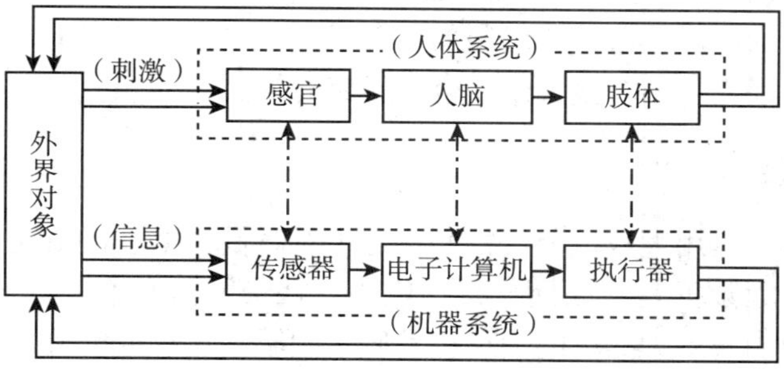

图 2－4　人体系统与机器系统的对应关系

根据传感器的基本感知功能分为热敏元件、光敏元件、气敏元件、力敏元件、磁敏元件、湿敏元件、声敏元件、放射线敏感元件、色敏元件和味敏元件等十大类。传感器广泛应用于社会发展及人类生活的各个领域，如工业自动化、农业现代化、航天技术、军事工程、机器人技术、资源开发、海洋探测、环境监测、安全保卫、医疗诊断、交通运输、家用电器等。

（3）二维码技术。二维码是在一维条码无法满足实际应用需求的前提下产生的。由于受信息容量的限制，一维条码通常是对物品标识的描述，而二维条码是对物品的描述。二维码以矩阵形式来表达，可以在纵横两个方向存储信息，可存储的信息量是一维码的几十倍，并能整合图像、声音、文字等多媒体信息，可靠性高、保密防伪性强，而且易于制作、成本低。

想一想： 近年来二维码技术为什么发展得如此迅速？

近年来，二维码在中国得到了广泛的应用。车票机票、电视屏幕、报纸题头、商品介绍、广告图片、服装饰品、电影海报、景点门票等到处都有它的身影。二维码已经悄然走进了我们的生活，防疫通行扫二维码、门店点餐扫二维码、支付扫二维码、报名扫二维码等，二维码已经成为我们生活中不可或缺的一部分。现在人们日常生活中的出行购物等，支付方式已经由原来的现金逐渐变成了二维码扫码支付。二维码为移动电子商务提供了一个低成本、快捷的入口，对于线下商户、广告营销行业而言，创新的门槛降低了；同时，二维码让移动电子商务变得更简单，只需一扫，就可以进入购物页面。二维码只是一扇门，更广阔的空间在后台、云端，以及与电子商务合作伙伴的创意和联想中。

（4）信息融合技术。为了提高物联网的感知和交互的有效性，需要依靠信息融合技术进行信息处理，对收集到的各种感知信息进行综合分析处理，以实现实时监控、信息管理、实时预警、智能决策等功能。

3. 物联网的应用。物联网通过智能感知、识别技术，广泛应用于网络的融合中，其主要的应用领域包括智能家居、智慧交通、智能医疗、智能电网、智能物流、智能农业、智能电力、智慧城市、智能汽车、智能建筑、智能工业、平安城市等。

（二）云计算技术

云计算是分布式计算技术的一种，是一种基于互联网的计算方式，通过这种方式，共享的软硬件资源和信息可以按需求提供给计算机和其他设备。“云计算”被大量运用到生产环境中，国内的“阿里云”“百度云”“腾讯云”，以及国外的亚马逊、IBM、微软等公司，云计算已经得到了广泛的应用。云计算应用的主要领域有金融云、制造云、教育云、医疗云、云游戏、云会议、云社交、云存储、云安全、云交通等。

（三）大数据技术

大数据技术是综合运用大数据分析技术，通过对海量数据进行系统分析，以获得具有指导意义的数据结果。大数据是互联网、移动应用、社交网络和物联网等技术发展的必然趋势，大数据应用成为当前最为热门的信息技术应用领域。大数据价值创造的关键在于大数据的应用，随着大数据技术飞速发展，大数据应用已经融入各行各业。大数据产业正快速发展成为新一代信息技术和服务业态，即对数量巨大、来源分散、格式多样的数据进行采集、存储和关联分析，并从中发现新知识、创造新价值、提升新能力。我国大数据应用技术的发展涉及机器学习、多学科融合、大规模应用开源技术等领域。

（四）人工智能技术

人工智能是研究、开发用于模拟、延伸和扩展人的智能的理论、方法、技术及应用系统的一门新的技术科学。人工智能是包括十分广泛的科学，它由不同的领域组成，如机器学习、计算机视觉等。总的来说，人工智能研究的一个主要目标是使机器能够胜任一些通常需要人类智能才能完成的复杂工作。

随着科学技术和经济社会的迅速发展，人工智能的应用越来越普遍，它的发展对我们的工作和生活方式都产生了深远影响。在电子商务领域，人工智能技术同样也得到了很好的应用，并取得了明显的效果。可以说，人工智能与电子商务之间存在着密切的联系，两者相辅相成、共同进步。目前，人工智能在电子商务领域的应用主要体现在智能客服机器人、推荐引擎、图片搜索、智能分拣、趋势预测、智能物流等方面，人工智能技术将成为电商变革的重要助推力。

视频：大数据与数据挖掘

课件：大数据与数据挖掘

任务二　大数据与数据挖掘

一、大数据概述

从20世纪80年代起，“大数据”一词一直是计算机信息领域的热词。2008年*Nature*出版的“大数据”专刊，基于多学科视角，针对大数据潜在的价值和挑战进行了系统的介绍。2011年*Science*也在专刊上强调了大数据的科研、经济和社会价值。大数据渗透至每个行业每个业务领域，为经济增长、利润增值创造重要价值。

最早给出大数据定义的是麦肯锡管理咨询公司，其指出大数据是一个巨大且复杂的、无法短时间内进行管理和分析的数据集合。维基百科概括的大数据定义为，能够帮助企业经营决策且数据量大到无法在短时间内进行处理的信息，处理这一数据集异常耗费时间。也有许多学者认为，大数据指的是一种模式，即利用云计算对数据集合的处理和应用。虽然目前没有形成统一的定义，但对大数据的核心理念和意义达成了共识，即大数据是工业传感器、互联网、移动数码等固定与移动设备产生的结构化数据、半结构化数据与非结构化数据的总和，通过大数据技术所获得数据的实时处理与应用，以此获取所需要的信息，以便实现商业价值或公共服务价值。

二、大数据的特点

大数据的范围非常广泛，不仅涵盖海量历史存储数据还涵盖爆发增长的增量数据，不仅包括静态数据还包括不断更新的动态数据，而且更新和传播的速度快、范围广、内容庞杂。与传统数据概念相比，大数据有以下特征：

（一）数据量大

在采集、存储和计算各环节的量都非常大。大数据的起始计量单位至少是PB级别的。PB（1 000个TB）、EB（100万个TB）或ZB（10亿个TB）。

（二）类型繁多

大数据收集各种类数据信息，形式有网络日志、音频、视频、图片、地理位置信息，包括结构化、半结构化和非结构化数据。

（三）价值密度低

随着互联网以及物联网的广泛应用，信息感知无处不在，信息海量，但价值密度较低。如何结合业务逻辑并通过强大的机器算法来挖掘数据价值，是大数据时代最需要解决的问题。

（四）速度快时效高

大数据区别于传统数据最主要的特征在于实时性。要求搜索引擎能查询几分钟前发布的新闻，个性化推荐算法要尽可能完成实时推荐。对数据增长速度、处理速度，以及时效性要求都很高。

（五）数据是在线的

数据是永远在线的，是随时能调用和计算的，这是大数据区别于传统数据最大的特征。

（六）数据真实可靠

数据的准确性和可信赖度，即数据的质量高。高质量的数据才能保证分析结果真实准确，有价值。

三、大数据的处理过程

大数据的处理过程，如图 2－5 所示，数据经过前端采集，存储和预处理后，在服务器端提供数据运算和实时查询，最后输出数据结果。

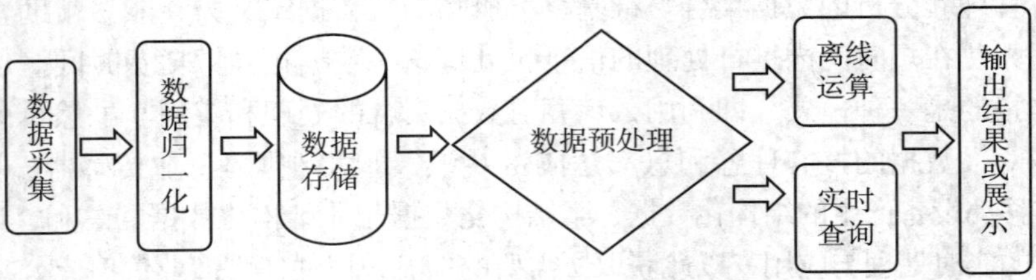

图 2－5　大数据处理过程

（一）数据采集

数据采集是大数据分析的第一步，大数据的采集即搭建数据仓库。通过前端铺设埋点①，接收来自 Web，App 等多个客户端的数据。利用多个数据库进行数据存放，把基础数据的各种维度都保存起来。用户可以通过这些数据库来进行简单的查询和处理工作。由于大数据的采集过程中，有可能出现成千上万的用户同时来进行访问和操作，因此需要对数据库设置负载均衡和时间分片来解决高并发性问题。在电商领域最常用的数据库是关系型数据库 MySQL 和 Oracle。此外，Redis 和 MongoDB 数据库也常用于数据的采集。

（二）数据导入与预处理

想一想： 哪些工具能支持数据预处理？

数据采集后需要将来自多个采集端数据库的数据集中导入一个大型分布式数据库，并将这些海量数据进行有效的分析和分布式存储。数据预处理的主要环节包括数据清理、数据集成、数据归约与数据转换。数据清理技术包括数据的不一致性检测、噪声数据的识别、数据的过滤与修正等几个方面。这一过程有利于提高数据的准

---

① 埋点，是为了满足快捷，高效，丰富的数据应用而做的用户行为过程及结果记录。数据埋点是数据采集的方法，是数据的来源。

确性、真实性和可用性等方面的质量。数据集成则是将多个数据源的数据进行集成，从而形成集中、统一的数据库。这一过程有利于提高大数据的完整性、一致性、安全性等方面质量。数据归约是在不损害分析结果准确性的前提下降低数据集规模，使之简化，包括维归约、数据归约、数据抽样等技术。这一过程有利于提高大数据的价值密度，即提高大数据存储的价值性。数据转换处理包括基于规则或元数据的转换、基于模型与学习的转换等技术，可通过转换实现数据统一，这一过程有利于提高大数据的一致性和可用性。导入与预处理过程处理的数据量大，每秒钟的导入量经常会达到百兆，甚至千兆级别。

（三）数据处理

大数据处理分为离线处理、实时处理。大数据处理的主要计算模型有 MapReduce① 分布式计算框架、分布式内存计算系统、分布式流计算系统等。MapReduce 是一个批处理的分布式计算框架，可对海量数据进行并行分析与处理，它适合对各种结构化、非结构化数据的处理。分布式内存计算系统可有效减少数据读写和移动的开销，提高大数据处理性能。分布式流计算系统则是对数据流进行实时处理，以保障大数据的时效性和价值性。大数据的类型和存储形式决定了其所采用的数据处理系统，而数据处理系统的性能与优劣直接影响大数据质量的价值性、可用性、时效性和准确性。因此在进行大数据处理时，要根据大数据类型选择合适的存储形式和数据处理系统，以实现大数据质量的最优化。

（四）数据统计分析与挖掘

数据分析体现了大数据集合的价值性和可用性，是大数据处理与应用的关键环节，它决定了分析预测结果的准确性。大数据统计与分析主要利用分布式数据库，或者分布式计算集群来对存储于其内的海量数据进行普通的分析和分类汇总，以满足大多数常见的分析需求。数据挖掘主要是使用各种算法对现有数据进行计算，如聚类分析的 Kmeans 算法；统计学习的 SVM 算法；分类的 NaiveBayes 算法。这些算法能帮助实现高级别数据分析和数据预测的作用。

大数据分析技术主要包括已有数据的分布式统计分析技术和未知数据的分布式挖掘、深度学习技术。分布式统计分析可由数据处理技术完成；分布式挖掘和深度学习技术则在大数据分析阶段完成，包括聚类与分类、关联分析、深度学习等，可挖掘大数据集合中的数据关联性，形成对事物的描述模式或属性规则。在电商行业，大数据分析能够揭示隐藏的信息模式、市场趋势、客户偏好和其他有用的商业信息，其分析结果可用于决策支持、商业智能、推荐系统，进行更有效的市场营销、更好的客户服务、提高运营效率、竞争优势和其他商业利益。电商企业可通过构建机器学习模型和海量训练数据提升数据分析与预测的准确性。

（五）数据可视化

数据可视化是指将大数据分析与预测结果以计算机图形或图像的直观方式显示给用户的过程，并可与用户进行交互式处理。无论是大数据分析专家，还是普通用户，他们对于大数据分析最基本的要求就是可视化。数据可视化技术有利于发现大量业务数据中隐含的规律性信息，以支持管理决策。数据可视化环节可大大提高大数据分析结果的直观性，呈现大数据

① MapReduce，是一种编程模型，是一个基于集群的高性能并行计算平台。

特点，如同看图说话一样简单明了，便于用户理解与使用。故数据可视化是影响大数据可用性和易于理解性质量的关键因素。

四、大数据相关工具与技术

（一）数据采集工具

Flume 是 Apache 旗下的一款开源、高可靠、高扩展、容易管理的数据采集系统。Fluentd 也是一款开源的数据收集框架，其特点是能使用 JSON 文件来统一日志数据。八爪鱼是一款免费的、可视化、免编程的网页采集软件，可以从不同网站中快速提取规范化数据。同类型的工具还有集搜客、腾讯兔小巢。

（二）数据存取工具

关系数据库、NOSQL，SQL，MongoDB 是最受欢迎的非结构化数据库。

想一想：
ACCESS 是数据存取工具吗？

（三）数据清洗工具

Excel 能消除重复项，查找和替换内容，检查拼写，转换数据公式，但 Excel 不适合庞大数据集。ETL① 工具负责从数据源抽取数据出来，进行清洗加工转换，然后加载到定义好的数据仓库模型中去，它是联机分析处理、数据挖掘的基础。Open Refine 是一款基于计算机浏览器的数据清洗软件，通过删除重复项、空白字段，来清理错误凌乱的数据，在数据清洗、数据探索以及数据转换方面非常有效的一个格式化工具。Data Cleaner 可将半结构化数据集转换成数据可视化工具可以读取的干净可读的数据集，其具有强大的数据分析引擎，该引擎可扩展，从而增加了数据清除、转换、扩充、重复数据删除、匹配和合并的功能。

（四）数据挖掘工具

Rapid Miner 是一款世界领先的数据挖掘开源系统，也是一个用于机器学习和数据挖掘的实验环境，有着对用户友好的可视化界面。用户不需要写编码，可以使用许多模板轻松地分析数据。IBM SPSS Modeler 是一款包括五个数据挖掘产品的套件，最适合处理文本分析等大型项目，允许在不编程的情况下生成挖掘算法。Teradata 能提供数据仓库、大数据和分析以及营销等应用，提供端到端解决方案。

（五）数据可视化工具

Tableau 的数据可视化工具专注于商业智能，无须懂得编程，即可创建各种地图、图表、图形及更多可视化元素。Silk 是 Tableau 的简单版，让你可以通过地图和图表将数据可视化，用户很容易在网上发布结果。Chartio 使用自己的可视化查询语言，可创建功能强大的仪表板，无须懂得 SQL 或其他建模语言，不需要数据仓库，可直接连接到数据库。IBM Watson

① ETL：抽取（extract）、转换（transform）、加载（load）的简写。

Analytics 工具结合了机器学习和人工智能，提供智能数据科学的可视化工具。

（六）基础架构技术

Hadoop 是一个分布式的基础架构，能够让用户方便高效地利用运算资源和处理海量数据，目前已在很多大型互联网企业得到了广泛应用。Hadoop 最底层是一个分布式文件系统（hadoop distributed file system，HDFS），存储在 HDFS 中的文件先被分成块，然后再将这些块复制到多个主机中。Hadoop 的核心是映射和化简编程模型（Map/Reduce）引擎，Map 将单个任务分解为多个，而 Reduce 将分解后的多任务结果汇总，该引擎由工作追踪，对应命名节点（Job Trackers）和任务追踪，对应数据节点（Task Trackers）组成。当处理大数据查询时，Map/Reduce 会将任务分解在多个节点处理，从而提高了数据处理的效率，避免了单机性能瓶颈限制。

大数据基础架构，如图 2－6 所示。

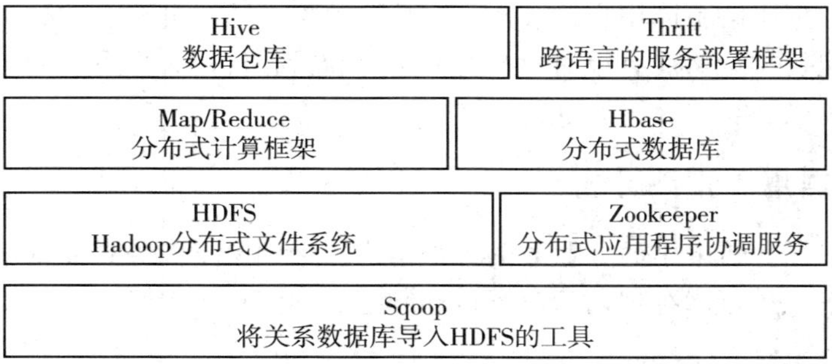

图 2－6　大数据基础架构

（七）数据分析技术

主要应用了统计学的相关理论，如假设检验、显著性检验、差异分析、相关分析、T 检验、方差分析、卡方分析、偏相关分析、距离分析、回归分析、简单回归分析、多元回归分析、逐步回归、回归预测与残差分析、岭回归、logistic 回归分析、曲线估计、因子分析、聚类分析、主成分分析、因子分析、快速聚类法与聚类法、判别分析、对应分析、多元对应分析（最优尺度分析）、bootstrap 技术等。

（八）数据挖掘技术

分类、估计、预测、相关性分组或关联规则、聚类、描述和可视化、复杂数据类型挖掘（文本，网页，图形图像，视频，音频等）。

（九）模型预测技术

预测模型、机器学习算法、建模仿真技术。

五、大数据对电商行业的影响

在过去几年中，无论是获取新客户还是电商运营，大数据已经完全改变了电子商务的面貌。

（一）大数据分析购买行为

企业通过大数据收集消费者的购物数据，分析用户消费行为和态度。企业能透彻了解产品的消费人群分布、潜在用户分布，并能及时了解消费者对品牌，企业的看法和评价。通过海量数据了解消费者的需求，用于新产品研发，分销渠道的选择和广告促销等。

（二）大数据提高客户服务

企业可以通过大数据提供良好的客户服务。研究表明，68%的客户都可以通过提高用户体验来促进销售。大数据在售前引导、售中解答、售后追踪等方面为用户提供服务，对存在的问题及时纠正和改进，提高用户体验。

（三）大数据指导灵活定价

企业通过大数据了解不同用户购买产品和接受价格，通过分析客户购买行为数据，开发灵活的定价，制定折扣策略。有针对性的特价优惠和折扣代码，也可以用于在客户中止购买或只看不买时重新吸引客户，引导其完成购买。

（四）大数据用于预测分析

企业通过大数据分析电子商务业务的各种渠道，帮助电子商务企业制定未来运营的业务计划。使用数据信息进行库存规划、市场目标制定，预测购买趋势。

视频：AR在电子商务中的应用

任务三　AR在电子商务中的应用

课件：AR在电子商务中的应用

一、AR技术概述

增强现实（augmented reality，AR）技术最早于1990年提出，是一种将真实世界信息和虚拟世界信息“无缝”集成的新技术，这种技术的目标是在屏幕上把虚拟世界套在现实世界并进行互动。AR把原本在现实世界的一定时间空间范围内很难体验到的实体信息，如视觉、声音、味道、触觉等信息，通过电脑等科学技术，模拟仿真后再叠加，将虚拟的信息应用到真实世界，被人类感官所感知，从而达到超越现实的感官体验。

增强现实技术包含了多媒体、三维建模、实时视频显示及控制、多传感器融合、实时跟踪及注册、场景融合等新技术与新手段。AR系统具有三个突出的特点：（1）真实世界和虚拟世界的信息集成；（2）具有实时交互性；（3）在三维尺度空间中增添定位虚拟物体。

二、AR在电商中的应用领域

互联网的发展让电商行业得到蓬勃发展，淘宝、天猫、京东、唯品会等一系列电商平台的普及让我们体会到互联网带来的好处。近几年，传统互联网公司也开始谋划新的转型，新零售的出现，让企业从线上流量的关注点又重新回到线下。面对营销难题，怎样吸引有效转化成为电商行业考虑的重点之一。而 AR 技术就是在这个时候出现的，对电商来说，AR 是有力的助推器。有分析师预测，未来几年电子商务领域在 AR 方面的投入将达到 1 220 亿美元，电子商务将成为运用 AR 技术的第一大领域。AR 电商，就是在这样一个背景下诞生，让电商营销转变一种方法。AR + 电商能够真实地还原线下购物体验，实现云试妆、云试穿、云试用等互动。

（一）AR 家居

AR 技术广泛应用于家居领域，为消费者快速呈现所选家具、艺术品在家中摆放的效果。宜家家居中宜家电商平台“IKEA Place”使用户可以通过 AR 的方式查看家具摆放的实际效果，这款 App 还能让用户知道家具大小是否合适。

（二）AR 试妆

美妆方面，化妆品和美甲产品运用 AR 技术能帮助消费者快速挑选合适商品。AR 试妆则应用了人脸识别技术，消费者能够更加快速地尝试各种不同品牌的彩妆产品，找到适合自己的产品，而且还能分享到社交平台上，询问好友意见，提升消费者购买乐趣。美图推出的美图有颜 App 能满足用户在美颜相机中通过趣味滤镜进行 AR 试妆。欧莱雅等也纷纷开始使用 AR 美妆提高化妆品销售转化率。Wanna Nails 可以让用户运用 AR 的方式尝试上百种甲油的颜色。如今有纪梵希、欧莱雅、雅诗兰黛、娇兰、NARS 等美妆品牌实现 AR 试妆。各大品牌推出了虚拟试妆店铺，欧莱雅、雅诗兰黛、纪梵希等一线品牌均提供虚拟试妆体验。

（三）AR 试穿

AR 穿戴广泛运用于手表、服饰、眼镜、珠宝、鞋子各大领域。AR 穿戴手表效果，如图 2－7 所示，在手机上能逐一试戴手表，查看佩戴效果。京东 AR 试衣镜采用了 3D 扫描技术和人工智能技术，能够在 3～5 秒钟内完成对消费者身高、胸围等测量，快速建立消费者 3D 虚拟形象，实现各种品牌新款一键试穿。

想一想： 实现 AR 试穿需要哪些软硬件的支持？

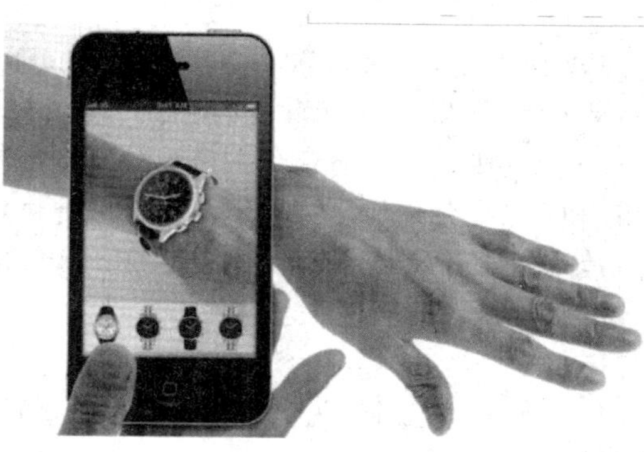

图 2－7 AR 穿戴手表

Wanna Kick 使用 AR 技术，让消费者可以在线试鞋。AR 在线试鞋的效果，如图 2 - 8 所示，在手机上快速选择鞋子的款式、颜色、尺码。2021 年 Dior 就在 Snapchat 上打造了 6 款新鞋的 AR 试穿体验，逼真的上脚 AR 效果直接推动 Dior 新鞋销售实现了 3.8 倍的广告支出回报。

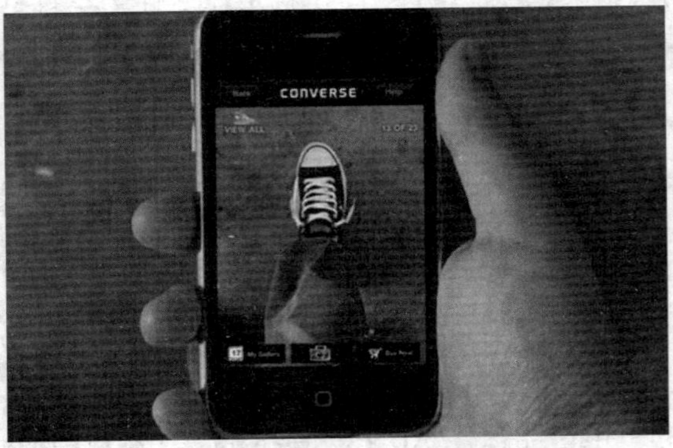

图 2 - 8　AR 在线试鞋

淘宝早在 2017 年就推出 AR Buy +，后又推出了 AR 明星任意门活动。各大明星将会出现在消费者的手机里，除了送来问候，还会赠送不少优惠券。通过淘宝客户端，可以进入到 AR 捉猫猫的页面。消费者通过捉猫猫来获得优惠券以及其他的购物特权。2022 年的“双十一”，天猫正式上线 3D 虚拟街区，为用户开启了沉浸式购物体验。2020 年亚马逊开始不断试点推行 AR 购物，涉及的品类和数量不断扩大。亚马逊与 Snap 合作，让用户一打开 Snapchat①，就能进入相机页面，里面有众多的 AR 滤镜，通过这些滤镜进行试穿试戴。亚马逊在 Snap 的技术支持下，只需几分钟就能根据产品 3D 模型创建出商品的 AR 购物滤镜，商品价格变化或缺货都能在 Snapchat 上自动实时更新，同时还能生成一整套后续关于销售情况、竞价、定位的分析报告。AR 的出现也代表了电商行业在未来的发展中更加注重用户体验的事实。AR 电商的应用方式和玩法将会越来越多，未来将会有更多的应用出现。

三、AR 改善购物体验

AR 真正优势在于，它使客户不仅可以观察产品的外观，还可以为用户体验增加新的维度，将创造性或有用的交互和交易带入以前的静态接触点，重新构建数字发现点和转化率。外观、大小、形状、样式、交互，基本上每个元素、角度和氛围都已成为考虑因素和结果的一部分。增强现实和整体混合现实代表一种独特的促进剂，可提供新的体验，唤醒感官，并在整个用户旅程中增强参与度。可以说，增强现实代表丰富购物体验的即时机会。

（一）虚拟现实结合

相比于传统线下购物，顾客们不能完全了解店内所有商品，不停试穿各种各样的衣服，

① Snapchat，是一款由斯坦福大学两位学生开发的照片分享应用。利用该应用程序，用户可以拍照、录制视频、添加文字和图画，并将他们发送到自己在该应用上的好友列表。

会感到疲惫不堪。在商场购物不能与家中衣物穿搭，容易买到不符合期望的商品，造成了客户流失，降低回购概率。AR 带给我们更好的购物体验。它允许你虚拟地看到整个商店的产品。顾客可以感觉到布料的面料和颜色，可以让你在家里随时看到虚拟的衣服，从各种各样的衣服中选择，并不断尝试，直到你选择出最喜欢的一件。然后决定是否要购买该产品。这样不仅可以帮助提高客户参与度，还能更好地展示商店的产品。

（二）节省购物时间

通过使用 App 和相关设备，客户能够在短时间内了解更多的商品，节省了大量的路途时间和选购时间。在手机端便捷地搜索同类商品，能够快速地货比三家，在更短的时间做出正确的选择。实验表明，当短时间内给消费者更多的选择时，他们可能会购买比愿望清单更多的东西，最终会提高店铺的利润。

Alter Agent 的调查数据显示，AR 电子商务使消费者对在线购物的信心提高了 80%。在某项 AR 消费调研中，有超过 2/3 的消费者表示在使用 AR 后会购买产品；66% 的消费者表示 AR 购物帮助减少了退货；96% 的消费者希望在购买时使用 AR 用以获取有关产品的更多信息、分享购买体验等。但是，目前的市场仍未达到用户期望，53% 用户认为，零售商还未能充分利用 AR。据 Snapchat（SNAP. US）市场报告指出，AR 购物工具将能更清晰引导消费者购物，预测到 2030 年，AR 电子商务市场规模将高达 1. 2 万亿美元。未来，AR 在电商领域将大展身手，创造出更多的奇迹。AR 将成为“购物的未来”。

视频：VR 在电子商务中的应用

任务四 VR 在电子商务中的应用

课件：VR 在电子商务中的应用

一、VR 技术概述

早在 20 世纪 80 年代，美国 VPL 公司的创始人拉尼尔（Jaron Lanier）提出了虚拟现实（virtual reality，VR）的理念。VR 技术成为 21 世纪发展起来的一项前端的先锋技术。虚拟现实技术综合了计算机图形技术、计算机仿真技术、传感器技术、显示技术等多种科学技术，它在多维信息空间上创建一个虚拟信息环境，能使用户具有身临其境的沉浸感，具有与环境完善的交互作用能力。

沉浸性、交互性、构想性是 VR 环境系统的三个基本特性。沉浸性又称临场感，指用户对虚拟世界中的真实感。交互性指用户对虚拟世界中物体的可操作性。例如，用户可以用手去直接抓取模拟环境中虚拟的物体，这时手中有握着东西的感觉，并可以感觉物体的重量，视野中被抓的物体也能立刻随着手的移动而移动。构想性又称自主性，指用户在虚拟世界的多维信息空间中，依靠自身的感知和认知能力可全方位地获取知识，发挥主观能动性，寻求对问题的完美解决。虚拟技术的核心是建模与仿真。VR 能够帮助人们更好地“感同身受”。

想一想：实现 VR 沉浸式体验可以借助哪些工具？

目前 VR 主要应用在以下几个领域：

（一）娱乐领域

丰富的感觉能力与 3D 显示环境使得 VR 成为理想的视频游戏工具。由于在娱乐方面对 VR 的真实感要求不是太高，故近些年来 VR 在该方面发展最为迅猛。如芝加哥开放了世界上第一台大型可供多人使用的 VR 娱乐系统，其主题是关于 3025 年的一场未来战争；近几年推出的 Oculus Rift 是一款为电子游戏设计的头戴式显示器，以虚拟现实为用户提供更好的体验，并推出了开发者版本。

（二）军事航天领域

军事航天领域的研究一直是推动虚拟现实技术发展的原动力，目前依然是主要的应用领域。如模拟训练一直是军事与航天工业中的一个重要课题，这为 VR 提供了广阔的应用前景。目前一些国家已建立了航空、卫星维护 VR 训练系统，空间站 VR 训练系统，并建立了能够供全国使用的 VR 教育系统，用以模拟实际环境培养训练宇航员。

（三）艺术领域

虚拟现实技术作为传输显示信息的媒体，在艺术领域有着巨大的潜力应用。例如，VR 技术能够将静态的艺术（如绘画、雕塑等）转化为动态的，可以提高用户与艺术的交互，并提供全新的体验和学习方式。

（四）教育领域

针对教育，虚拟现实技术应用是教育技术发展的一个飞跃。虚拟学习环境、虚拟现实技术能够为学生提供生动、逼真的学习环境。亲身去经历的“自主学习”环境比传统的说教学习方式更具说服力。虚拟实验利用虚拟现实技术，可以建立各种虚拟实验室，如物理、化学、生物等实验室，利用 VR 能够极有效地降低实验室成本投入，并让学生获得与真实实验一样的体会，得到同样的教学效果。虚拟现实技术还可以支持学习环境创设、支持技能实训、支持语言学习、支持特殊儿童教育四个方面。

（五）文物古迹

利用虚拟现实技术，可以对文物古迹的展示和保护带来更大的发展。将文物古迹通过影像建模，更加全面、生动地展示文物，提供给用户更直观的浏览体验，使文物实时实现资源共享，而不需要受地域所限制，并能有效保护文物古迹不被过多游客的游览所影响。同时使用三维模型能提高文物修复的精度、缩短修复工期。

（六）生产领域

利用虚拟现实技术建成的汽车虚拟开发工程，可以在汽车开发的整个过程中，全面采用计算机辅助技术来缩短设计周期。例如，福特官方公布过一项汽车研发技术——3D CAVE 虚拟技术。设计师戴上 3D 眼镜坐在“车里”，就能模拟“操控汽车”的状态，并在模拟的车流、行人、街道中感受操控行为，从而在车辆未被生产出来之前，及时、高效地分析车型设计，了解实际情况中的驾驶员视野、中控台设计、按键位置、后视镜调节等，并进行改进，这套系统能够有效控制成本地进行汽车开发。

（七）房地产领域

在虚拟现实系统中自由行走、任意观看，冲击力强，能使客户获得身临其境的真实感受，促进了合同签约的速度。虚拟样板间，用于商业项目长期招商、招租、用于各类评比活动。一次性投入，可以应用在项目报批、建设、销售、招商招租等各个环节，并可以永久使用。网上看房，租售阶段用户通过互联网身临其境地了解项目的周边环境、空间布置、室内设计。

二、VR 在电商营销中的优势

疫情触发线上经济爆发式增长，“元宇宙”概念的提出促使 VR 在电商营销中的应用更加深入。研究表明，VR 广告的点击率达到传统广告点击率的 30 倍，而相对于传统成本，商家在 VR 营销中投入的成本并不算高。因此，越来越多商家主动接触 VR 营销模式，将 VR 营销作为未来商品营销的重中之重。

（一）深化营销品牌形象

商家利用 VR 技术引导用户深入了解品牌文化，VR 能 100% 真实反映企业、门店、商品信息，720°无死角浏览和切换场景，打破传统地域，拉近用户和企业的距离，使品牌信息的传递更加直观真实。

（二）延长用户停留时间

VR 技术将语音、图文、音乐、交互等融为一体，营销过程具有超强的参与感和互动性，并能制造出 VR 特有的沉浸式用户体验，让用户从被动的接受者变为主动的探索者，大大延长了用户停留时间。

（三）扩大营销宣传渠道

VR 广告是最新颖的宣传方式，可以在各大媒体平台展现，如百度地图、携程、美团、口碑、抖音、今日头条等。还可以将其制成二维码嵌入各种宣传册、海报、展架，只需投入一次制作成本，便可以多次宣传。

（四）提高宣传复用频率

VR 广告拍摄简单省力，还能反复观看、多次利用，一次拍摄便能永久使用，线上线下轻松推广，大大降低营销宣传成本，提升企业利润。

（五）持续引导用户流量

VR 技术打破了商家营业时间的限制，用户可以随时随地线上参观，商家可以 24 小时持续引流，VR 相当于把商家的形象和环境搬到线上做到了无时间限制的展示，大大节省了商家的时间成本。

随着 VR 的覆盖范围越来越广，市场接受度也越来越高，VR 市场正在迅速扩张，VR 技术在国内市场需求将迎来大爆发。在电子商务时代，VR 能以全新的视角，让消费者足不出户，逛遍城市每个地方，把城市装进口袋。

三、VR 带来的购物体验

传统的电子商务模式是扁平式的交流和二维平面构建的网页，网页根本无法全方位地展示商品，买家根本感受不到现场购物的乐趣，体会不到身临其境的感觉。对于喜欢购物和逛商场的女性来说，是一件身心不悦的事情，也造成了传递给消费者的商品或物体信息不够全面、翔实、逼真，降低了消费者的购买欲望和购买准确度。

在 20 世纪 90 年代，VR 技术成功进入商界，并在电子商务领域获得了进一步的发展。消费者既享受着电商平台带来的便利，又能很好地实现与实体店一样的体验效果。

（一）商品信息立体化

传统的电子商务，买家获取的商品信息都是平面化的图像及文字，而当买家接触到 VR 购物之后，则会感知到商品的立体化。立体的虚拟购物环境，会给买家带来极强的视觉体验，使得电子商务的购物体验做到了极致化。利用 VR 技术制作的商品信息，在营销上凭借技术的支持，使得三维成像成为现实。利用 VR 技术，在计算机上营造一个与客观世界高度逼真的虚拟环境，让顾客能够足不出户就拥有和在真实的商场中购物一样的体验，看到的不再是一张张单调的图片，而是三维立体的“实物”，为顾客全方位地展示商品效果，从而让消费者从各个不同的角度体会商品的全貌，增加消费者对在线商品的感知度。例如顾客在选购衣服的时候，仅需提供自己身材相关的信息即可，如身高、体重、腰围等这些数据信息，系统便可根据这些数据加工自动地形成一个与顾客相仿的人体模型，顾客可以选择自己喜欢的服装让模特一件件地试穿，顾客可以站在旁观者的角度全方位地观察服装上身后的效果，足以比拟在客观世界购物时镜子中看到的自己。此外，在虚拟环境中购买服装，为顾客提供了极大的便利，不用顾客自己一件件地试穿衣物，节省了顾客的时间成本，并且减少了购买的服装不合身的概率，顾客能够更快地选到合心意的服装。

淘宝为了买家更好、更便捷地购物，利用三维建模技术可以帮助电商快速建模，共同构建 VR 购物的生态系统。该技术平台使消费者在虚拟的购物环境中看到的一切都像在自己眼前一样真实。

（二）购物体验沉浸化

VR 将传统电子商务的购物形式更加具象化，以此来吸引买家的关注。新兴的 VR 技术在电子商务上的运用，实现了不出家门就可以体验在商场里购物。在 VR 技术构建的虚拟现实背景之下，买家不再局限于通过智能手机或是电脑从视觉上观看商品，而是带着虚拟现实技术设备逛全球商场，淘全球好货，所有产品随心试用，包括世界名牌。能够身临其境感受所有商品。VR 技术与电子商务的融合，充分地展现商品的特点与功能。通过虚拟现实技术，买家还可以真切地在商场来回闲逛，了解店铺门店的魅

> **想一想：** 与 AR 相比，VR 购物体验差别之处？

力。与卖家进行交互，全方位地“观看”并选择适合的商品。虚拟现实技术不仅在视觉、听觉上有一定的真实性，还可以在嗅觉、触觉方面有一定身临其境的体验。

（三）虚拟交互现实化

VR 能实现消费者与卖家面对面进行友好交互，可以很好地解决卖家与买家扁平式的交流问题。虚拟现实技术综合了计算机图形技术、计算机仿真技术、传感技术、显示技术等多种科学技术，在计算机上创建一个虚拟环境，使用户具有身临其境的沉浸感，与环境具有交互作用，有利于开发我们的大脑构思，商品和用户的距离感更近，没有了商品在屏幕里的感觉，给我们以真实的体验和感受。

VR 技术可以在网页中将商品以立体方式交互展示，将门店以商场的形式展示，消费者可以全方位观看商品特征，直观地了解商品信息，其效果和消费者直接面对商品相差无几，也可以体会购物逛街的乐趣。虚拟现实技术在网购上的应用很大程度上刺激了人们的购买欲望，促进了经济消费。

视频：人工智能在电子商务中的应用

任务五　人工智能在电子商务中的应用

课件：人工智能在电子商务中的应用

一、人工智能及其发展

人工智能（artificial intelligence，AI）是计算机科学的一个分支，是研究、开发模拟、延伸和扩展人类智能的理论、方法、技术及应用系统，被称作继蒸汽机革命、电力革命、信息革命之后的第四次科技革命。时至今日，人工智能的概念已经是家喻户晓，它不只是冷冰冰的一系列能够执行的程序，还能够自我学习，并且能做出精准快速的判断反应。目前，人工智能在一些应用领域已经能够超越人类，能完成一系列复杂的运算并且得出精确的答案。这不仅节省了人类大量的时间和精力，而且随着人工智能的普及，将给人类社会带来巨大的便利。

人工智能是继互联网之后的一股新力量。1956 年，约翰·麦卡锡提出了人工智能的概念。20 世纪 70 年代，“专家系统”引起了广泛的关注。1997 年，深蓝击败了国际象棋大师。一直到 2016 年人工智能的发展经历了三个阶段：计算智能、感知智能和认知智能，其发展的总趋势是从简单到复杂。随着互联网的飞速发展和科学技术的不断进步，特别是进入 21 世纪，以及对人工智能领域的要求越来越高，人工智能同时也获得了新的发展机遇和动力，进入蓬勃发展的阶段。目前，世界各国已逐步将人工智能纳入发展战略。人工智能技术领域十分广泛，在机器学习、语音识别、图像识别、自然语言处理、机器人和专家处理系统等方面的应用尤其深入。

二、人工智能相关技术

人工智能的主要物质基础以及能够实现人工智能技术平台的机器就是计算机，人工智能的发展历史是和计算机科学技术的发展史联系在一起的。除了计算机科学以外，人工智能还涉及信息论、控制论、自动化、仿生学、生物学、心理学、数理逻辑、语言学、医学和哲学等多门学科。人工智能学科研究的主要内容包括知识表示、自动推理和搜索方法、机器学习和知识获取、知识处理系统、自然语言理解、计算机视觉、智能机器人、自动程序设计等方面。

人工智能主要研究语言的学习与处理、知识表现、智能搜索、推理、规划、机器学习、知识获取、组合调度问题、感知问题、模式识别、逻辑程序设计、软计算、不精确和不确定的管理、人工生命、神经网络、复杂系统、遗传算法人类思维方式，最关键的难题还是机器的自主创造性思维能力的塑造与提升。

三、人工智能在电商中的应用

人工智能作为一种新兴的颠覆性技术，正逐步并深刻地改变着人类的生产生活方式和思维方式，对经济发展、社会进步等方面产生重大而深远的影响。世界主要国家都对人工智能给予高度的重视，我国政府也制定了一系列的文件以推动人工智能的深度应用与快速发展，以加快建设创新型国家和世界科技强国。2015 年 5 月，国务院在《关于大力发展电子商务加快培育经济新动力的意见》中提出并强调了“智能化”在电子商务领域中的重要发展地位，特别指出，加强电子商务领域云计算、大数据、智能交易等关键核心技术的研究开发。随后，一系列相关的政策文件逐步深化和细化了电子商务领域中智能化技术的发展目标和具体方案，例如支持实体零售店综合利用网上商店、移动支付、智能试衣等新技术发展体验经济，鼓励企业建立智能仓储系统、完善智能配送体系，依托互联网平台提供人工智能公共创新服务等。

电子商务领域的海量数据与虚拟场景成为人工智能发展的天然土壤。近年来，我国企业深入贯彻落实政府在人工智能产业和智慧经济方面提出的指导意见，高效推动人工智能技术在商务领域的快速发展。该技术的广泛应用已创造巨大的商业价值，产生了深远的社会影响。淘宝作为中国最大的网购零售平台，利用深度学习等技术向消费者智能地推荐个性化的商品；采用先进的计算机视觉识别技术实现了商品图片识别，帮助用户挑选心仪的产品，提高了对用户需求的精准捕捉效率；同时，利用自然语言处理、语音识别等技术建立智能客服机器人系统，缩短了客服响应时间，大大降低了人工成本，提升了用户的网络购物体验。

伴随着人工智能技术在电商领域的应用探索，学界对人工智能助推电商发展方面的研究也正如火如荼地展开。具体来说，主要集中于以下几个场景。

（一）机器人客服

机器人客服系统需要用到的人工智能技术有语言捕捉、语义分析、机器学习、大数据等，机器人客服能及时自动地回复买家提出的问题。买家的问题有的是文字，有的是语音，也有图片等形式，需要机器人能够准确获取买家的疑问，并根据商家信息进行回复。在早期，机器人客服只是作为咨询高峰期补充人工客服的一种手段。随着信息技术的发展，机器人客服不仅可以支持语音自动问答，还能够捕捉买家的情感表达并准确定位用户需求，从而给出更满意的答复。在最新的研究中，将情感计算技术引入机器人客服，并优化了智能聊天系统中的用户意图识别，使机器人能对对话中所隐含的上下文建立联系，有效地提升沟通效率，使得用户的满意度及店铺的成交量大幅度提高。

（二）智能商品推荐

智能推荐具有“轻搜索重推荐”的特征，智能推荐引擎能实现“货找人”而非“人找货”，是人工智能在其中发挥重要作用。商品推荐主要通过获取买家购物的行为数据，例如在搜索栏输入信息、点击、收藏、加购等行为，对买家的购物需求进行精准捕捉，对买家购物偏好进行分析预测，从而将合适的商品推荐给买家，实现订单转化率的最大化。智能商品推荐应用了人工智能技术中的深度学习，通过不断优化算法，提高推荐商品的准确性、新颖性、多样性和有效性。

（三）商品动态定价

想一想： 人工智能技术为动态商品定价带来什么优势？

相比于传统基于企业的数据和自身经验的定价模式，互联网新时代背景下的动态商品定价方式更加适用于不断变化的市场数据。用户的数据实时产生、市场的变动使得商家需要制定随之变化的动态商品价格。利用一个基于深度强化学习方法的端到端电子商务平台动态定价框架，通过马尔可夫决策过程建模，建立一种智能定价策略。先进的深度学习算法为动态定价提供了可能。智能定价整合用户行为数据、交易数据，以及竞争数据等多维数据，制定可针对不同场景下的最优定价和销售策略。研究表明动态定价的价格设置显著地优于专家式的人工定价方法。

（四）商品识别与查找

在商品查找方面，人工智能技术能有效缩短搜索路径，更快地帮助买家找到相应的商品。相比于传统的在搜索栏中输入关键字，使用图片识别技术使商品查找更加直观有趣。人工智能中的计算机图形学、计算机视觉、深度学习等技术，能够支持买家通过上传商品的图片，快速分析图片中的数据信息，智能解析出商品的规格、型号、款式、颜色等特征，并为买家提供大量相似的商品和卖家，方便消费者快速获取购买链接。

（五）趋势及用户行为预测

人工智能技术能挖掘图片中隐藏着的大量用户信息。根据用户浏览的图片，利用深度学习算法可以从中分析出最近某品类的流行趋势、订单规模、用户反馈行为等。有些学者还曾利用社交媒体平台中用户分享上传的旅游相关地理位置和图片等信息，通过设计科学的方法实现了对特定目的地游客行为的预测。

（六）AI 虚拟主播

AI 虚拟主播是通过人脸关键点检测、人脸特征提取、人脸重构、唇语识别、情感迁移等多项人工智能技术，需要结合语音、图像等多模态信息进行联合建模训练。人工智能驱动的虚拟主播可以有力提升直播电商的社交性，能让你的店铺 365 天 24 小时不下播，不停歇地为客户提供服务，获取更多的私域流量。有效突破原有网红和 KOL① 在时间和空间上的

① KOL，英语短语 key opinion leader 的首字母缩写。它是一个营销方面的概念，主要是指那些拥有更多更准确的产品和服务信息，且能够为相关群体接受或信任，并对关注、喜欢她的群体的购买行为具有较大影响力的人。

限制，打开新的流量场域。虚拟主播具有更高的可塑性和复用性，能为品牌创造更多定制化和个性化的内容，成倍提高生产力，最大化边际效应。品牌方还可以同时、多地、多场景地使用AI虚拟主播，内容延展性大幅提升。

（七）直播实时美颜

人工智能通过人脸识别技术，在直播电商中发挥实时美颜的功能。人脸检测技术可以实时检测出多张人脸，并且精准定位画面中的人脸位置，获取相关信息，自动识别出人的五官轮廓。实时识别面部表情动作，包括睁眼闭眼、张嘴闭嘴、挑眉、点头摇头等表情姿势，以及人脸的检测、分析和比对。使用双边滤波算法和平滑滤波算法来实现美颜中的磨皮和美白两大基本功能。需要经过高反磨皮或者是双曲线磨皮算法对人像进行磨皮，结合皮肤区域从而得到精确磨皮的效果。除了基本的磨皮算法，还能调整肤色，在实现美白红润效果的同时，还控制了肤色。

（八）消费情感引导

人工智能中的情感引擎能通过解析消费者在直播电商平台中的互动内容，对消费者的情感和行为进行分析，对积极的情绪加以引导，对消极的情绪及时安抚，从而更有效地服务于消费者。情感引擎是一种能感知、识别和理解人的情感，并能针对人的情感做出智能、灵敏、友好反应的计算系统，包括情感信号采集、分析，是一个高度综合的技术领域。

思政园地

大数据为助农扶贫赋能

为了缓解新冠肺炎疫情带来的影响，也为了完成我国的脱贫攻坚，稳就业、保民生，坚决打赢脱贫攻坚战，努力实现全面建成小康社会目标任务。近几年来，全国各地都掀起了电商助农的浪潮，通过电商直播带货助农，实现农村贫困人口全部脱贫、贫困县全部摘帽。然而，直播带货只是电商扶贫众多环节中的一个。电商扶贫还涉及电商服务站的建设、扶贫模式、扶贫主导产业、农业基础条件、现代农业技术应用、农产品供求分析等多个方面。在所有这些环节中，大数据的作用都必不可少。电商助农扶贫离不开大数据。

中国农业科学院农业信息研究所认知计算研究室从事的就是农业领域数据科学的研究和应用，以及相关信息技术的开发，覆盖农业生产、经营管理和服务领域的数据科学研究和技术应用。由认知计算研究室自主研发的“智慧农业大数据应用”产品已经面向全国农业领域提供智慧农业、电子商务大数据分析服务。

该应用主要汇聚来自政府、国际组织、商用数据库、卫星遥感、网络舆情、农业物联网、涉农政务系统等多种数据源的异构数据资源。应用以农业生产经营管理决策支持为导向，以实际解决政府、企业及农业生产者的实际问题为准绳，实现农业生产经营管理的数字化和智能化。该产品采用了Qlik的大数据技术，由农业领域专家、数据科学家和IT开发人员共同研发，为用户提供交互式的探索式大数据分析功能，让用户通过交互式数据探索自行发现自己的业务数据中所蕴含的模式和价值，获取对工作的洞察。

该产品已经形成了三大典型应用场景：其一，电商带贫数据采集与成效分析子系统。能够采集基层电商服务站的数据、电商扶贫带贫及贫困户技能培训的数据，并通过地图呈现出来。这样可以一目了然地看到电商服务站的数量和分布信息，每个服务站的带贫模式、产业、成效及贫困户技能培训情况，展示每个电商服务站的带贫人员、带贫模式、扶贫主导产业，通过带贫户数与模式、产业的关系，揭示不同带贫模式的效果，为政府决策提供参考。其二，农业基础条件与设施情况分析子系统。通过汇集区域农业信息基础设施数据并进行分析，可以揭示不同区域基础设施建设情况及其与农业产业发展的关系，发现优势和短板。其三，农产品供求分析。通过与其他公司合作，可以就当地不同时间的农产品供应量和购买量进行分析，发现不同时间段农产品的需求量和成交量，揭示不同农产品的供应和需求关系，为农产品生产与营销提供指导。

把数据收集起来以后，可以用 BI 技术去做互动式的交互探索分析，把这些脱贫人口、产业模式、扶贫模式、效果都结合在一起，可以看到哪个区域是成功的、哪种模式是成功的、哪种产业是成功的。把这些因素综合在一起，政府就可以看到哪个地区成功了、为什么成功、有哪些可以借鉴、哪些可以放到其他区域推而广之。这样就有利于下一步的脱贫决策，有利于当地的资源调配和优化。

在“科技兴农”“智慧农业”等战略的背后，始终都离不开大数据、互联网等科学技术的帮助与支持。希望在将来，能够多一些类似 Qlik 的产品技术，助力中国农业打造的智慧农业大数据应用，用数据赋能智慧农业发展。

资料来源：https://baijiahao.baidu.com/s?id=1670999461730096087&wfr=spider&for=pc.

本项目主要知识点

互联网　广域网　局域网　城域网　网络操作系统　人工智能　大数据　云计算　数据采集　数据清洗　数据分析　数据挖掘　算法　AI　3D　VR

课后习题

一、单选题

1. 互联网域名系统中，edu 通常表示（　　）。

A. 商业组织　　B. 教育机构　　C. 政府部门　　D. 军事部门

2. 以下关于计算机网络叙述正确的是（　　）。

A. 受地理约束

B. 不能实现资源共享

C. 不能远程信息访问

D. 不受地理约束，实现资源共享，远程信息访问

3. 通过局域网连接到互联网时，计算机需要有（　　）。

A. Modem　　B. USB 接口　　C. 网络适配器　　D. 电话

4. TCP/IP 协议是 Internet 中计算机之间通信所必须共同遵循的一种（　　）。

A. 信息资源　　B. 通信规定　　C. 软件　　D. 硬件

5. 大数据的起源是（　　）。

A. 金融　　B. 互联网　　C. 电信　　D. 公共管理

6. 大数据的最明显特点是（　　）。

A. 数据类型多样　　B. 数据规模大

C. 数据价值密度高　　D. 数据处理速度快

7. 大数据时代，数据使用的最关键是（　　）。

A. 数据收集　　B. 数据存储　　C. 数据分析　　D. 数据再利用

8. 虚拟现实是计算机营造出的一种虚拟的世界，让你感觉它就像真的一样，下面虚拟现实的名称是（　　）。

A. 虚幻镜像　　B. VR　　C. 人工环境　　D. 灵镜技术

9. 虚拟现实不具备的特征为（　　）。

A. 沉浸式　　B. 交互式　　C. 想象性　　D. 地域性

10.（　　）不是手机里常用的智能 App。

A. 美颜　　B. 语音助手　　C. 人脸识别　　D. 机器翻译

二、多选题

1. 互联网上计算机名字由许多域构成，域间不能用（　　）分隔。

A. 小圆点　　B. 逗号　　C. 分号　　D. 冒号

2. 下列属于视觉感知设备的有（　　）。

A. 头盔显示器　　B. 立体眼镜显示系统

C. 洞穴式立体显示系统　　D. 墙式立体显示系统

3. 常见的虚拟现实系统有（　　）。

A. 仿真驾驶系统　　B. 军事作战系统

C. 医学影像系统　　D. 虚拟城市系统

4. 下列选项中，哪些是人工智能算法中的学习方法（　　）。

A. 重复学习　　B. 深度学习　　C. 迁移学习　　D. 对抗学习

5. 人工智能的说法，正确的有（　　）。

A. 人工智能是以机器为载体的智能　　B. 人工智能是以人为载体的智能

C. 人工智能是对于动物的智能　　D. 人工智能也叫机器智能

三、判断题

1. 人工智能的目的是让机器能够完全代替人。（　　）

2. 人工智能技术与其他科学技术相结合极大地提高了应用技术的智能化水平。（　　）

3. 专家系统是一个复杂的智能软件，它处理的对象是用符号表示的知识，处理过程是推理过程。（　　）

4. AI 的英文缩写是 automatic intelligence。（　　）

5. 人工智能的目的是让机器能够具有完全替代人的大脑，以实现某些脑力劳动的机械化。（　　）

四、简答题

1. 中国互联网发展的三个阶段。
2. 大数据的特点有哪些。
3. 举出三个 AR 在电商中应用的案例。
4. VR 环境系统的三个基本特性。
5. 人工智能的相关技术有哪些。

项目实训　电子商务数据采集与预处理实训

一、实训目的

了解商务数据采集的方法及工具，选择一种工具进行数据采集与预处理。

二、实训素材

计算机、网络、数据采集工具、在线资源等。

三、实训步骤

1. 下载和安装八爪鱼软件。
2. 了解八爪鱼数据采集模板的类型。
3. 选择一个电子商务网站，利用八爪鱼工具进行网页数据采集。
4. 利用数据预处理工具，对采集到的数据进行预处理。

四、实训成果

完成一份电子商务网站的页面数据采集，并用预处理工具进行处理后保存为一份可用的数据文件。

项目三

电子商务模式

■ 知识目标

- 掌握 B2B、B2C、C2C、O2O 电子商务的定义
- 理解共享经济模式、网红经济模式
- 了解各种电子商务模式发展历史
- 了解其他类型电子商务模式

■ 能力目标

- 区分不同类型的电子商务模式
- 能说出不同电子商务模式在现实中的应用
- 能查找相关电子商务模式的数据资料并会分析

■ 情感目标

- 培养学生主动学习、辩证分析的能力
- 提高学生的团队协作以及创新能力
- 培养学生树立正确的职业素养

思维导图（见图3－1）：

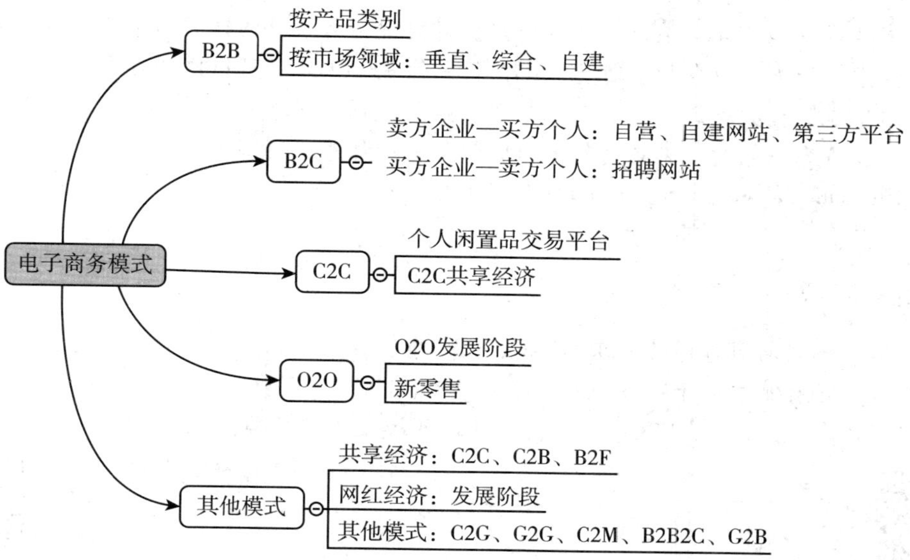

图3－1　电子商务模式

编歌诀

阿里巴巴爱99
亚马逊有FBA
跨境电商海外仓
电商模式业态广
双“十一”唯独它先有
京东物流唱“惊雷”
软文直播全用上
快来跟我学电商

引导案例

新电商时代

2021年12月，抖音推出新的独立电商App：抖音盒子。并且抖音盒子的右上方还有一个搜索框，也代表着抖音真正进入搜索电商的时代了！截至2022年最新数据，抖音日活用户超过8亿，自媒体让更多的人有发言权。越来越多的商家也瞄准了这些平台的流量红利。那么，什么是新电商时代呢？

新电商时代，不是传统的“人找货”，而是“货找人”。货是满足不同消费者不同场景下的需求。没有需求创造需求。在消费场景方面，从线上消费逐步转变为线上线下融合消费；在消费结构方面，从以实物消费为主转变为“实物＋服务”消费双轮驱动；在消费行为方面，搜索型消费逐渐向推荐型消费转变。所以，新电商时代可能通过像O2O模式的升级，新零售的模式再次掀起实体店的狂潮！例如，三只松鼠原本只是“淘品牌”，但是通过线下实体店的打造，将线上的流量导流到线下，打破线上的最高销售纪录，创造了新的更高的销售业绩！正像营销打法：前期造势、初期导流、中期引爆、后期沉淀！

同时，新电商时代会涌现更多的新兴技术。像以新兴技术为基础，专注于中文世界里频繁更新的博客网站和新闻网站，能够给用户提供接近实时效果的搜索结果的即时搜索，也叫当前事件搜索。例如，我今天临时想去厦门第一医院，于是我可以立刻在网上搜索，通过搜索引擎数据库与医院数据库系统的实时更新匹配，我可以搜索到当时厦门第一医院的主治医生都有谁，还剩多少号数。未来的新电商时代，只有你想不到，没有做不到！

资料来源：https：//wenda. so. com/q/1377069608062090.

➢ 启发思考：

1. 你知道传统电商讲到的 B2B、B2C、C2C 电子商务模式分别是什么意思？
2. 你认为还有哪些电子商务模式？
3. 新电商时代，B2B、B2C、C2C、O2O 这些模式会过时吗？

视频：B2B 电子商务模式

课件：B2B 电子商务模式

任务一　B2B 电子商务模式

一、B2B 电子商务模式概述

按产品采购类别，大致可分为工业品和快消品等。工业品指购买用于以后企业加工生产或经营用的产品。快消品是快速消费品（fast moving consumer goods，FMCG）的简称。根据艾瑞网相关数据，2022 年中国快消品 B2B 市场交易规模达 4 428 亿元。中国工业品 B2B 市场的巨大发展潜力也正在不断释放，未来工业品 B2B 平台需要加大在数字化能力、品类管理、线下物流基础网络打造及线下服务团队建设上的布局。中国正处于传统产业数字化转型升级的重要阶段，快消品 B2B 电商正压缩流通环节，提升全链路效率。快消 B2B 对传统通路的升级改造体现在以下三个方面：（1）实现了供应链全盘信息数据可视化，可有效辅助上游品牌商进行产品分析、开发及营销；（2）提升快消品仓配效率，减少资源浪费，降低运营成本；（3）通过优化供应链，降低层层加价成本，实现零售终端采购降本增效。

工业品 B2B 电商以集成化供应链管理系统自动收集全渠道订单，并进行分布式订单处理，快速完成库存分拣—发货—收货—确认等流程处理，降低人工误差，提升下游企业采购效率，并为采购商提供产品溯源保证。集成化供应链管理系统通过大数据、物联网、人工智能、云计算等技术赋能，以技术创新为驱动，促进产业结构优化升级，真正实现降本增效。

二、B2B 电子商务的含义

B2B（business to business）即企业对企业电子商务，是按电子商务的交易对象进行划分的电子商务模式。企业与企业之间通过互联网进行产品、服务及信息的交换。一般以信息发布与撮合为主，主要是建立商家之间的桥梁。通俗的说法是指进行电子商务交易的供需双方都是商家（或企业、公司），他们使用了互联网的技术或各种商务网络平台，完成商务交易的过程。

近几年，随着供应链概念的兴起，伴以智慧物流的物流干线网络及信息技术的支持，B2B 电子商务逐渐演变成了以电子化方式，通过因特网、外联网、内联网或者私有网络，企业（指代任何组织，包括私人的或者公共的，营利性的或者非营利性的）与其供应链成员之间进行的商务活动，也可能是在企业和任何其他企业间进行的。企业通过信息平台和外部网站将面向上游供应商的采购业务和面向下游代理商的销售对接在一起，通过网络的快速反应，实现实时的信息交换，从而降低彼此之间的交易成本，提高客户满意度的商务模式。

我国典型的 B2B 电子商务平台有阿里巴巴 1688 网、慧聪网、找钢网等。新型工业品采购平台有百度爱采购①、京东工业品；快消采购平台有零售通、京东新通路、易久批及区域性 B2B 像上海的快来掌柜。

三、B2B 电子商务的模式

按市场战略的不同，B2B 电子商务模式可分为卖方控制型市场战略、买方控制型市场战略、中介控制型战略。然而市场上说法最多的有以下几种模式：

（一）垂直模式

面向制造业或面向商业的垂直 B2B。指在某一个行业或细分市场深化运营的 B2B 电子商务模式，可以分为上游和下游两个方向。生产商或商业零售商可以与上游的供应商形成供货关系；与下游的经销商形成销货关系。例如，DELL 电脑公司与上游的芯片和主板制造商就是通过这种方式进行合作；CISCO 与其分销商之间进行的交易形成销货关系。

（二）综合模式

面向中间交易市场的水平 B2B，将一定区域内各个相近行业的买卖双方集中到一个市场上来进行广告促销、信息交流、拍卖竞标、商品交易、仓储配送等商业活动。该市场常常是一个虚拟的网络平台，既不是拥有产品的企业，也不是经营商品的商家，只提供一个平台，在网上将供应商和采购商汇集到一起，为企业的采购商和供应商提供了一个交易的机会，采购商可以在其网上查到供应商的有关信息和销售商品的有关信息。典型代表：阿里巴巴 1688；跨境贸易 B2B 代表：敦煌网。1688 为品牌商提供商品数字化、营销数字化、渠道数字化、服务数字化的解决方案。通过流量端、供给端、服务端三个维度对业务实现全面系统的升级，打造海量、精准、高效的采购平台，帮助上游商家降低获客成本，提高交易效率。

（三）自建模式

行业龙头企业搭建以自身产品供应链为核心的行业化电子商务平台，串联起行业整条产业链，供应链上下游企业通过该平台实现资讯、沟通、交易。典型代表：京东新通路。京东新通路成立于 2015 年 12 月，2016 年 4 月京东掌柜宝 App 上线，主要以自营模式运营，上游直接从品牌商或经销商买断货品，下游对接零售小店。目前京东新通路快消 B2B 业务以

---

① 百度爱采购是百度推出的 B2B 垂直搜索引擎。

服务三线、四线城市的零售门店为主，同时对一线、二线部分城市的零售门店也有覆盖。借助于京东在全国完备的仓储物流体系，京东新通路自有仓配优势明显，同时联合经销商、批发商打造联合仓配体系升级供应链。

四、B2B 电子商务的发展趋势

（一）供应商的线上销售与企业线上采购趋势将不断加快

线上渠道的营业收入与 B2B 供应商各个渠道总收入占比不断扩大，已成为最大销售渠道。采购方也深切体会到线上采购的便利与科学化采购的必要性，线上化将成为采购新趋势。

（二）B2B 电商平台通过新技术创新与应用，持续输出对产业端的数字化服务能力

数字技术进一步深入对传统产业的改造升级。平台通过大数据、AI 人工智能、物联网、区块链、云计算等新兴技术的集成创新与应用，数字化服务能力提升了流通效率，进一步刺激了线上采购的需求。

（三）线上线下一体化服务的深度融合不仅将进一步完善区域供应链，也将增强产业带链接终端消费者（B2B2C 模式）的能力

B2B 平台将进一步提高对门店“最后一公里”的及时配送服务能力，打通 B2B 平台、区域供应商及门店的三方大数据资源，实时监测区域销售数据、仓储数据及配送数据。提高区域供应商的仓储利用效率、选择最优的配送线路实现商品快速的批量化、集中化的配送。此外，基于社区门店的 B2B2C 加速渗透，深耕社区核心人群，具有“供应商—平台—仓—配—店—C 端消费者”完整链条的大数据系统。典型代表：阿里零售通①。

视频：B2C 电子商务模式

任务二　B2C 电子商务模式

课件：B2C 电子商务模式

一、B2C 电子商务的概念

什么是 B2C 电子商务？B2C，即 business to customer 的缩写，中文简称为“商对客”，即企业通过互联网为消费者提供一个新型的购物环境——网上商店，消费者通过网络进行网上购物、网上支付等消费的行为。B2C 电子商务一般以网络零售为主，主要借助互联网开展在线销售活动。我国典型的 B2C 电子商务平台有天猫、

想一想：B2C 电子商务都有哪些平台？

① 阿里零售通是为城市社区零售店提供订货、物流、营销、增值服务等的互联网一站式进货平台。

京东、苏宁易购、唯品会等。B2C 电子商务有 3 个基本组成部分：（1）为顾客提供在线购物场所的网上商店；（2）为顾客进行商品配送的物流系统；（3）资金结算的电子支付系统。

2022 年“双十一”天猫占据综合电商平台榜首位置，京东紧随其后，拼多多排名第三，苏宁易购则在中高端家电走俏。2022 年 11 月 1 日 0 时至 11 日 8 时，以点淘、快手、抖音为首的直播电商，交易额达 1 612.44 亿元；在新零售方面，交易额达 195.74 亿元。根据苏宁《2022“双十一”家消费趋势报告》显示，平台线下绿色节能家电销售环比增长 141%；智能家居产品销售环比提升 153%。在 2021 年淘宝直播开启的“双十一”预售，前两大头部主播共创的 189 亿元销售额，跑赢了超 4 000 家上市公司 2021 年全年的营业收入。作为对比，拥有 4 000 家门店的名创优品 2021 年营业收入为 90.7 亿元；运动服饰品牌李宁营业收入为 144.57 亿元。

据艾瑞咨询的研究数据显示，2015 年中国网络购物市场中，B2C 市场交易规模在中国整体网络购物市场交易规模的年度占比首次超过 C2C。而且随着近几年网购市场的成熟，B2C 市场占比仍在持续增加，产品品质及服务水平逐渐成为影响用户网购决策的重要原因，这一诉求还将推动 B2C 市场继续高速发展，成为网购行业的主要推动力。

根据易观分析发布的《中国网络零售 B2C 市场季度监测报告 2022 年第三季度》数据显示，中国网络零售 B2C 市场交易规模为 21 971.5 亿元人民币，同比增长 4%。市场份额方面，天猫排名第一，京东排名第二，唯品会排名第三，苏宁易购排名第四，小米排名第五。

想一想： 电商圈里所谓的猫狗大战是什么？

近几年，市场下沉的呼声下，农村市场的巨大潜力被各大平台所重视，京东更是在 2021 年京东超市吃货嘉年华启动发布会上，发布了百大产业带孵化的三大举措——产地农业品牌化、产业基地集群化、农产品流通大中台战略。该举措明显以农村为中心，也与下沉市场概念高度吻合。

二、B2C 电子商务的分类

目前市场上常见的 B2C 电子商务类型按照参与主体划分为卖方企业—买方个人的电子商务和买方企业—卖方个人的电子商务两种模式，如图 3－2 所示。

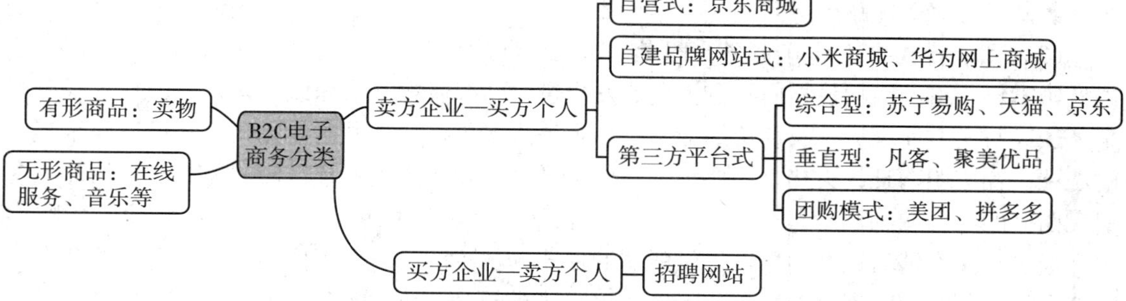

图 3－2　B2C 电商分类

（一）卖方企业—买方个人的电子商务

这种 B2C 电子商务模式最常见。又可分为自营式、自建品牌网站式、第三方平台式。

第三方平台式又有团购模式、综合型 B2C 电子商务、垂直型电子商务。

1. 自营式。自营式是零售商拥有物流仓储设施，并拥有成熟的物流干线网络，通过自建的网络平台，对其经营的商品进行统一采购、商品展示、在线交易，最终通过物流配送中心将商品投放到最终消费群体。自营式 B2C 电子商务企业资金实力雄厚且业务规模较大。在生产商的品牌力量和零售商的渠道力量角逐中，自营式 B2C 电子商务以事实证明了渠道为王的正确性。自营式 B2C 电子商务企业可以对物流环节有较强的控制能力，能保证供货的准确性和及时性，提升客户满意度等。

科普小天地：

B2C 电子商务平台上针对买方服务会有物流服务评分指标。如京东物流服务评价有快递配送速度、快递员服务、快递包装等评分指标；天猫 DSR 评分即店铺的动态评分也包括物流服务这项指标。

2. 自建品牌网站式。自建品牌网站式 B2C 电子商务是生产厂商凭借自身品牌影响力、号召力，拥有一定的粉丝基础，为更好地服务新老客户，自建网络平台，将产品直达消费者并能压缩中间环节，降低渠道成本的一种模式。自建品牌网站式 B2C 电子商务可控性更强，相应的运营效率、利润率也更高。典型代表有：小米商城、华为商城。

3. 第三方平台式。第三方平台式大概有综合型、垂直型、团购模式三种。

（1）综合型 B2C 电子商务具有品类多、品牌多、“大而全”的特点，通过对经营产品的不断丰富，来争夺更多的客户，进而提升自己的竞争力，对用户的各种需求“一网打尽”。典型代表：天猫、京东商城、苏宁易购等。

想一想： 当当网是垂直型 B2C 还是综合型 B2C？

（2）垂直型 B2C 电子商务需要有强大的品牌影响力、足够多的产品种类，具有“小而精”的特点，能够满足消费者的差异化需求，强化消费者的购物体验。因为垂直型 B2C 电子商务集中于自己的核心业务领域，往往是专门销售某一行业或某一品类的商品，所以能够规避多元化经营的风险，避免资金分散等弊端。典型代表：凡客、蘑菇街、聚美优品等。

（3）团购模式 B2C 电子商务，即卖方商家根据薄利多销的原理，借助第三方团购平台，以低于零售价格的团购价格向买方消费者发出邀约，或者相互认识或不认识的消费者联合起来，加大与卖方商家谈判及议价的能力，以求得最优价格的一种购物方式。经过近几年市场的洗礼，社区团购日趋火热，主要集中在生鲜产品及日用品类。社区团购是针对居住社区内居民团体的一种购物消费行为，是依托真实社区的一种区域化、小众化、本地化的团购形式。通过社区商铺为社区内居民提供的团购形式的优惠活动，促进商铺对核心客户的精准化宣传和消费刺激，实现商铺区域知名度和美誉度的迅速提升，对商铺的营销产生重大效果。典型代表：美团、京东团购、拼多多、大众点评。

（二）买方企业—卖方个人的电子商务

这种模式应用最多的就是企业在网上劳务市场招聘人才。在这种模式中，企业首先在网上发布人才需求信息，然后由个人上网投递简历进而与企业面对面交谈并签订劳务合同。典型代表：智联招聘、51job。

科普小天地：

网上商店核心竞争力探讨——第一书城走出“围城”

当当网以世界上最全的中文图书，使所有中文读者获得启迪，得到教育，享受娱乐！“网上第一书城”是当当创立之初的目标，但由于图书、音像商品的利润率太低并不断下降，纸质图书所遭受来自数字产品的威胁也越来越大。已经拥有一定规模并趋向成熟的当当网不得不考虑向综合型的 B2C 转变。但网络书店的头衔是把“双刃剑”，当当“第一书城”的称号反倒成了企业转型的包袱。目前，当当网已经成为最大的综合型中文网上购物商场。显然，当当网选择不拘于图书商城，逐步走向更广阔的电子商务大舞台是明智之举。

视频：C2C电子商务模式

课件：C2C电子商务模式

任务三　C2C 电子商务模式

一、C2C 电子商务模式概念

1999 年，易趣网于 8 月正式上线，开创了中国 C2C 网站先河；2002 年 3 月，美国电子商务巨头 eBay 注资易趣网；看到易趣网的成功，阿里巴巴意识到中国的 C2C 电子商务市场将是一个大金矿，2003 年淘宝网成立。现今，淘宝网也已成为中国规模最大的 C2C 电子商务平台，并且也从单一的 C2C 网络集市演变成了包括 C2C、团购、分销、拍卖等多种电子商务模式的综合性零售商圈。

C2C 电子商务即消费者对消费者开展的商务活动。这种模式通常需要第三方电子商务平台为买卖双方搭建信息沟通的桥梁，买卖双方都信任此第三方电子商务平台，卖方在平台上发布想要出售的商品信息，买方搜索浏览想要购买的商品信息，电子商务平台全程起到监督和管理的作用，促进买卖双方交易完成。此种电子商务模式其实质就是以第三方支付平台为信用中介，在买方确认收货前，由第三方平台替买卖双方暂时保管货款。

C2C 市场具有市场体量大、品类齐全的特征，未来也仍有一定的增长空间。未来的 C2C 电子商务将会根据用户的需求，除了进行中心化供给和需求匹配，形成自运营的内容生产和消费传播机制以外，还会基于地理位置，让用户商品和服务的供给需求能够获得最佳的匹配。简言之，社区化、内容化和本地生活化将是三大主流方向。

二、C2C 电子商务平台的盈利模式

C2C 电子商务买卖双方能通过交易各取所需，但作为提供中介服务的第三方电子商务平

台又该如何营收呢?

(一) 会员费

会员费是电子商务平台针对其买卖双方客户提供相关的网上店铺出租、公司认证、产品橱窗展示等多种服务而收取的费用。

(二) 交易提成

交易提成作为C2C网站平台的主要利润来源，它为买卖双方提供机会，促使交易的实现，从而抽取一定的提点。

(三) 广告费

买方市场下，卖方需要利用平台推出的类似直通车、钻展等广告来提升网站流量，吸引广大消费者，利用平台显眼的广告位及精准的广告刺激消费者的感官，促成交易。由于大数据的商业应用，平台能够抓取消费者的浏览信息，为其匹配合适的商品广告。

(四) 搜索排名竞价

C2C网站汇集了各种各样的商品，消费者往往需要搜索相关关键词才能找到想要的商品。于是关键词竞价的业务诞生了，根据不同的品类、不同的关键词热度不同、价格不同，卖方可以通过出价最高来竞得想要的关键词，获得理想的排位。

(五) 支付环节收费

淘宝网的C2C业务到达支付环节都是通过其阿里巴巴公司开发的第三方支付平台支付宝来作为信用中介、资金担保。因此，支付公司会按成交额的一定比例收取手续费。此外，买方付款后，由于收到货还需要一定的时间，支付公司吸收所有买方消费者的资金可以进行其他的投资盈利活动。

三、C2C电子商务模式的延伸

(一) 个人闲置品交易平台

闲鱼是阿里巴巴旗下闲置交易平台，会员只要使用淘宝或支付宝账户登录，无须经过复杂的开店流程，即可达成包括一键转卖个人淘宝账号中“已买到宝贝”、自主手机拍照上传二手闲置物品，以及在线交易等诸多功能。下载并使用全新概念的“闲鱼”App，个人卖家能获得更大程度的曝光量、更高效的流通路径和更具优势的物流价格三大优势，让闲置的宝贝以最快的速度奔赴天南海北的新主人手中物尽其用。

(二) C2C共享经济

共享经济往往是借助第三方创建的信息技术平台，充分调动社会上一切闲置的商品(包括有形的商品和无形的服务)，整合闲置资源，并创造收益的一种低碳环保、绿色公益的电子商务模式，其实质就是租赁经济。C2C共享经济的特点在于利用互联网搭建个人与个人连接和分享的平台，让闲置资源高效利用并创造收益。顺风车和网约车就是典型意义上的C2C共享经济。“弱化所有权，释放使用权”就是最好的诠释。

科普小天地：

市场下沉 农村淘宝

2020年两会的热点话题涉及了“支持电商、快递进农村，拓展农村消费”。中国农村的网民数量也占到了中国网民总数的近1/3。早在2014年10月，阿里巴巴启动农村淘宝的“千县万村计划”，大力发展中国农村电子商务。这片蓝海市场，谁抓住了就等于抓住了先机。对于阿里巴巴来说，农村电商就是要建三张网：第一张是“天网”，让政府参与进来，打通从省城到市再到县；第二张是“人网”，培养电商人才；第三张是“地网”，解决城市到农村的“最后一公里”问题。目前，阿里巴巴农村电商寄托于菜鸟网络，正在继续搭建村淘物流网。疫情期间，农村电商平台的作用进一步凸显，四川省88个示范县就组织电商、快递企业为居民配送生活物资达到600多万单，保障了居民的“米袋子”和“菜篮子”。

视频：O2O电子商务模式

课件：O2O电子商务模式

任务四 O2O电子商务模式

一、O2O电子商务模式概念

O2O其实是B2C的一种特殊形式。从广义的角度理解，O2O电子商务是指通过线上营销推广的方式，将客户从线上平台引到线下实体店，即online To offline；或通过线下营销推广的方式，将客户从线下转移到线上，即offline to online。广义O2O侧重于服务型消费，不强调线上支付。从狭义角度理解，O2O电子商务是指客户通过线上平台在线购买并支付某类服务或商品，并到线下实体店进行消费完成交易过程；或者客户在线下体验后通过扫描二维码或移动终端等方式在线上平台购买并支付某类服务或商品，进而完成交易。狭义O2O以消费导向为主，强调在线支付或在线预定。

想一想：你的身边都有哪些O2O电子商务模式的真实案例？你觉得未来的O2O是什么样的？

O2O电子商务主要面向第三产业——服务业。O2O的概念源于国外，非常广泛，只要产业链中既可以涉及线上，又可以涉及线下，就可通称为O2O。即线上网店与线下消费相结合的一种电子商务模式，online线上网店+offline线下消费，商家通过线上网店将商家信息、商品信息等展现给消费者，消费者在线上进行筛选服务，并支付，线下进行消费验证和消费体验。这样既能极大地满足消费者个性化的需求，又可以瞬间聚集强大的消费能力，是一种双赢的模式。

通常来说，O2O电子商务模式会将信息流、资金流放在线上进行，而将物流、商流放在线下。对商家来说，消费者线上支付的信息会成为商家了解消费者购物信息的渠道，方便商家对消费者购买数据的收集，进而达到精准营销的目的，更好维护老客户、开放新客户。此外，O2O模式在一定程度上降低了商家对店铺地理位置的依赖，降低了租金等方面的成本支出。

二、O2O电子商务的发展阶段

O2O电子商务以互联网为平台，以实体店为依托，以在线支付为核心，线上和线下之间实现对接和循环才能形成闭环交易流程，如图3－3所示。O2O模式通常会借助App商店、社交网店、二维码、SNS（社会化网络服务，如微信、微博、即时通信等社交软件）、基于位置服务也叫移动定位服务系统（location based service，LBS）、大数据、智能推送、区块链溯源、虚拟现实（VR）、增强现实（AR）、客户关系管理（customer relationship management，CRM）、物流配送等开展。

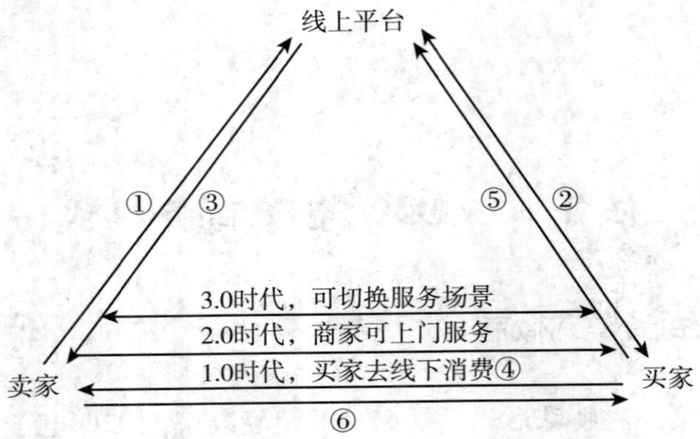

图3－3　O2O模式

O2O模式交易流程如下：①卖家在C2C线上平台发布商品信息；②买家在线上平台浏览并选择订购产品；③线上平台通知卖家订单的相关信息；④买家可去线下卖家消费体验，卖家亦可提供上门服务，服务场景随时切换，自由选择；⑤买家到线上平台评价；⑥卖家通过线上订单等信息进行客户关系管理。

（一）O2O 1.0时代。即团购时代，关注用户群体构建

在1.0早期的时候，随着智能手机的普及应用，O2O线上线下初步对接，主要是利用线上推广的便捷性等把有相同需求的用户集中起来，然后把线上的流量引到线下实体店，主要集中在线上团购和促销等领域。在这个过程中，由于消费者只是单纯地被优惠、折扣所吸引，存在着单向性、黏度低、购买和消费频率低等特点。平台和用户的互动较少，基本上都是一次性的交易。典型代表：美团、饿了么。

（二）O2O 2.0 时代。俗称烧钱阶段，关注用户习惯培养

发展到 2.0 阶段后，O2O 更便捷，更贴近生活了。这个阶段最主要的特色就是升级成了服务性电商模式：包括商品（服务）、下单、支付等流程，把之前简单的电商模块，转移到更加高频和生活化场景中来。由于传统的服务行业一直处在一个低效且劳动力消化不足的状态，在新模式的推动和资本的催化下，出现了 O2O 的狂欢热潮，于是上门按摩、上门送餐、上门生鲜、上门化妆、滴滴打车等各种 O2O 模式开始层出不穷。在这个阶段，由于移动终端、微信支付、数据算法等环节的成熟，加上资本的催化，用户呈现“井喷式”增长，使用频率和忠诚度开始上升，O2O 和用户的日常生活开始融合，成为生活中密不可分的一部分。但是，在这中间，有很多看起来很繁荣的需求，由于资本的大量补贴等，虚假的泡沫掩盖了真实的状况。

（三）O2O 3.0 时代。即大数据与智能时代，核心在于线上线下融合，关注用户体验

到了 3.0 阶段，O2O 更加地人性化，消费者可以随时切换服务场景，可以从线上到线下，或从线下到线上，也可以先线上再线下再线上，还可以先线下再线上再线下。大数据、GIS（地理信息系统）、物联网等科技赋能，让消费者能随时掌握商品和服务的动态，选择个性化的消费体验。如苏宁易购针对会员营销开发的数智（如图 3－4 所示）、千里传音等，产品侧重顾客行为分析、需求挖掘、精准营销、营销变现。

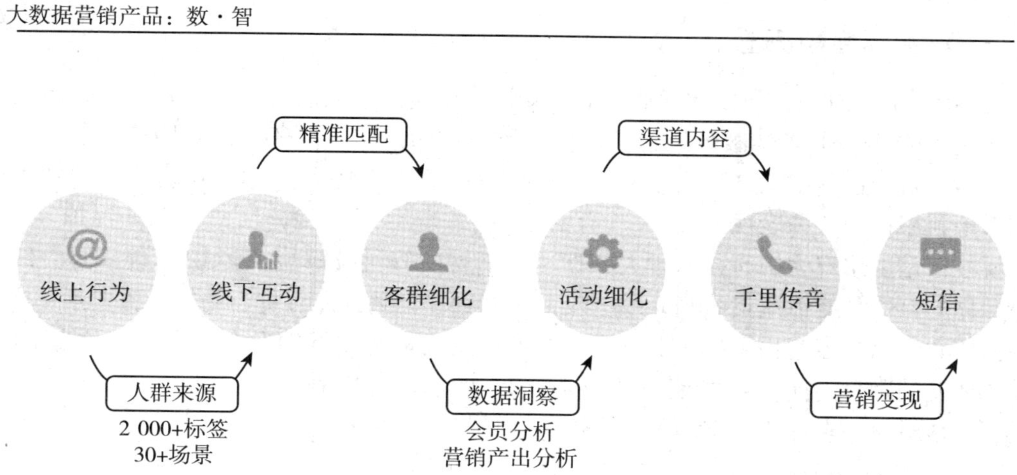

图 3－4　苏宁易购大数据营销产品

三、O2O 模式的消费流程

与传统的消费者在线下直接消费的模式不同，在 O2O 平台商业模式中，整个消费过程由线上和线下两部分构成。线上平台为消费者提供消费指南、优惠信息、便利服务（预订、

在线支付、地图等）和分享平台，而线下商户则专注于提供服务。在 O2O 模式中，消费者的消费流程可以分解为五个阶段：

第一阶段：引流。线上平台作为线下消费流量的入口，可以汇聚大量有消费需求的消费者，或者引发消费者的线下消费需求。

第二阶段：转化。线上平台向消费者提供商铺的详细信息、优惠（如团购、优惠券）、便利服务，方便消费者搜索、对比商铺，并最终帮助消费者选择线下商户、完成消费决策。

第三阶段：消费。消费者利用线上获得的信息到线下商户接受服务、完成消费。

第四阶段：反馈。消费者将自己的消费体验反馈到线上平台，有助于其他消费者做出消费决策。线上平台通过梳理和分析消费者的反馈，形成更加完整的本地商铺信息库，可以吸引更多的消费者使用在线平台。

第五阶段：存留。线上平台为消费者和本地商户建立沟通渠道，可以帮助本地商户维护消费者关系，使消费者重复消费，成为商家的回头客。

做一做：

O2O 电子商务实现线上与线下协调集成，其本质属于（　　）。

A. O2O 电子商务　　B. C2C 电子商务　　C. B2C 电子商务　　D. B2O 电子商务

四、O2O 模式的升级——新零售

（一）新零售的概念

“互联网 +”时代，新模式新业态的更新迭代已超出了人们的想象。在人们还没有弄清楚什么是 O2O 的时候，转眼已经到了下一个风口：网络零售。还有人对网络零售赋予了一个新名词：新零售。京东刘强东把网络零售理解为无界零售。还有一种说法“智慧零售”，它们都是新零售的一种表现形式。

新零售是以用户为中心，通过大数据、人工智能等科技赋能，多 IP 赋能圈层，线上注重场景化的打造，线下流量收割，线上线下深度融合，重构人、货、场等零售要素，实现以商品为核心到以内容为核心的消费转型。新零售是线上与线下的融合、商品与信息的融合、服务与体验的融合，能按需智能供货，提升行业效率，实现“全场景、全客群、全数据、全渠道、全时段、全体验、全品类、全链路”的零售新模式。

（二）新零售的核心三要素：人、货、场

新零售 = 线上网店 + 线下实体店 + 仓库物流 + 大数据 + 人工智能。新零售不是干掉实体而是连接零售。打通线上线下，实现各渠道资源共享。

（三）未来的新零售可能会出现：无人零售

无人零售主要指的是无人情形下进行的零售消费行为，是基于智能技术实现的无导购员和收银员值守的新零售服务。未来，将是基于大数据基础上的物品售卖。

科普小天地：

无人零售：淘咖啡

2017 年 7 月 8 日，本着以赋能零售商为目标，采集线下消费者行为和商品足迹为战略目标的淘咖啡 2.0 版本由阿里巴巴集团首次在杭州推出，是一家无收银员的实验性咖啡店。占地面积 200 平方米，集商品购物、餐饮于一体，店内包括触屏桌面虚拟货架、餐饮区、休闲区等部分，餐饮区和休闲区占比较大，零售区面积约占店面 1/2，货架商品以淘宝内部的公仔、玩偶和文创产品为主。该无人零售店由新零售技术事业群天猫技术团队与蚂蚁金服 IOT 技术团队合作开发，通过人工智能和物联网技术，实现顾客购物即拿即走。

视频：共享经济模式

课件：共享经济模式

任务五　共享经济模式

一、共享经济概念

共享与独享是一组相对概念。过去，大家都希望自己能够独自享有某件商品或服务等资源要素的所有权及使用权。随着互联网时代的发展，商品的使用权逐渐与所有权分离开来。共享概念普遍存在于我们的日常生活中，朋友之间借本书或其他物件都是资源的共享。朋友之间借钱还利息就是共享经济最早的雏形，已经开始出现出让方依靠自己的资金来创造利息收入、房屋出租创造收益的现象。

共享经济是指在"互联网 +"的背景下，往往是借助第三方创建的信息技术平台，能充分调动社会上一切闲置的商品（包括有形的商品和无形的服务）或要素，充分发挥互联网、供应链管理等优势，整合闲置资源，并靠出让资源使用权创造收益的一种低碳环保、绿色公益的电子商务模式，其实质就是租赁经济。典型代表：iTunes、滴滴、Airbnb、ofo 小黄车、共享充电宝等。Airbnb 没有一间自己的客房，却汇集了大量的酒店和个人资产，形成了价值洼地。

共享经济的本质——整合线下的闲散物品或服务者，让他们以较低的价格提供产品或服务。对于供给方来说，通过在特定时间内让渡物品的使用权或提供服务，来获得一定的收益回报；对需求方而言，不直接拥有物品的所有权，而是通过租、借等共享的方式使用物品。

除了闲置资源外，较低价格、特定时间、所有权、使用权、让渡等也是共享经济的关键词。

二、共享经济的模式

个人的闲置资产包括个人资产、时间、空间、资产、资金、IP、思想等；企业的资产包括客流、资金流、物流、商品流、订单流等。通过共享，把整个社会上所有资源要素形成一条条产业链，可以将产业链上的弱势群体发挥其最大化价值。共享经济的模式普遍有以下两种模式。

（一）C2C 或 C2B 的共享经济

网约车就是典型的 C2C 共享经济模式，通过平台链接了乘客端和司机端，咸鱼二手市场的交易，也属于 C2C。猪八戒网 C2B 模式下，假设我需要将房屋重新翻修，可以上传到网上发布任务需求，哪家公司能把我的房子装修设计好，我就选择哪家方案，进而支付交易款项。

（二）B2B、B2C 或 B2F 的共享经济

想一想：

B2F 是什么模式？

B2B 共享经济典型代表：众创空间。企业之间共享办公场所及配套设施。从 B2C 型的共享经济发展来看，是企业对个人提供价值，主要是以租代售的模式。供给端的门槛越低、产品越标准、消费者和使用者即时性下单需求越强、使用频次越高的领域，将越容易率先获得成功。网约车行业就很符合这些特征，所以最先成为共享经济发展的标杆。同时，随着宽带中国战略和智能制造 2025 的深入实施、“互联网 +”的广泛应用、供给侧结构性改革的持续推进，2018 年分享经济与实体经济的融合进程将不断加快，共享的基因将越来越多地注入实体企业的创立、用工、研发、设计、生产、销售、服务等各个环节。也就是说，B2B 的生产共享也将成为共享经济的下一个风口。

在整个产业链中，要有钱的出钱、有房的出房、有货的出货、有人的出人、有智慧的出智慧，先利他，后利己。将大量的闲置资产进行共享，将重资产打造成轻资产，将一切可以众包的工作众包给别人。共享经济已成为新型的、弹性就业的一个重要源泉，也成为反映就业形势和经济走势的一个风向标。以网约车、共享住宿、在线外卖、共享医疗、共享物流等为代表的新业态新模式，成为推动服务业结构优化、快速增长和消费方式转型的新动能。

新模式层出不穷，在供给端整合线下资源，在需求端不断为用户提供更优质体验。

三、共享经济带来的益处

1. 共享经济推动政府和各类市场主体协同治理、共促社会资源的均衡分配；

2. 推动了大数据、云计算、人工智能等信息技术应用的不断深化；

3. 能快速调动整合各类社会资源，提高供给的弹性和灵活度，很好地适应不断变化的消费需求；

4. 推动服务业结构优化、快速增长和消费方式转型的新动能。

视频：网红经济模式

课件：网红经济模式

任务六　网红经济模式

一、网红经济模式的概念

想一想：MCN 是什么？

网红，狭义的理解为 KOL（key opinion leader，关键意见领袖）。这个词并不陌生，中国第一代网红应该追溯至博客时代，老徐、南派三叔等第一代网络写手成为网络红人，内容形式主要以文字为主。随着互联网的普及应用，以 FR 姐姐、FENG 姐等为代表的第二代网红应运而生，即图文时代的网络红人，通过自黑、搞怪等吸引网民的眼球，网红开始背上了负面的印象；网红的概念慢慢地被进一步拓展，秀场网红、电商网红、游戏主播、明星网红、短视频网红等多种网络红人（包括真人和虚拟的人物）存在于网络上的微博、短视频及电商平台。近几年，抖音、小红书等“内容 + 流量”平台的快速成长，带动了“网红经济”的发展，更影响着消费者的购买决策。前两名头牌主播更是在 2021 年“双十一”的直播带货中创下了新高，跑赢了超 4 000 家上市公司 2020 年全年的营业收入。

那么什么是网红经济呢？网红经济，是指借助互联网，尤其是移动互联网及其社交平台，通过制造话题、输出内容、自我营销等增加与粉丝的互动，大量聚集社会关注度，并围绕各网红 IP 衍生出各种消费市场，借助低成本的社交自媒体打造网红产业链的一种新经济模式。网红经济往往离不开资本化运作，通常是由 MCN 机构（multi-channel network 多频道网络）和 PGC（专业生产内容）联合起来，保障内容的持续输出，从而最终实现商业红利。

二、网红经济发展阶段

网红经济经历了文字时代、图文时代、短视频时代、直播时代、全媒体时代等几个阶段，越来越侧重内容的输出，“人找货”的商业模式逐渐转向“货找人”的模式。

三、网红经济发展趋势

1. 网红经济内容输出能力增强。内容的多样化、趣味性、形式的多变性大大提升了其营销能力。

2. 网红经济的专业化促进职业化。越来越多的网红经济体把网红当成自己的正式职业，提升自身的专业修养。

3. 网红经济的运营多平台化。通过多平台的内容输出，打造最强的营销矩阵，攫取流量，提升知名度。

4. 网红经济产业链的形成。在整个网红产业链条中，参与方包括各类社交平台、网红本身、网红经纪公司、供应链提供商以及最终的电商变现平台。其整个流程可以概括为：网红由于某领域特长成名于各类社交平台，之后逐渐向综合性社交平台汇集；而网红经纪公司签约具有可变现价值的网红，为其提供社交账号运营管理以及对接供应链厂商的工作；最终网红所推广的产品通过电商平台进行变现。

思政园地

三省吾身　自我革命

孔子曰："吾日三省吾身：为人谋而不忠乎？与朋友交而不信乎？传不习乎？"放在今天，我们又是否能做到每日三省吾身？面对即将踏入社会的你们，是否已做好自己的人生定位？不论是创业还是就业，都应该做好充足的准备。如何能让自己的创业项目脱颖而出？又如何能让自己在茫茫职场中不可替代？除了要有空杯心态，虚心学习接纳一切对自己有帮助的建议及忠告外，还应该每日反问自己：（1）我能创造什么价值？（2）别人是否能复制我创造的价值？（3）忧患意识：今天不自我革命，明天就是他人来革命。曾有人说，今天很残酷，明天更残酷，但是后天很美好！所以，有多少人"死"在今天和明天，又有多少企业不敢走出舒适圈？

曾经的诺基亚和柯达，谁也不曾想到会有这么一天！创新就是革命。我们都知道微信革了运营商的命，日进斗金的国内三大运营商营业收入却不敌一个腾讯。但是我们不曾想到，微信革了QQ的命，腾讯其实是革自己的命！因为它知道用户的习惯变了，如果它不自我革命就是等他人来革命。电商干掉很多实体，多少实体门店空空如也。还有人说，因为银行不改变，支付宝就改变了银行！

身在互联网时代，我们更要用发展的眼光看问题，马化腾曾经也做过两次最后悔的决定：放弃投资脸书和抖音。也有人说，是抖音眼光更长远，拒绝了腾讯的投资！所以，眼界很重要，不要做大家口中的"看不见、看不起、看不懂、来不及"的那一类人！正所谓因为相信，所以看见！

资料来源：https：//lmtw. com/mzw/content/detail/id/207706.

本项目主要知识点

B2B　B2C　C2C　O2O　共享经济　网红经济　C2M　C2F　C2B2C　G2C　G2B　B2B2C　S2B2C　FBA　VR 虚拟现实　AR 增强现实　SNS　CRM　无界零售　B2F　KOL　UGC　PGC　MCN

课后习题

一、单选题

1. 公司将产品卖给消费者，属于电子商务的模式是（　　）。

A. B2C　　B. B2B　　C. C2C　　D. G2D

2. （　　）属于垂直 B2B 电子商务。

A. Alibaba　　B. 环球资源网　　C. ebay　　D. DELL 电脑

3.（　　）模式结合了线上与线下的资源。

A. B2C　　B. C2C　　C. B2B　　D. O2O

4.（　　）属于水平 B2B 电子商务。

A. Cisco　　B. 环球资源网

C. 上海书城　　D. 中国化工网

5. 淘宝网属于（　　）电子商务模式。

A. B2B　　B. B2C　　C. C2C　　D. O2O

6. 企业间（B2B）电子商务的应用不包括（　　）。

A. 渠道管理　　B. 工作组的通信管理

C. 存货管理　　D. 供应商管理

7. 电子商务时代，新的营销模式的要求是（　　）。

A. 多环节、小批量　　B. 少层次、大批量

C. 少品种、大批量　　D. 多品种、小批量

8. 下列不属于实物商品的 B2C 模式的是（　　）。

A. 网上商城模式　　B. 广告支持模式

C. 网上拍卖模式　　D. 企业网站模式

9. 下列属于 B2B 电子商务模式的平台是（　　）。

A. 淘宝　　B. 美团　　C. 慧聪网　　D. 天猫

10.（　　）不是 C2C 电子商务模式的盈利来源。

A. 产品或服务的差价　　B. 广告收入

C. 交易佣金　　D. 会员费用

二、多选题

1. O2O 电子商务模式的理解正确的有（　　）。

A. 线上到线下　　B. 线下到线上

C. 必须以实体店为依托　　D. 可以没有互联网

2.（　　）等技术的不断发展为 O2O 电子商务创造了良好的发展机遇。

A. 云计算　　B. 大数据

C. 移动支付　　D. LBS

3.（　　）属于 B2C 电子商务模式。

A. 唯品会　　B. 华为商城

C. 找钢网　　D. 亚马逊

4. 阿里巴巴集团于 2011 年将旗下淘宝公司拆分为（　　）三个独立的公司。

A. 淘宝网　　B. 淘宝商城　　C. 一淘网　　D. 1688

5. 新零售的核心三要素包括（　　）。

A. 人　　B. 货　　C. 场　　D. 网

三、判断题

1. B2B 电子商务是通过互联网在企业与企业之间进行商品、服务信息交换的电子商务模式。（　　）

2. C2C 电子商务中买方可以是企业或个人，而卖方不一定是个人。（　　）

3. 戴尔从零售角度考虑属于 B2C 模式。（ ）

4. B2C（business to customer）是企业之间的网上交易。（ ）

5. O2O 电子商务消费流程包括引流、转化、消费、反馈、存留。（ ）

四、简答题

1. 简述五种电子商务模式及应用案例。

2. 什么是共享经济模式？

3. 简述网红经济发展的趋势。

4. 什么是新零售？新零售的核心三要素是什么？

5. 你觉得未来还会出现什么样的电子商务模式？

项目实训 电子商务运营模式

一、实训目的

通过小组合作，找出实训背景里的各种电子商务模式，并能诠释；此外，帮助奢享客公司出谋划策，应该如何通过各类模式深化上下游之间的合作，又该如何才能提升其销售额、市场占有率及企业知名度呢？

二、实训素材

计算机、网络、素材案例、在线资源等。

案例素材：厦门奢享客有限公司一直致力于线下的皮包加工生产业务，通过批发商、零售商等传统渠道开发市场，占有一定的市场。但近几年，市场占有率有所下滑，通过调查反馈得知：一方面，消费者的差异化需求难以满足，逐渐倾向个性定制等；另一方面，消费者的购物习惯发生了改变，逐渐尝试网上购物。这时，奢享客决定将线下生意复制到线上，针对最终产成品包包实行线上 0 渠道，开启直播营销；针对各类皮革类原材料也尝试寻找线上供应商，希望能降低成本，同时改变过去订单流程历时过久，经常出现原材料供应不及时导致交货不及时、生产效率低下、资金周转不灵等情况。奢享客同时也希望能找到像麦当劳与夏辉那样的合作伙伴。此外，苏州益八通电子商务有限公司的小云也找到奢享客，并承诺可以帮助奢享客通过闲鱼等二手货交易平台回收成品、废物回收、加工成原材料，还可以发动更多消费者通过二手平台共享彼此的包包。一方面代理江、浙、沪区域网上店铺运营业务，并帮其打造一家智慧门店，连接线上线下业务；另一方面，通过其运作的社交新媒体及网红经济链帮助其提升销售额，扩大知名度。

三、实训步骤

步骤 1：各小组通过讨论得出围绕奢享客开展的商务活动如表 3－1 所示。

表 3-1　　围绕奢享客开展的商务活动

序号	核心方	参与方	合作内容	商务模式	建议
1	奢享客	消费者	直复营销	B2C	
2	奢享客	供应商	线上寻找原材料供应商	B2B	
3	奢享客	益八通	网店代运营	B2B、共享	
4	奢享客	智慧门店	线上线下业务	O2O	
5	奢享客	消费者之间	二手交易平台闲鱼	C2C	
6	奢享客	社交新媒体、网红	借助新媒体、网红经济链	网红经济	

步骤 2：各小组开展头脑风暴，集思广益，为奢享客出谋划策，制订营销、运营及推广方案。供应链及客户关系管理见图 3-5。

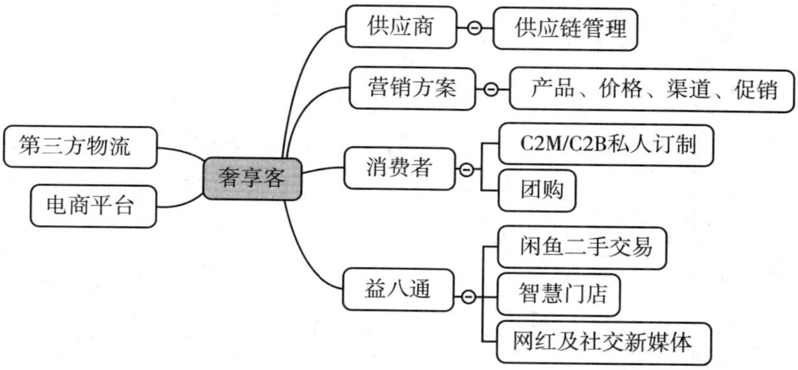

图 3-5　供应链及客户关系管理

四、实训成果

工欲善其事必先利其器。运用 SWOT 分析模型找准自身定位，把非核心业务外包出去，提升自身的核心竞争力。通过供应链管理及客户关系管理，维稳拓新，提升了市场占有率、品牌美誉度及市场份额。用自己所学知识撰写一份针对奢享客公司的营销运营推广方案。

项目四

网络营销

知识目标

- 了解网络营销的概念和网络营销职能
- 掌握搜索引擎营销的工作原理
- 掌握微信营销、微博营销、社群营销、短视频营销和直播营销的运营方法与技巧

能力目标

- 能根据自身特点和网络营销岗位规划自己的职业发展
- 能够诊断网站搜索引擎优化现状并提出解决方案
- 能设计企业经营现状的社会化媒体整合营销方案

情感目标

- 树立学生网络营销岗位的职业规划意识
- 构建搜索引擎营销的方法体系，培养学生的文字表达与写作能力
- 提升学生网络文案的写作能力，并积累相应的网络资源

思维导图（见图4-1）：

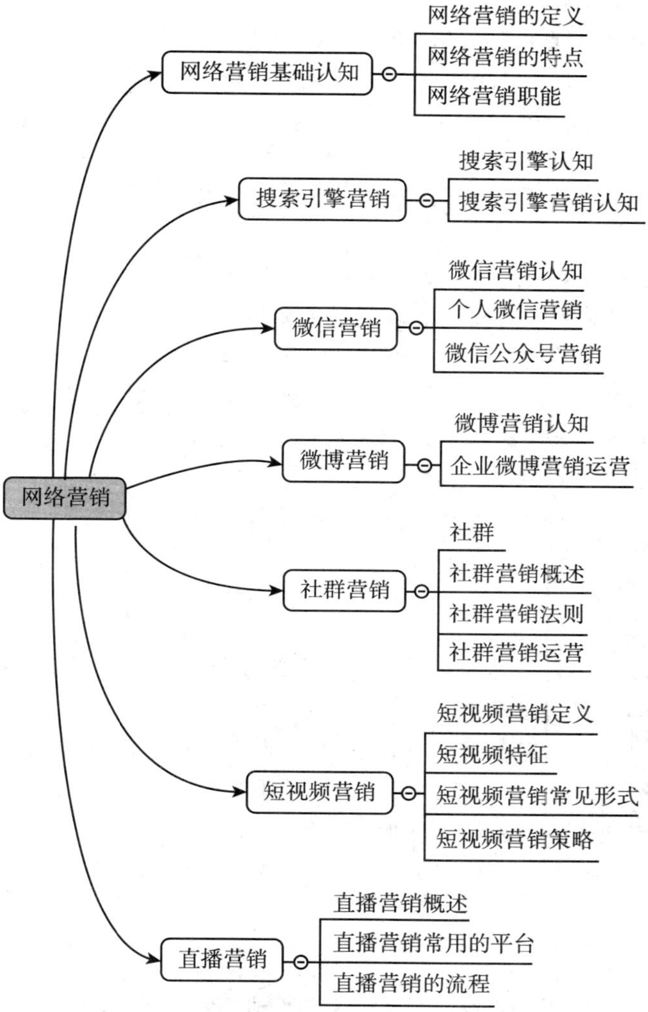

图4-1 网络营销的方法体系

引导案例

博物馆跨界营销，开启营销新时代

2018年，在社交网络上，博物馆的身影频频出现，综艺节目、网红淘宝店、刷屏海报……展现出与人们认知中的博物馆全然不同的形象。

1. 故宫淘宝。2017年流行的“故宫联名彩妆”让故宫胶带盛行一时，也让故宫淘宝越发名声在外，该品牌于2008年开创，但是直到2015年底才真正“盘活”自己的文化品牌。2016年，故宫淘宝发布的9 170种文创产品创造了10亿元的营业收入。从而让各界都关注到传统文化产业蕴含的巨大商机。2018年初，故宫淘宝又赶上快闪店的热潮，开了一家

“联的心意”快闪店，主要经营话题度较高的文创产品。传统与潮流的碰撞非常吸引年轻人，这家快闪店两天之内就卖断货了。

2. 国家宝藏。2017 年底，《国家宝藏》节目在原中央电视台综艺频道黄金档时段播出，在社交网络上引起热烈反响，豆瓣评分高达 9.2 分。该节目以古老的文物为主角，通过明星守护人、“前世今生”舞台剧的形式，大大增加了叙事的趣味性，吸引了众多“90 后”“00 后”的关注。节目现场还邀请了全国九大博物馆馆长坐镇，使得节目的精神核心仍在于表现历史文物的文化属性。河南博物院院长马萧林接受采访时表示，河南博物院的参观人数在节目播出后增加了三成。

随着人们的生活节奏越来越快，各大博物馆的游客流失非常严重，而年轻人由于天生更喜欢轻松活泼的事物，对严肃的文化活动更是敬而远之。为了吸引更多年轻人关注文物，各博物馆接力网络营销创造了一个又一个成功的营销活动，如《假如国宝会说话》的社交海报营销；博物馆之城与网易新闻合作的文物海报营销。七大博物馆与抖音合作的“第一届文物戏精大会”的视频营销……这些活动从文物本身出发，让文化的魅力重回人们的视野，深得广大网友的欢心。

资料来源：https：//www. sohu. com/a/227447798_505816.

➢ 启发思考：

1. 上述案例使用了哪些网络营销工具？这些网络营销工具起到了什么作用？
2. 上述案例中哪个营销活动更吸引你？说说你的理由？
3. 你认为案例中博物馆通过网络开展营销活动成功的原因是什么？博物馆开展网络营销活动的难点是什么？
4. 通过上述案例谈谈你对网络营销的认识？

视频：网络营销基础认知

课件：网络营销基础认知

任务一　网络营销基础认知

一、网络营销的定义

网络营销（on – line marketing 或 E – marketing）定义为：以互联网络为基础，利用数字化的信息和网络媒体的交互性来辅助营销目标实现的一种新型的市场营销方式。简单地说，网络营销就是以互联网为主要手段而进行的营销活动，为达到一定营销目的的营销活动。即企业基于互联网进行网上销售、网上推广、网络调研、网络广告等活动，对企业产品、企业品牌和企业忠诚度进行营销。

二、网络营销的特点

互联网将企业、团体、组织以及个人跨时空联结在一起，使得信息交换变得非常容易。

由于互联网的这一特性，决定了网络营销具有以下几个特点：

第一，经济性。企业通过互联网进行营销，用信息交换代替以前的实物交换，其一，可以减少印刷广告成本，可以无店面销售，免交店面的租金，节约人工成本等；其二，可以减少由于多次交换带来的损耗成本；其三，可以用低廉的价格推广企业品牌和企业产品，推动市场营销和网络营销结合。因此，经济性是网络营销的一大优势。

第二，个性化。互联网上的营销主要通过一对一的信息提供与交互式交谈，可以与消费者建立长期良好的关系。具有以消费者为主导、非强迫性、循序渐进式的特点，避免了推销员强势推销的缺点。因此，网络营销具备个性化的特点，可以根据不同的消费者人群制定不同的策略，最大化发挥网络营销的优势。

第三，高效性。营销的最终目的是占有市场份额，通过互联网能够超越时间约束和空间限制进行信息交换，使得网络营销脱离时空限制，以形成最有效的营销推广方式。企业利用网络营销可以每周 7 天，每天 24 小时，随时随地提供全球性营销服务。此外，由于互联网带来的大量信息，使企业可以根据市场需求及时更新产品或调整价格，及时、高效地满足顾客的需求。因此，网络营销具备不受时空限制的高效性。

第四，交互性。互联网可以传输多种媒体的信息，如文字、声音、图像等。这可以充分发挥营销人员的创造性和能动性，使网络营销以多种形式存在并充分传播。如通过展示商品图像和商品信息提供有关的查询，实现供需互动与双向沟通，还可以进行产品测试与消费者满意调查等活动。互联网的交互性为企业提供了最佳的营销平台。

第五，整合性。网络营销可以做到从商品信息发布到付款和售后服务的一体化，因此是一种全程的营销渠道，因而具备了营销模式的整合性。此外，企业可以借助互联网将不同的营销活动进行统一设计规划、协调实施，以统一的模式向消费者传递信息，避免不同营销活动在传播中的不一致而产生的消极影响。因此，网络营销的整合性使得企业可以全方位、多渠道地完成网络营销活动。

第六，超前性。互联网是一种功能强大的营销工具，它同时兼具渠道、促销、电子交易、互动顾客服务以及市场信息分析等多种功能。它所具备的一对一营销能力，十分符合订制营销与直复营销的未来趋势。因此，网络营销具有超前性，越来越多的新模式、新方法出现在网络营销中，给企业带来了更大的商机。

三、网络营销职能

（一）网络营销职能概述

实践证明，网络营销可以在网络品牌、网络推广、信息发布、销售促进、网络销售、客户服务、维护顾客关系和网络调研这 8 个方面发挥作用。这 8 个方面也是网络营销的八大职能，网络营销策略的制定和各种网络营销手段的实施也以发挥这些职能为目的。

1. 网络品牌。网络营销的重要任务之一是在互联网上建立并推广企业的品牌。知名企业的线下品牌可以在线上得以延伸；一般企业则可以通过互联网快速树立品牌形象，提升企业整体形象。网络品牌的构成包括以下方面。（1）网络名片，包括名称、Logo、网站域名、移动网站域名、第三方平台形象、网络关键、品牌词等。（2）企业官方平台，包括 PC 端网站、移动端网站、官方 App、小程序等，具体内容包括网站名称、Logo、风格、主色调、内容等。(3) 网站的网页等级/重要性 (pagerank, PR)。(4) 企业搜索引擎表现，如付费广告、搜索结果排名等。(5) 网络上关于公司的软文、舆情和评价等。(6) 官方自媒体平台，包括企业的官方微博、官方微信公众号、自媒体平台、直播平台、短视频平台等在网络中的表现及与网民互动的情况。

从网络品牌的组成可以看出来，无论是新建立的网络品牌还是传统品牌的网络拓展，都要经历从无到有，从默默无闻到具有网络知名、网络美名和网络可信度的过程。因此，通过网络曝光和网络互动，企业可以提升品牌的知名度、美誉度和可信度。

2. 网络推广。这是网络营销最基本的职能之一，其目的是让更多的客户对企业产生兴趣，并通过访问企业网站、App、第三方平台内容，利用网站、App、第三方平台的服务来达到提升品牌形象、促进销售、增进企业与客户的关系、降低客户服务成本等效果。相对于其他功能来说，网络推广显得更为迫切和重要，企业平台所有功能的发挥都要以一定的访问量为基础。所以，网络推广是网络营销的核心工作。

想一想：

比较几大购物网站的网站流量

通过站长工具网站进行搜索引擎优化综合查询，找到下列网站的日均互联网协议地址数（日均 IP）、日均页面浏览量（日均 PV）、网站世界排名等信息，并以同款海尔冰箱产品为例，记录表 4－1 中各网站的销售情况，总结网络推广对产品销售的重要性。

表 4－1　　购物网站流量对比

网站	日均 IP	日均 PV	网站世界排名	网站销售记录（销售量/时间）
淘宝网				
京东商城				
苏宁易购				
国美在线				
海尔商城				
总结				

3. 信息发布。网站是一种信息载体，通过网站发布信息是网络营销的主要方法之一。同时，信息发布也是网络营销的基本职能，所以也可以这样理解：无论选择哪种网络营销方式，结果都是将一定的信息传递给目标人群，包括客户/潜在客户、媒体、合作伙伴、竞争者等。

信息发布需要一定的信息渠道资源，这些资源可分为内部资源和外部资源。内部资源包括企业网站、官方 App、小程序、第三方网络平台、微博、微信公众平台、短视频平台等；外部资源则包括新闻网站、行业网站、搜索引擎一供求信息发布平台、网络广告服务资源、百科、问答平台、合作伙伴的网络营销资源等。掌握尽可能多的网络营销资源，并充分了解各种网络营销资源的特点，向潜在客户传递尽可能多的有价值的信息，是网络营销取得良好效果的基础。

4. 销售促进。营销的基本目的是为增加销售提供帮助，网络营销也不例外，大部分网络营销方法都直接或间接地与销售促进有关，但销售促进并不限于促进网上销售。事实上，网络营销在很多情况下对于促进线下交易十分有价值。

5. 网络销售。一个具备线上交易功能的企业网站本身就是一个线上交易场所，网络销售是企业销售渠道在线上的延伸。网络销售渠道建设也不限于网站本身，还包括建立在综合电子商务平台上的网上商店，以及与其他电子商务网站不同行业的合作等。因此，网络销售并不仅是大型企业才能开展的，不同规模的企业都有可能拥有适合自己需要的网络销售渠道。

6. 客户服务。互联网提供了更加方便的在线客户服务手段，包括形式最简单的常见问题解答（FAQ），电子邮件、邮件列表，以及在线论坛和各种即时信息服务等。在线客户服务具有成本低、效率高的优点，在提高客户服务水平方面具有重要作用，同时也直接影响到网络营销的效果。

7. 维护客户关系。良好的客户关系是网络营销取得成效的必要条件。网站的交互性、客户参与等方式在开展客户服务的同时，也增进了客户关系。客户关系是与客户服务相伴而产生的一种结果，良好的客户服务才能带来稳固的客户关系。例如，海尔通过微博与粉丝互动，一方面与客户之间建立良好的客户关系；另一方面通过与客户的互动开发满足客户个性化需求的产品，如冷宫冰箱、咕咚等产品。

8. 网络调研。企业不仅可以采用在线调查表网络调研方式，还可以使用大数据调研等调研方法。与传统市场调研相比，网络调研具有高效率、低成本的特点。因此，网络调研成为网络营销的主要职能之一。

（二）网络营销职能之间的关系

开展网络营销的意义在于充分发挥各项职能，让网络营销的整体效益最大化。因此，仅仅由于某些方面效果欠佳就否认网络营销的作用是失之偏颇的。网络营销的各项职能之间并非相互独立的，而是相互联系、相互促进的，网络营销的最终效果是各项职能共同作用的结果。开展网络营销需要用全面的观点，充分协调和发挥各项职能的作用。为了更直观地描述网络营销 8 项职能之间的关系，从其作用和效果上可将其大致分为网络推广、信息发布、维护客户关系、客户服务、网络调研，这 5 项属于网络营销资源的投入和建立，是基础职能；网络品牌、销售促进和网络销售则表现为网络营销的效果（包括直接效果和间接效果）。网络营销职能关系具体如图 4－2 所示。

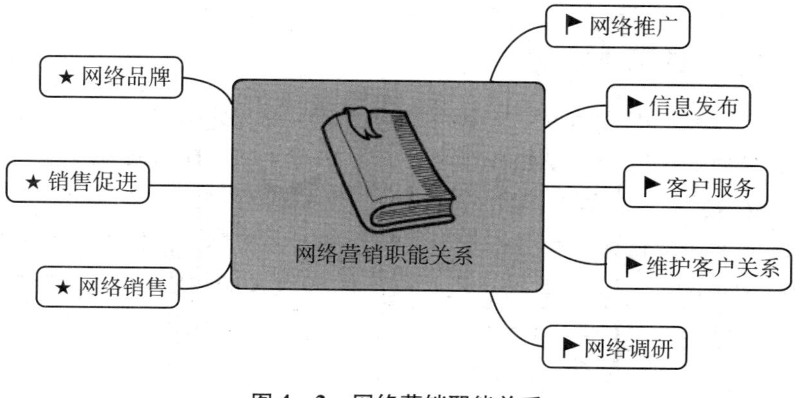

图 4－2　网络营销职能关系

视频：搜索引擎营销

任务二　搜索引擎营销

课件：搜索引擎营销

一、搜索引擎认知

（一）搜索引擎的定义

搜索引擎是指根据一定的策略，运用特定的计算机程序从互联网上收集信息，在对信息进行组织和处理后，为用户提供检索服务，将用户检索的相关信息展示给用户的系统。百度和谷歌是搜索引擎的代表。

（二）搜索引擎在网络营销中的地位

据中国互联网络信息中心于2023年3月发布的《第51次中国互联网络发展状况统计报告》的数据显示，无论是用户规模还是网民使用率来看，目前，个人互联网络应用状况中搜索引擎是网民第三大最常使用的应用，仅次于即时通信和网络视频，如表4－2所示。

表4－2　　中国网民各类互联网应用的使用率

应用	2021年12月		2022年12月		年增长率（%）
	用户规模（万）	网民使用率（%）	用户规模（万）	网民使用率（%）	
即时通信	100 666	97.5	103 807	97.2	3.1
网络视频	97 471	94.5	103 057	96.5	5.7
搜索引擎	98 132	82.2	99 470	83.3	1.4
网络购物	84 210	81.6	84 529	79.2	0.4
网络新闻	77 109	74.7	78 325	73.4	1.6

（三）搜索引擎的工作原理

第一步，从互联网上抓取网页。搜索引擎是通过一种特定规律的软件跟踪网页的链接，从一个链接爬到另外一个链接，像蜘蛛在蜘蛛网上爬行一样，所以被称为“蜘蛛”，也被称为“机器人”。搜索引擎“蜘蛛”的爬行是遵循一定规则的。

第二步，建立索引数据库。由分析索引系统程序对收集回来的网页进行分析，提取相关网页信息（包括网页所在URL、编码类型、页面内容包含的关键词、关键词位置、生成时间、大小、与其他网页的链接关系等），根据一定的相关度算法进行大量复杂计算，然后用这些相关信息建立网页索引数据库。

第三步，在索引数据库中搜索排序。用户输入关键词后，排名程序调用索引数据库，计算关键词相关性，然后快速输出并反馈给用户，这个过程在秒级内完成。

二、搜索引擎营销认知

搜索引擎营销得以体现的必要条件包括三个环节：一是有用户熟悉使用的搜索引擎；二是用户利用关键词进行搜索；三是搜索结果页面的信息对用户产生吸引力从而产生进一步的行为。

（一）搜索引擎营销的简述和原理

1. 用户的搜索行为。

想一想：

用户使用搜索引擎获取信息的过程

（1）通过搜索与“对不起营销案例”相关的信息，收集营销背景、过程及效果。

（2）比较下面关键词的检索结果，思考不同关键词对检索结果有什么影响。

随机选择与“汽车”相关的关键词并检索，收集自己感兴趣的检索结果；检索“20 万 SUV 推荐”“福克斯和科鲁兹对比”等关键词，收集相关检索结果。

通过上述练习可知，一个用户的搜索流程是：选择搜索引擎，设定关键词和关键词组合进行检索，对搜索结果进行筛选并点击符合期望的信息，进入信息源网站获得详细的信息，如果用户对获取的信息满意，则结束本次搜索；如果不满意，则更换关键词重新开始。如果用户还未得到相关信息，则可能放弃或更换其他搜索引擎重复上述搜索行为，用户的搜索行为如图 4－3 所示。

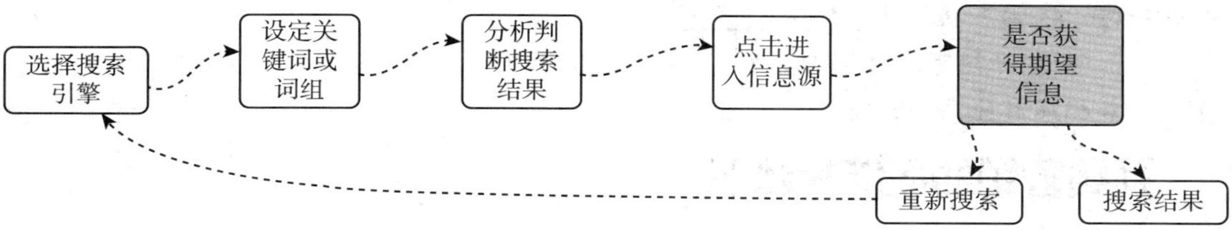

图 4－3 用户的搜索行为

2. 搜索引擎营销的原理。我们可以从企业利用搜索引擎传递信息，以及用户搜索的过程中进行更系统的分析。搜索引擎营销得以实现的过程是：企业将信息发布在网站上，成为以网页形式存在的信息源；搜索引擎将网站/网页信息收录到索引数据库；用户利用关键词进行检索（对于分类目录则是逐级目录查询）；检索结果中罗列相关的索引信息及其链接 URL；用户根据对检索结果的判断选择有兴趣的信息并点击 URL 进入信息源所在的网页。如图 4－4 所示。

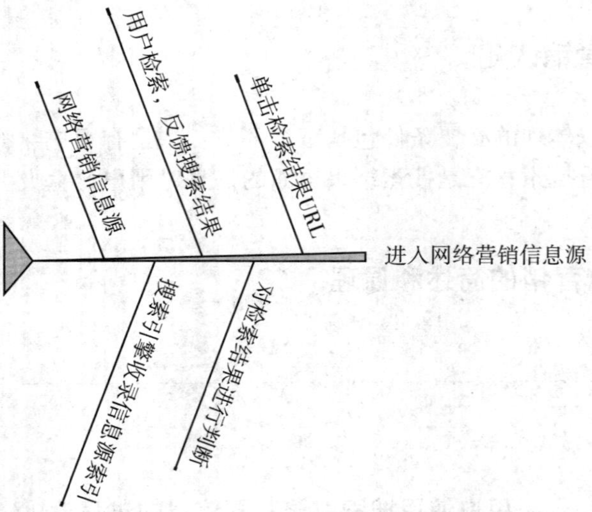

图 4－4　搜索引擎营销的信息传递过程

想一想：

搜索引擎索引数据库

（1）我们经常发现在各大搜索引擎结果中的最后一行都会出现“百度快照”“快照”等字样，这些字样代表什么呢？

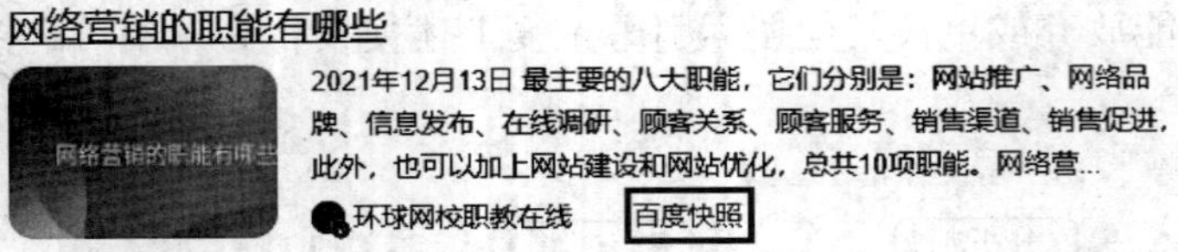

（2）单击“百度快照”“快照”，会出现下图显示的部分网页，这些内容与搜索引擎索引数据库有什么关系呢？

（二）搜索引擎营销的内容和层次

根据搜索引擎的工作原理和搜索引擎营销的原理，我们可以得知，搜索引擎营销的基本内容包括以下五个方面。

1. 构建适于搜索引擎检索的信息源。有了信息源才有机会被搜索引擎检索到，所以建立企业网站可以说是企业开展网络营销的基础。同时，信息源要适合被搜索引擎检索，且能让用户满意。可见，网站优化应包含用户、搜索引擎、网站管理维护 3 个方面的优化。

2. 创造信息源被搜索引擎收录的机会。因此，让尽可能多的信息源被搜索引擎收录是网络营销的基本任务之一，也是搜索引擎营销的基础。

3. 让网站信息源出现在搜索结果中靠前的位置。信息源被搜索引擎收录还不够，还需要让信息出现在搜索结果中靠前的位置。否则，被用户发现的机会大为降低，搜索营销的效果就无法保障。企业信息源出现在靠前位置的方法，有免费的方法如搜索引擎优化，也有付费的方法如竞价排名等，企业可以根据网络营销战略设计适合的搜索引擎营销策略。

4. 以搜索结果中有限的信息获得用户关注。我们在设计企业的信息源时要保证每个独立的页面都有独立的网页标题、网页摘要信息和网页内容的 URL。

5. 为用户获取信息提供方便。用户进入网站之后，网站能不能提供满足用户需求的丰富信息或便利的渠道成为用户是否在该网站停留的重要因素。因此，网站的产品介绍、购物流程的设计、网站的易用性、客服的及时响应等都是影响用户转化的因素。

（三）搜索引擎营销的基本方法

到目前为止，搜索引擎营销的方法可分为两大类。（1）搜索引擎付费广告营销。搜索引擎付费广告营销是指广告主根据自己的产品或服务的内容、特点等，确定相关的关键词，撰写广告内容并自主定价投放的广告。当用户搜索到广告主投放的关键词时，相应的广告就会展示。（2）搜索引擎优化。搜索引擎优化是指企业在了解搜索引擎自然排名机制的基础上，对网站进行内部及外部的调整优化，改进网站在搜索引擎中的关键词自然排名，获得更多的流量，从而达成网站销售及品牌建设的目标。

通过搜索引擎优化，一方面可以让用户更好地体验，让用户在使用网站时能够不假思索地点击网站，寻找到所需的信息；另一方面让搜索引擎更容易爬行企业网站所有页面并抓取。

视频：微信营销

任务三　微信营销

课件：微信营销

一、微信营销认知

（一）微信

微信（WeChat）是腾讯公司于 2011 年 1 月 21 日推出的一个为智能终端提供即时通信服务的免费应用程序，由张小龙带领的腾讯广州研发中心产品团队打造。为了便于沟通，腾讯公司在手机微信的基础上开发了微信网页版和微信 PC 版。微信手机版和 PC 端打通之后，就可以直接在网页浏览器里收发信息，甚至可以在 PC 端和手机端之间传输文件、图片。

（二）微信公众平台

微信公众平台曾命名为官号平台、媒体平台、微信公众号，最终定为公众平台。当前的微信公众平台主要分为服务号、订阅号、企业微信。（1）服务号：主要偏重服务交互（类似于银行、114，提供服务查询），认证前后都是每个月可群发 4 条消息。（2）订阅号：主要偏重为用户传达资讯（类似报纸杂志），认证前后都是每天可以群发一条消息。（3）企业微信：是一款用于基础办公沟通的即时通信产品，适用于各种类型的企业和机构用户，拥有贴近办公场景的特色功能和办公自动化工具，如请假、报销、考勤等，让员工可以在手机上处理办公事宜，后台管理员可以添加自定义应用。企业微信主要用于公司内部通信，需要先通过验证才可以成功关注企业号。

想一想：

微信公众平台与个人微信、企业微信、微博之间有什么区别？

（三）微信营销简述

微信营销是网络经济时代企业或个人营销模式的一种，也是伴随着微信的盛行而兴起的一种网络营销方式。微信不存在距离的限制，用户注册微信后，可与周围同样注册的“朋友”形成一种联系，订阅自己所需的信息。商家通过提供用户需要的信息，推广自己的产品，从而实现点对点的营销。目前，微信营销主要通过个人微信、微信公众号、小程序来开展。

二、个人微信营销

（一）个人微信营销设计

个人微信相当于一张名片，其他人可通过观察微信头像、昵称、个性签名及朋友圈来判断你是一个怎样的人，从而增加对方愿意与你接触的可能性。个人微信设计包括头像、昵称、微信号、个性签名、地区、朋友圈等方面。

1. 头像。头像代表品位、信任度，是客户对你的第一印象。个人微信是对外沟通的品牌形象，不传递浓厚的商业信息，而是要表达个人魅力，因此建议使用积极阳光、有亲和力的个人形象照片。微信头像设置需要注意：辨识度高、清晰自然；真实可靠、信任安全；贴近职业、匹配风格；个性鲜明、有话题性。

2. 昵称。昵称是互联网里的个人商标，是与客户微信互动时客户第一时间接触到的内容。一个恰到好处的昵称会降低沟通成本。

优秀的个人头像和昵称具有这些特点：品牌一致，重复刺激；字数简短，搜索便捷；拼写简单，便于输入；提供标签，对号入座；长期不变，保持记忆；忘掉技巧，拿出真诚。

想一想：

打开手机微信通讯录，查看微信好友的昵称和头像，你认为恰到好处的昵称有哪些特征？从营销角度来分析，合适的昵称和头像能够起到什么样的作用？

3. 微信号。微信号是微信生态中的身份 ID，是微信中的唯一识别号，我们可以通过微信号搜索用户。为了便于记忆及传播，微信号要好记、好识、好输入，尽量使用名称全拼，最好与手机号码关联，便于被搜索。

4. 个性签名。个性签名是好友相互了解的一个重要方式，尤其是在新加好友的时候。我们在设计个性签名时忌空、忌硬，即避免空白和纯广告，尤其是添加好友时，若个性签名全是广告，通过率特别低。个性签名最多可以设置多个字，风格可以严肃也可以幽默，关键要展示个性及特点，同时还需要考虑手机屏幕的尺寸。例如个性签名为“网络营销分析员，欢迎交流”。

5. 地区。添加好友时，个人信息中的地区也是一个影响通过率的因素。尤其是在营销活动中，地区设置得很远会让用户觉得不踏实。

6. 朋友圈。朋友圈中发布的状态是关于一个人的各种信息碎片，很多用户通过查看朋友圈发布的内容来判断一个人。朋友圈装修包括朋友圈封面和朋友圈行为。朋友圈封面的图片可以通过软营销的方式展示业务或需求信息。如果个人微信号定义为营销号，可以做一张（软）广告图作为封面，把营销的产品放在图片上。

朋友圈行为有发布、转发、评论和点赞等。用户在朋友圈发布图片、文字、视频、链接等内容，而我们通过了解用户在朋友圈发布的内容、数量和时间，就会了解这个用户。转发的内容可以看出这个人的价值观和世界观倾向。评论和点赞是微信朋友圈的礼仪，评论和点赞多的人在人际交往中有更多的发言权，而且善于与他人交流。

想一想：

打开个人微信，查看5个微信好友，从头像、昵称、微信号、个性签名、地区和朋友圈等方面来评估这5个微信好友的朋友圈装修是否合格，并提出改进建议？

（二）添加微信好友的方法

1. 手机通讯录导入。直接导入手机通讯录，将原有的好友圈和人脉圈导入微信。

2. 二维码扫一扫。扫扫二维码，可以用于线下添加好友、线下实体店铺引流和线下活动引流等。

3. 主流社群平台引流。主流的社群平台可以用于个人微信导流，例如，在微博、QQ、知乎、抖音等平台上留下微信号，分享目标用户关注的内容，此时目标用户就会通过搜索微信号来添加你为好友。

4. 利用精准化社群。利用精准化社群（如微信群、QQ群）来添加好友，主要因为大多数社群都是基于某一个共同的兴趣、关系、特征而聚集在一起的，如儿童英语启蒙群、互联网营销圈等。所以，有针对性地进群，可以找到精准的目标用户。

5. 软文引流。通过写软文或者引用优秀文章加入个人微信号/二维码，发布到微信公众平台、博客、论坛和百度系的相关产品（知道、贴吧、经验、文库）中，吸引用户添加。

6. 公众号引流。在公众号中加入个人微信。例如，可以在公众号的关注自动回复、文章末尾等环节留下个人微信来引流。

7. 奖品推荐引流。奖品推荐引流可以直接利用奖品激发用户做推荐，如“发布到朋友圈，加好友5人即可得礼品”，或者开展朋友圈集赞活动等。

8. 巧用微信的添加好友功能。灵活使用微信的添加好友功能，如微信的面对面建群功能，可以高效快速地将线下用户拉入微信群中，开展对应的营销活动。

想一想：

尝试上述方法，给自己添加30个微信好友并比较上述方法的优劣。

（三）个人微信运营

“建信任、软营销”是开展个人微信营销的核心。

1. 整体运营思路。第一步：添加微信好友、建立良好的信任并对好友进行管理，此时不建议直接发广告。第二步：根据前期沟通和互动的情况，选择目标产品或服务，或者根据目标产品寻找需要这种产品的好友。第三步：通过个性签名、位置、朋友圈内容等展示产品，并找到产品所针对的圈子。第四步：多与好友互动并融入其圈子，建立专业形象。第五步：将产品植入故事、植入情感、植入差异化，开展有针对性的营销活动。第六步：系统规划朋友圈营销活动，每周发2~3条活动或口碑传播文案。

2. 建信任。添加微信好友是营销的开始，要实现交易转化，不是依靠好友数量多发硬广告，而是做一个让好友喜欢、信任的人。建立信任需要几个月的时间，主要是通过互动建立信任感。

（1）通过好友申请。为了提高好友通过率，一般除个人微信号设计需要注意，还要认真填写好友申请，让对方放心通过好友申请。好友申请有3个思路：找到桥梁，即通过一个中间人介绍，拉近距离；表明身份，用自己企业或品牌为自己增加印象分；说清目的，开门见山，直接说明添加好友的目的。

（2）好友备注及分组管理。微信好友备注及好友分组管理可更好地积累人脉，开展高效沟通，进行客户管理。好友备注，可以添加或修改备注名、标签、电话号码、描述和图片，防止用户更换头像、昵称等带来的不便。好友分组管理，微信提供的好友分组管理包括备注分组法、标签分组法、重点星标法及VIP置顶法。备注分组法可以为同一个组别的人添加同一个备注前缀，自然成一组。标签分组法可以将好友放在同个标签下，打开通讯录的标签，可看到不同的分类。重点星标法是将一些需要高频率联系的用户设为星标用户，点开通讯录就可以快速找到。VIP置顶法是设置“置顶聊天”，一般是对超级重要的好友及用户进行设置。

（3）私聊。①自我介绍。私聊的第一个环节就是自我介绍。把握好友通过后的这几分钟，是互相认识的最佳时间。②得体互动。与微信好友互动时要得体。有些人在加了微信好友后平时没有互动和交流，只有发广告的时候才想起来，这样迟早会被拉黑或者删除。

那如何进行互动呢？①不要群发。一般情况下，尽量少用或者干脆不用群发。因为每次群发都是对自己信誉和好感度的透支。如果需要群发，可以先写好一个小文案，局部修改后带着对方的称谓单独发给对方。②杜绝骚扰。群发虚假广告、纯粹的硬广告等行为，肯定会让对方反感，导致被删除或举报。③红包先行。红包社交中，几元的小红包就可以让对方惊喜。因此，在表达谢意、节日问候、生日祝福和咨询问题时，不妨随手发个小红包，可以给对方留下深刻的印象。

（4）朋友圈内容。在人际交往中，人们通过朋友圈发布的内容展示个人形象，所以朋友圈是进行形象管理的重要场所。维护好朋友圈的个人形象，对于建立用户信任起着至关重要的作用。

①不要长期发硬广告。如果朋友圈只剩下硬广告就很可能被用户拉黑，所以建议穿插些其他类似的内容。如用户体验、心灵鸡汤、个人生活状态等，将生活化的信息与产品无缝对接，让生活中真实的、有趣的内容成为个人微信运营中的亮点。

②不要刷屏。朋友圈刷屏不仅会对用户造成骚扰，还会消耗自己的流量，营销效果也会越来越差。

③碎片化阅读。朋友圈阅读属于小屏阅读，阅读的速度非常快，用户往往会在碎片化的时间打开朋友圈翻看，所以就需要发布简短有趣的内容，以吸引用户与你互动。

④精准发布。我们可以根据用户分组发布朋友圈，选择指定的用户查看，方便对意向用户进行推广和宣传；也可以根据用户活跃的时间段进行发布，如学生群体、上班族、家庭主妇等，其朋友圈活跃的时间不同，可以进行分类管理，分别在其活跃的时间段内发布其感兴趣的内容。图 4－5 所示为上班族的一天，可以根据其刷微信的时间段来发送。

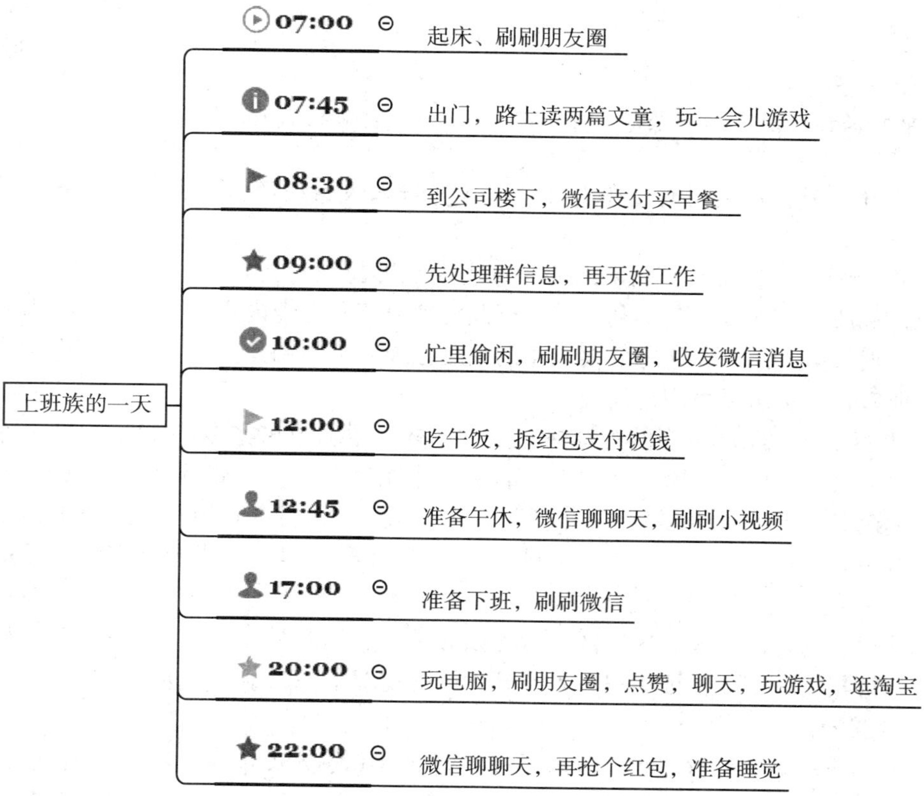

图 4－5　上班族的一天

⑤少发负面内容。不要将负面内容尤其是消极心态发布到朋友圈，否则容易给他人留下负面印象，特别是持续的负能量会降低他人对你的信任度。

⑥跟风传播网络谣言也会让他人对你的判断力产生怀疑，进而影响你的形象，专业度和信任度也会有所下降。

（5）朋友圈互动。朋友圈互动是一种重要的互动交流方式。通过朋友圈的点赞和交流，时间长了就会与用户慢慢熟悉并成为朋友。

想一想：

如何快速查看朋友圈信息?

可以点击“搜索”，然后选择“朋友圈”，直接搜索你想看的微信名称，即可查看其发布的所有朋友圈内容；也可以搜索关键词，检索与该关键词有关的朋友圈内容。

（6）微信礼仪。随着移动互联网的普及，微信在日常沟通中占据着越来越重要的地位。微信礼仪不仅让我们的沟通更加有效，也让他人对我们更加信任。①及时回复。如果未能及时回复，也要在方便的时候向对方解释原因，并表示歉意。②能打字的情况下尽量不发语音。③不要以“在吗”开头。④注意发送时间。⑤不要随便推送别人的微信名片。

想一想：

在平时的微信聊天中，除了“在吗”，你还反感哪些词和表情?

3. 软营销。软营销主要通过在内容中植入广告来吸引粉丝，内容包括文章、话题、活动等。

（1）内容形式。①文章。朋友圈的文章需要长期持续地提供价值，内容的形式可以多样化，包括优质资源的分享、福利分享、行业见解分享及有趣内容的分享，这些内容可以让用户更深入地了解产品。②话题。朋友圈的话题主要是吸引用户关注。话题可以围绕行业领域或者专业知识，也可以是用户反馈等。

（2）内容格式。①朋友圈的内容格式多种多样，根据效果排出优先级：“1 句话 + 1 张图片” > “1 段话 + 1 张图片” > “1 段话 + 多张图片” > “1 张图片” = “一句话” > “大段话 + 多张图片” > “1 句话 + 转发” > “转发”。②朋友圈的内容还要求精简，一条动态的字数不宜过长，如果内容少，尽量保证在 1 ~ 2 行字；如果内容较多，也尽量在 4 行以内，6 行以上就会被折叠，部分内容也可以放到评论中。③动态的配图可以在专业的图片网站寻找些优美清晰的图片，这些图片也可以商用。广告配图，主题一定要清晰明确，如朋友圈的宣传海报，一定要保证用户在不点开大图的情况下一眼就能获取到图片的主题。

（3）数据分析及应用。

为了了解朋友圈的运营现状，可以通过数据记录和分析来判断运营现状并进行改善。例如统计每条朋友圈信息，把朋友圈的内容、配图类型、发送时间、点赞数、评论数、转发数都记录在 Excel 表格中，通过对这些数据进行分析来逐步优化发布的内容及发布的时间。

想一想：

如果你在微信上出售 T 恤衫，但微信好友很少，也没有钱做广告推广，你该如何通过个人微信来开展营销活动呢?

三、微信公众号营销

企业开展微信营销主要通过微信公众号来进行。微信公众号营销的内容包括微信公众号基础操作、微信公众号规划策略。

（一）微信公众号基础操作

1. 微信公众号的选择。企业在选择订阅号和服务号时需要考虑企业的商业模式及客户数量。如果企业公众号的专业性强或者需要实现在线销售，如房地产、金融证券或连锁餐饮企业，需要处理很多咨询服务和订单，则可以选择服务号。如果需要通过信息资讯传播企业的特色、文化和理念，引导客户阅读，则可以选择订阅号。

2. 微信公众号申请。（1）申请流程。登录“微信公众平台”官网，单击“立即注册”超链接，在打开的页面中选择注册的账号类型，依次设置“基本信息”“选择类型”“信息登记”“公众号信息”。因为用户主体类型不同，填写“信息登记”的内容也有所不同。用户的主体类型包括企业、媒体、政府、其他组织和个人。（2）基础设置。微信公众号的基础设置包括账号详情设置、功能设置、授权管理设置、运营者管理设置（人员设置）和安全中心设置。

想一想：

按照上述的微信公众号注册流程，申请一个自己的微信公众号？

3. 微信公众号认证。微信公众号认证后，搜索时排名更靠前，用户关注的机会更大；还可以获得更丰富的高级接口，为用户提供更有价值的个性化服务。用户会在微信中看到认证特有的标志，也可以查看认证详情，这可以提高公众号的公信度。

想一想：

登录微信公众号平台网站，查看微信公众号认证的相关页面，总结认证需要的材料及认证流程？

（二）微信公众号规划策略

企业要想做大做强自己的微信公众号，就要找准公众号的定位。微信公众号必须制定出适合自身发展、符合自身形象的定位，才好确定辐射受众面，有利于形成品牌效应，实现运营目标。如图 4-6 所示微信公众号示例。

那么企业的微信公众号该如何规划呢？

1. 用户画像——寻找目标群体。微信公众号定位是为了更好地服务于目标群体，因此定位的思路是针对目标群体，选择公众号类型，设计公众号功能特色、服务模式、推送风格等，实现运营目标。要做好定位，必须要熟悉用户群体，即做好用户画像，这样运营者才知道用户在哪里，用户喜欢什么，什么内容可以打动用户。

图 4 – 6　微信公众号

用户画像可以从显性画像和隐性画像两个维度入手。显性画像，即用户群体的可视化特征描述，包括目标用户的年龄、性别、职业、地域、兴趣爱好等特征；隐性画像，即用户内在的深层次特征描述，包括目标用户的产品使用目的、用户偏好、用户需求、产品的使用场景、产品的使用频次等。如图 4 – 7、图 4 – 8 所示。

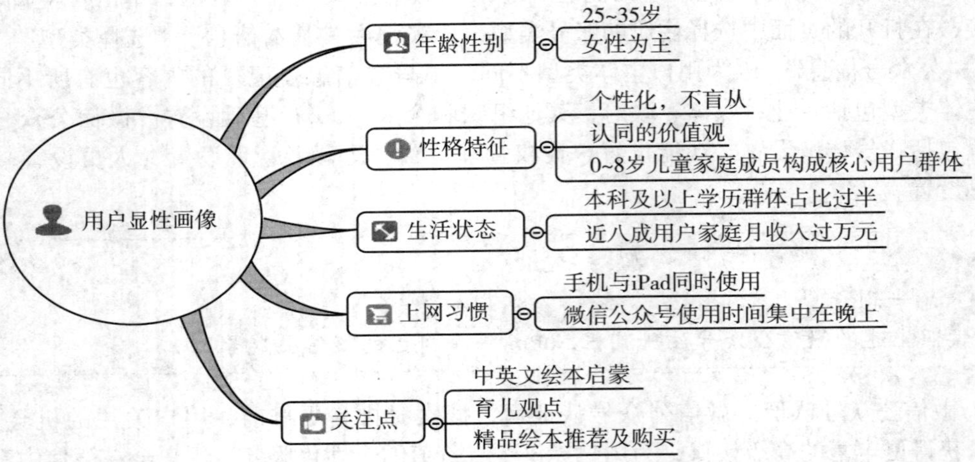

图 4 – 7　某教育频道微信公众号的用户显性画像

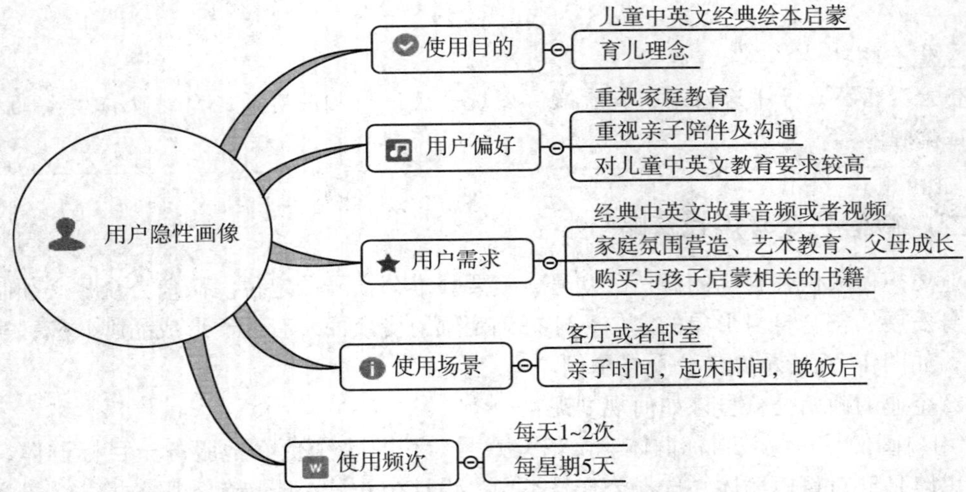

图 4 – 8　某教育频道微信公众号的用户隐性画像

想一想：

找一个最熟悉的微信公众号，绘制其用户画像？

2. 留存策略——留住老客户。能让一个用户被吸引并留下，有5个要求：内容、服务、活动、渠道和社群。

（1）内容——给用户推送什么内容。很多公众号都是靠内容来巩固定位并吸引同质、高精准的粉丝。例如，某儿童教育微信公众号，持续输出经典绘本故事、英文启蒙故事、亲子陪伴、育儿理念、父母成长等内容，吸引了一批具备一定经济实力的宝妈，于是公众号在原来基础上，开始通过微店销售绘本、婴幼儿用品、年轻时尚女性用品及家庭用品，最终找到了适合自己的商业模式。

（2）服务——用户需要哪些功能。有些微信公众号是因为其提供的功能满足了用户需求而被长期关注。例如，餐饮企业的公众号，可以提供在线订餐、连接 Wi－Fi 服务；校园公众号提供成绩查询、课表查询服务；中国电信公众号提供话费、套餐使用情况、积分等查询，以及充话费、充流量等服务；杂志社提供杂志订阅、订单查询、物流查询等服务。服务设置的关键就是场景应用，就是公众号的运营者通过对自身业务场景的分析，将原本需要通过线下或线上的其他渠道才能实现的业务，部分转移到微信，通过对微信公众号功能的二次开发和特殊设置，更加便捷地满足用户需求，从而保证微信公众号的用户黏性和忠诚度。目前，很多做微信开发的第三方平台都有各种应用插件，只要在后台进行相关设置，就可使用相关功能，如设置快递查询、天气查询等功能。

想一想：

请思考“招商银行信用卡”与“招商银行”两个公众号的应用场景相同吗？为什么？

（3）活动——给用户设计什么活动。活动是微信公众号运营者为了增加新用户或刺激活跃用户而使用的一些激励、互动手段。“中国银行北京分行”微信公众号于2017年6月正式上线以来，每个月都策划并运营了大型的主题活动，如6～7月的“招兵买马”、8～9月的“壁纸点点来”、10月的“幸福满墙”、11月的“中行伴我游”、12月的“欢乐砸金蛋”……这些活动都是在微信公众号的基础上进行的策划、开发和运营，从数据上可以看到，做活动比没做活动增加的用户数量要多得多。

（4）渠道——用户聚焦区域在哪里。目前网络营销渠道越来越多，用户已经被大量的App分散到不同的渠道，多渠道覆盖是营销必经之路。在众多的渠道中，究竟哪些渠道投入产出比较高，需要做进一步的统计分析。例如PPT专家秋叶老师以PPT为切入点，分别在博客、微博、微信、抖音、网盘、贴吧、知乎、豆瓣、纸质书等渠道布局，这些渠道源源不断地为其带来粉丝，这些粉丝通过搜索课程最终转化为学员和用户。

（5）社群——承载用户的终极容器。微信公众号可以通过社群的方式将目标用户聚集在一起，形成质量极高的种子用户，更加了解用户的需求。目标用户在社群里反馈产品和运营的不足之处，也会提供一些活动或运营的创意，还能帮助传播信息。

3. 周期规划——用户的转化周期。一般微信公众号的真实粉丝数量是最近 3 个月新增的粉丝数量。因为经过一定周期后，原来的很多粉丝由于审美疲劳或者内容趋同等原因，大部分已经不看这个微信公众号了。所以微信公众号运营者需要统计和观察用户的周期，设计一个在每个周期结束前就能完成的商业变现方式，以利于公众号的长期运营。

视频：微博营销

课件：微博营销

任务四　微博营销

一、微博营销认知

（一）微博

国内新媒体传播与营销领域的某知名学者给微博的定义是：微博是一种通过关注机制分享简短实时信息的广播式社交网络平台。我国微博的发展在 2009 年之后进入了快速成长期，其中新浪微博、腾讯微博、搜狐微博、网易微博等占据了主要的市场。到了 2014 年，腾讯微博、网易微博和搜狐微博等纷纷退出市场，在中国微博领域一枝独秀的新浪微博宣布改名为“微博”，并推出了新的标识，新浪色彩逐步淡化。目前，如果没有特殊说明，微博就是新浪微博。

微博分为个人微博和企业微博两种。通过个人微博，我们可以关注行业信息，打造个人品牌，结识行业领军人物和建立人脉，展示个人技能。而企业微博具备了企业官方的特性，企业微博可实现信息发布、与消费者建立情感，并具有危机公关、预警、快速公关等功能。

（二）微博营销简述

微博营销是指通过微博平台为商家、个人等创造价值的一种营销方式。该营销方式注重价值的传递、内容的互动、系统的布局、准确的定位，微博的火热发展使其营销效果尤为显著。微博营销涉及的范围包括认证、有效粉丝、话题、名博、开放平台、整体运营等。当然，微博营销也有其缺点，如有效粉丝数不足、微博内容更新过快等。个人微博营销与企业微博营销非常相似，而企业微博涉及更多的内容。下面主要以企业微博营销为主进行讲解。

微博发挥了“碎片时间资源集合”的价值，用户可以利用计算机、手机等多种终端便捷地获取信息。正是因为碎片化信息以及碎片化时间，用户通常不会立即做出某种购买决策或其他转化行为，因此硬性推广只能适得其反。

想一想：

请关注海尔、小米、故宫、淘宝等微博，想一想这些企业是如何通过微博达到营销目的的？

二、企业微博营销运营

（一）企业微博营销定位

企业要明确想通过微博达到什么效果，即微博的功能定位。这一定位的确定限制了企业微博发布的内容。例如，星巴克官方微博的形象定位是一个有点小资、有亲和力、懂生活的“服务员”。星巴克微博的思路是塑造亲和力，营造轻松融洽的氛围，让粉丝感觉自己正在一家咖啡馆里与服务员闲聊。又如，故宫博物院有着厚重、庄严的历史感，但“故宫淘宝”通过创意产品、有趣的文案、呆萌的画风形成了呆萌、有趣的品牌形象，这样的反差立马激起了很多年轻人的兴趣，为它点赞、为它转发，甚至购买其产品。

（二）企业微博营销架构

1. 企业微博成员的身份认定。

（1）企业官方微博。企业官方微博是以企业在工商行政管理部门核准注册的字号为昵称关键词而建立的微博账号。它主要以企业名义向社会公众、消费者传递与企业的思想文化、经营理念、品牌、产品和服务等紧密相关的微博资讯。

（2）企业产品官方微博。当企业旗下品牌众多、各具特色、很难统一到一个微博时，企业可以根据产品的特色开设企业产品官方微博。

（3）企业中高层管理人员个人微博。企业中高层管理人员个人微博表面上看是个人微博、名人微博，但实质上是企业重要的文化和品牌资产，不仅是中高层个人形象的展示窗口，更是企业整体形象的代言频道。企业中高层管理人员个人微博既有个人微博的属性，又兼具组织官方微博的属性。

（4）员工微博。员工微博主要依靠员工的意愿，可以发布工作中的经历和生活中的所见所闻，并为用户互动创造条件。大量的员工微博形成“众星拱卫”之势，可以在很大程度上弥补官方微博的不足。例如东方航空公司的员工微博营销，成功地将企业个性化趣味结合在一起，推出以“凌燕”为名称内容的个人微博，集中呈现东航空姐的形象，而隐藏在背后的则是东方航空的企业整体形象。

想一想：

东航凌燕召集最能代表航空公司形象的空姐，每位空姐的姓名前面加上凌燕二字。微博的主要内容多是空姐们在世界各地拍摄的风景照片，或者平时旅客们看不到的飞机驾驶舱等，这种微博营销有什么作用呢？

2. 企业微博矩阵营销。微博矩阵是指在一个大的企业品牌之下，开设多个不同功能定位的微博，与各个层次的网友进行沟通，达到360度塑造企业品牌的目的。企业可以根据自身的规模、品牌及营销人员等架构开展微博矩阵营销。例如，大型企业微博矩阵：企业官方微博、企业产品官方微博、企业中高层管理人员个人微博及若干企业员工微博。中小型企业微博矩阵：企业官方微博、中高层管理人员个人微博及若干企业员工微博。

3. 账号认证。账号认证即实名“加V”，这是微博针对企业微博账号、企业中高层管理人员微博账号、行业内有影响力人物的账号及员工微博账号的官方认证。获得认证的优势是：形成较权威的良好形象，微博信息可被外部搜索引擎收录，更易于传播，也容易进入推荐微博名单，获得大量的粉丝，快速提高影响力和传播力；同时还可以预防假冒伪劣，认证的企业发布的产品或活动信息有了公信力，用户也敢于和乐于参与。

（三）企业微博内容营销

在进行微博营销时，撰写高质量的微博内容要注意以下几点。

1. 图文结合。微博的内容信息要尽量多样化，尽量每篇文字都带有图片、视频等多媒体信息，以具有较好的浏览体验；微博内容要尽量包含合适的话题或标签，以利于微博搜索；发布的内容要有实用价值。

2. 发布时机。企业官方微博每天发布的条数为5～10条。可以合理利用发布者和用户的空闲时间，如上班之前、午休时间、下班之后及晚上休息之前这几个时段。

3. 内容策划。在微博营销中，内容是非常重要的。微博内容要吸引人，在找准用户的基础上，“有用的内容/有趣的内容”更容易让用户参与其中。“有用的内容”可以从与用户关联或用户专业性需求的角度策划；“有趣的内容”可以从趣味、幽默和易懂等角度策划。在内容策划方面，策划者可紧跟热点话题，参与讨论，吸引粉丝并得到转发。

（四）企业微博的互动

1. 互动交流创造营销机会。很多企业微博上有大量的“僵尸粉”，也有大量的“僵尸博”。“僵尸粉”就是没有几条微博发布，也基本不对他人的微博做任何转发和回复的粉丝微博，这样的微博没有任何生气和影响力。“僵尸博”则存在于名人和企业微博中，它们几乎不关注任何人，形成一种完全单向的交流通道，完全没有发挥微博的推广作用，使微博成为通告器。这样的微博无人理睬，也激发不了用户的热情。

微博的价值在于粉丝圈子的存在，以及活跃粉丝的互动。为了形成良好的互动交流，企业微博应关注更多的用户，并积极参与回复讨论，将弱关系转化成强关系，在回复和转发中创造营销机会。

2. 通过微博的搜索功能实现精准互动营销。通过微博的搜索功能，每天及时在微博上的搜索框中检索与企业相关的关键词，与微博用户互动，实现精准互动营销。

（五）企业微博的传播

1. 优质内容置顶。如果发布的优质微博没有及时出现在订阅者和粉丝面前，微博内容可以通过其他的微博账号每隔一小时转发或者评论一次，让微博内容重新出现在前列，获得更多的曝光机会。

2. 巧用@和私信。@可以让粉丝在打开微博的第一时间被提示有微博@了他，无论这条微博发布了多久。@的使用技巧如下：（1）选择@互粉的粉丝回复率会提高。如果他没有关注企业微博，尽可能不要@他。（2）选择@平时经常转发微博的朋友，可以进一步提高转发率。（3）@粉丝中被关注人数最多的几位，因为这些粉丝的转发能够产生更大范围的辐射。（4）对于多次@而没有任何转发的粉丝，应从@名单中去掉。

私信只能由关注的人发给粉丝，并且只能让发件人和收件人看到。通过私信可以进行点对点精准营销。通过私信收集用户信息，寄送一些免费产品或私下交流感情，可以实现精准营销。

（六）增加微博粉丝的方法

（1）内容。微博的核心是内容。内容的定位与质量，决定了用户群的类型与规模。例如，@互联网的那点事的内容受到许多互联网公司高层的关注和认可，主要原因是其每天坚持分享与互联网相关的优质内容。（2）勤更新。微博需要勤更新，如果更新太慢，关注度就会降低。（3）标签。通过设置标签的方式增加曝光度。一般来说可以设置10个最符合自己特征的标签。（4）主动关注。通过主动出击，关注粉丝多、活跃度高的用户，以增加粉丝。（5）参与热门/超级话题。通过参与热门/超级话题，增加曝光度。例如@海尔经常活跃在热门微博、著名艺人微博和超级话题的评论中，赢得了大量粉丝的追捧，形成自己的微博风格。

（七）微博营销的其他技巧

微博是一个需要长期耕耘和积累的阵地，唯有用心才能让用户留下来。（1）学习其他企业的微博运营做法。可以多关注竞争对手或相同领域的优秀账号，学习其微博运营的方法及技巧。（2）每日坚持更新。每天坚持发布原创微博；如果很难有新鲜事件发布，也可以注意平时积累行业动态及趋势的资讯，分享一些对用户有价值的信息。（3）主动互粉核心用户。企业微博要多关注经常转发自己微博的人，转发在5次以上又积极参与讨论的就是企业的核心粉丝。关注这些核心粉丝会让他们有荣誉感，为口碑营销奠定基础。（4）随时做好微博营销。微博的引爆点几乎是随时的，很多来自网民的主动创意，出现的时间可能在下班之后。这就要求营销人员随时搜索，把与网民的沟通作为工作，及时做好与企业话题相关的回复。

想一想：

如果你是你们学校的官方微博运营人员，你该如何规划你们学校的官方微博运营呢？

视频：社群营销

课件：社群营销

任务五　社群营销

一、社群

社群就是一群有共同价值观、共同兴趣的人聚集在一起，基于共同的目标一起向前。社群的五个构成要素分别为同好、结构、输出、运营、复制。社群以社交文化为基础，通常拥有自己完整的特点，一个成功的社群具备群体结构的稳定性、群体意识的一致性、成员行为的规范性、互动关系的持续性。例如，共同加入的微信群、共同加入的 QQ 群、共同关注讨论的微博话题、共同关注的 App、共同加入的论坛等。常见的社群类型包括引流群、福利群、快闪群。

想一想：

列举你常用的社群，你认为他们运营得成功吗？

二、社群营销概述

社群营销是随着互联网和社会化媒体的发展而兴起的一种营销模式。社群营销是基于圈子和人脉的营销模式，通过将有着共同兴趣和共同价值观的人群聚集起来，打造一个共同的兴趣圈，促成最终消费。社群营销的实质不是公益，是为了复购，最终实现消费者长期购买，实现顾客忠诚。

社群营销区别于传统营销，主要表现在：

第一，社群是一个主动的平台，而传统营销则非常被动。在传统营销中，你必须通过付费的方式将自己的产品或者服务展示在专门做信息服务的网站上，然后通过竞价的方式与同行去竞争一个好的位置。但在社群营销中，你可以灵活通过完全属于自己的微信公众号、朋友圈、微信群、QQ 群、空间、微博等进行营销，在这些平台上，你不仅不需要支付额外费用，还可以尽情展示商品、服务，粉丝也能最快获得你的信息。

第二，社群中有更多与用户交流的方式，传统营销依然很被动。在传统营销中，企业通过线上线下的促销方式，尽可能多地要求用户主动参与活动，虽然有一定效果，但是有些参与活动的用户仅仅是为了得到奖品或者“贪便宜”，白白浪费企业用心提供的产品或者服务。但在社群营销中，用户基本都是自己的圈子，群主可以通过众筹、发券、拼团、拍卖、送礼、组织活动聚会等低成本方式推广新品，多多鼓励用户参与进来，提高用户间的交流热度，而用户参与是为了得到更新的产品，而奖品只是顺带获得，这样也能在很大程度上提高用户对企业的忠诚度。

第三，社群营销让用户有信任感，而传统营销存在隐患。传统营销中，用户很抗拒进入一个网站，或者一听到推销的词句，往往会担心自己被骗，企业与用户之间缺乏信任感和安全感。但在社群营销中，用户不用担心这个隐患。因为在社群中，用户之间交流更密切和频繁，而且用户还能通过发表心得来说明使用后的看法，也能从更多用户的评价中得到一些准确信息。总社群营销让用户对商品了解得更透彻，增强了信任感。

第四，社群会更大提高品牌曝光度，传统营销很难实现。图 4－9 展示了社群营销与传统营销区别。在传统营销中，消费者倾向购买那些本身名气很大的企业或者品牌的产品和服务，而对于小众品牌来说，在品牌的信誉、品牌曝光度，品牌影响力方面缺乏机会。而在社群营销中，企业的更多信息会被传播到互联网中，朋友圈、微博、QQ 空间等，都会有意无意提高企业品牌的传播度。

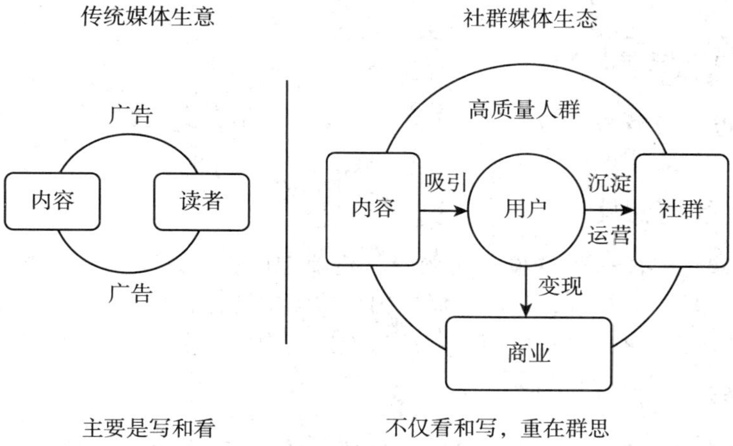

图 4-9　社群营销与传统营销的区别

三、社群营销法则

（一）倒计时＋晒单

倒计时是社群转化的常用手段，原理是利用稀缺性或者饥饿营销的模式制造紧迫感，促使用户行动，表现形式为发布倒计时图片，与倒计时相结合的是晒用户的购买截图，进一步增加紧迫感。

（二）用户证明＋打卡

用户证明是一种常用的营销手段，适应于多场景，在社群环境中多表现为邀请学员进行产品或者服务的体验分享，展示学员学习效果或者学习笔记，鼓励学员日常打卡。

（三）权威效应＋展示

权威效应就是接受产品及课程的专业要素。群主会用一系列的文字或者图片告诉用户，产品的功效、产品的专利、产品使用群体包括什么样的专家和权威人士。有 KOL 让用户觉得在这个群很值。

（四）有奖问答＋赠礼

有奖问答能为微信群造势，对转化提升有很大的帮助。这一个环节有很大的趣味性，在问题设计方面一定要与产品密切相关，让大家在娱乐的氛围中快速决策，主动询问购买。

（五）埋点＋接龙

埋点指的是在一切与用户接触的环节都植入要转化的链接，例如欢迎话术、通知话术、打卡话术等，通过高频率的展现，吸引用户下单。接龙就是利用从众心理进行报名或者预约接龙，简单来说就是群体统计回复“已报名或预约的用户”，并发布到群里，每当有人回复，群主就发一次，每次都增加新的名字。通过这样高频率的曝光让用户焦虑，主动付费。

四、社群营销运营

社群运营的具体步骤为：第一步，确定社群愿景；第二步，了解你的用户；第三步，制定群规则；第四步，组织群内活动。

（一）确定社群愿景

社群运营者决定建立一个社群的时候，一定要想明白，这个群构建起来以后是做什么的，我们不是为了拉群而拉群，是为了促进用户的多次转化，最终实现用户复购。社群的最终目的就是转化，但转化一定是以用户利益为先，因为双赢是营销成功最大的机会。

（二）了解你的用户

在社群运营中，一定要把握用户的度。这个度就是一定要把你的用户当作“人”。用户就是流量，目标用户就是精准流量，获得流量就要去目标用户的聚集地。在运营过程中，拒绝天天发广告，一定要持续地输出对用户有价值的产品信息。例如你是做母婴用品群的，你就可以分享一些婴儿护理方面的干货；再如你是做减肥产品群的，你就可以分享一些减肥的食谱或者介绍一些认识卡路里的干货。只有把用户当作“人”来看了，才能多多获得你的精准用户。另外，用户分层也有利于群主更好地了解自己的用户。例如，所在的群里，把用户分为潜在客户、新客户、有兴趣的客户、在观望的客户、已经购买的客户等。根据用户需求或行为特征将用户划分为不同的用户群体，进而能更好地洞察用户需求，制定差异化产品运营策略。

（三）制定群规则

无规矩不成方圆，每个社群都应该有边界，制定一个群规，群规包括社群的主题、鼓励做什么、禁止做什么。群规是可以提升社群活跃的，例如，鼓励社群成员分享与主题相关的内容，每天的讨论时间固定在几点。同时要注意，群规一定要用户第一时间了解的，可以在用户进入社群之前就告知对方，如果违反规定，就会按照规定进行惩罚。同时，群主要多多打造社群运营的仪式感。例如要有入群欢迎仪式、每日早安和固定时间的问候形式、符合品牌调性的温暖环节、特别提醒模式、互动链接模式、自我介绍、特定红包环节发送模式、节假日仪式感、会员日特别活动等。

（四）组织群内活动

社群运营中的社群活动可以助力社群活跃，也是群成员的权益所在。如果一个群内长期没有活跃的气氛烘托，成员之间就会渐生嫌隙，没有归属感和安全感。下面介绍几种常见的活动形式。

1. 低价拼团。大家觉得拼就是优惠的事，优惠是可以助力用户使劲儿购买。但是在拼的时候注意两点：一是要限制一定数量的人，不要太难，太难容易让人放弃；二是要限时，才有紧迫感。

想一想：

有哪些可以让社群有活力的小游戏？

2. 设置多件购买福利机制。群主极力推荐，以多件购买福利为理由，抬高用户客单价，并激励用户下单更快。

3. 以新客免费的形式。人性都比较喜欢免费的东西，通过这种形式让用户先体验，在免费之前一定要记得可以拿到用户信息很重要。

4. 一元秒杀或低价秒杀。这样的活动会刺激用户活跃度，可以增设一些提前预告的环节。例如，提前说明秒杀的产品、秒杀的形式和限额限量、秒杀的时间。

5. 多样化展示。在群内不要直接发链接，为了让用户更直观看到，可以放一些图片 + 文字，甚至还可以增加一些视频，让用户视觉上有感受。当然，有一定的气氛组合社群轮值官。可以在前期适当找托，给你的产品放“彩虹屁”，分享使用心得和体会进一步烘托气氛，鼓励群成员多多反馈晒图。

6. 约定会员日。特定日期作为会员日，热销产品降价回馈会员，通常会员日的用户活跃度和转化率会有明显提升。另外，让用户用药后一定身份可以增加用户黏性。

7. 日常互动。包括红包游戏、优质话题讨论、免单福利、积分商城、买家秀奖励等。社群裂变的本质是用群产生链式反应，形成裂变式传播，裂变核心可以通过产品、海报、朋友圈文案等实现，群裂变工具包括微管家、微友助手、企业微信等。

视频：短视频营销

任务六　短视频营销

课件：短视频营销

一、短视频营销定义

短视频营销是目前最新兴、最直观的网络营销方式，短视频以其“时间短”“信息量大”“图文声并茂更符合现代人消费习惯”等特点。所谓的短视频营销，就是将品牌或者产品融入视频中，通过剧情和段子的形式将其演绎出来，类似于广告，但又不是广告，关键在于用户看的过程中，能不知不觉将产品推荐给用户，使用户产生共鸣并主动下单和传播分享，从而达到裂变引流的目的。短视频的出现既是对社交媒体现有主要内容（文字、图片）的一种有益补充，同时，优质的短视频内容亦可借助社交媒体的渠道优势实现病毒式传播。短视频营销就可以理解为企业和品牌主借助于短视频这种媒介形式用以社会化营销的一种方式。

二、短视频特征

短视频营销的营销形式主要是视频原创、贴片广告、视频转发，短视频制作门槛低、生产流程简单，对于企业品牌、产品、服务传播来说是最佳方式。

（一）短而精，内容有趣

在5G时代，碎片化时代，人们对于信息、娱乐的获取已经脱离了传统信息获取的时间限制，而在新媒体平台上播放适合在移动状态和休闲状态下观看的视频内容，视频时长一般在15秒至5分钟之间，更容易被人们接受。与文字图片相比，视频能给用户带来更好的逻辑体验，在表现形式上也更生动形象，能把创作者想要传达的信息更真实、生动地传达给观众。由于时间的限制，短视频展示的内容往往是精髓，符合用户碎片化的阅读习惯，减少了人们的时间成本。短片的核心理念是——时间短，如果内容不精，在短片的前3秒不抓住用户，后面就抓不住。抖音并不提倡长视频，靠长视频爆粉的可能性很小，所以要做短视频吸粉。

（二）互动性强，社会黏性强

互联网通信的发展第一个旗号是互动，在这个移动电话爆发的时代，缩短了人们之间的距离也方便了人们之间的交流。网络世界里，不管是什么行业，都离不开互动。类似地，在各个主要的短视频应用中，用户可以对视频进行点赞、评论，还可以给视频发布者私信，视频发布者也可以回复评论。这样增强了传递者与用户之间的互动，增加了社会黏性，体现了短片另一个重要元素——拉近距离，实现交流。

（三）草根主义

人人都有自己的演戏梦，每个素人也都想当明星。短片的兴起，让大多数草根短片创作者都火了一把。与传统媒体相比，短视频的门槛稍低一些，短视频的创作者可以根据市场的走向和近期热门的内容进行创作，这类作品深受众多网友的喜爱，例如在抖音热得不能再热的杜子建、忠哥、李子柒、papi 酱等草根明星。

（四）搞笑与娱乐

此类短片以搞笑创意为主，在网络上迅速斩获大量粉丝。带着娱乐、轻松、幽默的短片，很大程度上减轻了人们的现实压力，在闲暇之余打开电视，可以给无聊的生活带来一点乐趣，甚至可以让观众产生“上瘾”的感觉，不看也会觉得少了点什么。

（五）创造性剪辑的方法

短片往往采用富有个性和创意的剪辑手法，或制作精美震撼，或使用更有节奏感的转场和节奏，或搞笑鬼畜，或加入解说、评论等，让人看了还觉得不过瘾，想再看一遍，就像最近比较火的抖音视频一样，引起众多人跟风拍摄。账号以创意吸引观众的想法，也无愧于我们以上所说的交流，更是抖音“记录美好生活”的体现。

三、短视频营销常见形式

（一）拍摄产品短片，解答客户疑问

拍摄产品短片，为客户解答疑问是短视频营销的最基本的应用。很多品牌使用短视频营销就从这里开始。有时候，简短的“如何……”视频短片就可以快速并有效地解答客户的疑问。整理出你的客服部门最常收到的问题，制作相关的视频短片去解答这些问题。例如，你可以在一段15秒的视频里告诉客户你的产品是如何便于安装。像这样拍摄一段安装教程并配上语音指导可以提供给粉丝更有用的信息和帮助。用短视频的方式解答客户疑问能够给你的受众带来更多的附加价值。这类短视频之所以赞就在于能够在视频有限的时间内垂直并直观地展现品牌的专业性和权威性，how-to 是 Vine 上最热的主题标签之一，它旨在为潜在客户提供一种便利的方式来解决问题。

（二）将产品制作过程整合成视觉展示

如果说一张图片就可以道尽千言万语的话，那一段15秒的视频中可以表达的内容更是远超过想象。将产品的制作过程拍摄成一支短视频展现给潜在客户，是一种利用短视频功能的营销方式。咖啡馆可以借机展示他们的咖啡制作工艺，时尚沙龙可以展示客户的变身过程等。

（三）创意众筹鼓励粉丝产生UGC

目前的营销趋势，都劝告品牌主在不同的社交媒体上，创意素材要既不脱离创意主轴，又要在不同社交媒体上发挥长短不一的效果。对于品牌而言通过一次短视频社交媒体的粉丝活动得到了对品牌而言有价值的东西，而对于粉丝而言也是一件实现自我价值的事情，也鼓励了他们在社交媒体上创作的积极性。

（四）假日视频

圣诞节、情人节、感恩节等假日成了品牌商与消费者互动的关键节点，随着短视频的兴起，假日营销也进入了新的纪元，以假日为主题的短视频营销成为品牌商与消费者建立强关系的方式。

（五）增强与粉丝之间的互动，邀请粉丝通过标签上传内容

邀请你的粉丝和客户通过上传带有标签的视频参加有奖活动，或者宣传相关的品牌活动，是一个利用短视频功能拉近和客户距离的方法。

（六）展现品牌文化

我们经常听到有人说品牌应该更“人性化”，而社会化媒体实时实地与客户的互动将这条界限变得越来越模糊。短视频营销提供了一个让你充分展示品牌文化和特点的机会，让你在竞争者中脱颖而出。对于短视频营销来说，品牌需要在很短的时间内抓住他们想要表达的重点，将其表现给他们的粉丝看，与此同时也向粉丝们传递他们的品牌文化。

（七）强调特殊优惠和活动

短视频是个推广优惠活动的绝佳机会。将镜头转向你的产品，并加入个性化的元素，配合相应的促销信息绝对能比传统营销方式提高转化率多了。

四、短视频营销策略

（一）重视内容创意

企业选择短视频平台开展营销，主要希望借由短视频的短小创意增加产品的曝光度、提高品牌知名度，而内容创意不可忽视。首先，短视频的内容类型创意。企业在投入短视频营销前，需对短视频垂直细分领域商业价值进行测评，短视频所涉及的主题范围很广，几乎涵盖了各个细分领域，这些领域根据企业所处行业可能包含企业、教育、旅游、母婴等。如何将内容类型以创意形式展现，是开展短视频营销的首要前提。其次，短视频的内容形式创意。随着短视频营销的不断发展，其内容形式也开始产生变化。

（二）账号定位精准

当企业进行蓝V认证后，需明确账号定位。企业应该遵循长期营销战略思维，并将品牌理念贯穿于短视频拍摄中，尽量确保内容风格统一。而企业在入驻平台前，需要全面剖析贯彻企业的品牌理念、平台面向受众的用户画像、账号人格、创意内容以及团队设置。

（三）注重人设打造

移动互联时代，随着短视频的兴起，每个人或者组织只需要15秒就能爆红。而持续爆火的唯一途径则是打造专属人设，直击用户内心。在短视频平台创作作品日益同质化的今天，个人或企业想要在短视频平台持续走红，首先必须打造账号垂直度，打造短视频人设可以帮助创作者确立内容创作方向，为作品贴上专属标签，并保持稳定输出内容。

（四）融入场景营销

移动互联时代，人们的社交需求也在不断发生转变，已经从传统的界面浏览转向短视频的视觉习惯。当前的短视频营销中，越来越多的企业开始结合场景打造，结合用户视觉习惯来进行产品展示与植入，与传统直白的植入性营销相比产生了质的飞跃。例如江小白白酒成果营销案例场景。江小白始终坚持做“年轻人的白酒”，与其说江小白很特别，不如说品牌够勇敢，走出了白酒时尚化的道路，让产品创造出令人愉悦的差异化。

（五）打造直播体系

随着短视频平台的电商体系不断接入，企业通过平台进行短视频发布完善人设续更，选定垂直细分领域，加强内容创意，但同时需要打造直播体系。直播除了自身的广告效应，内容的新闻效应引爆性也会更强。而在直播过程中平台选择、直播间的打造、选品、直播脚本设计编写、主播选择以及直播数据分析也尤为重要。在这个去碎片化的时代，消费者很容易因共同爱好聚集在一起，通过直播的方式进行产品推介，达成情感氛围的高位时刻。个人或企业借由这一时机进行产品销售，其一定能达到较好的营销效果。

移动互联时代，短视频营销凭借其内容创意等价值优势，成为企业的重要营销方式。企业从自身角度上只有不断深挖内容创意，精准账号定位，注重账号人设打造，达成持续运营实现盈利。短视频平台还需强化短视频的社交属性，接入更完善的直播体系，完善平台监管，才能更好地建立消费者与企业品牌之间的链接，达成企业的营销目的。

视频：直播营销

任务七　直播营销

课件：直播营销

一、直播营销概述

（一）网络直播营销

网络直播是指以网络直播平台为载体，通过现场展示的方式传递企业品牌或者产品信息，达到企业获得品牌影响力的提升或销量增长的目的。目前直播呈现形式主要有两种，既可以通过 PC 端直播，也可以通过手机直播。网络直播营销是目前主流的营销方式。

想一想：

列出你所知道的所有直播平台及平台特点？

（二）网络直播营销的优势

1. 更低的营销成本。网络营销刚兴起的时候，企业可以用更低的成本获取用户，增加流量，但是随着淘宝百度等平台用户的增加，无论搜索引擎广告还是电商首页广告的营销成本开始逐渐上升，部分自媒体打好的软文广告投入更是高得离谱。而直播营销对于场地、设备、物料等需求较少，是目前成本较低的营销形式之一。

2. 更广的营销覆盖面。用户在浏览产品详情页或者查看参数时，需要在大脑中自行构建场景。而直播营销可以直接将产品形态、使用过程等更直观地展示在观众面前，达到全方位覆盖用户的认知效果。

3. 更直接的营销效果。用户在购买商品时往往受到环境的影响，无论使用何种营销方式，都是为了获得更好的影响效果。在直播营销过程中，消费者由于看到很多人都下单了，或者感觉主播使用过程不错而下单。企业可以通过设计策划直播的台词、优惠政策、促销活动，更大限度地刺激用户的消费热情，提高影响效果。

4. 更有效的营销反馈。在营销的整个过程，企业需要不断优化产品和营销策略，但为了持续优化产品及营销过程，企业需要注重营销反馈，了解顾客意见。由于直播是双向互动的，主播将内容呈现给观众的同时，观众也可以通过弹幕的形式分享体验。因此，企业可以借助直播，一方面收到已经用过产品的消费者的使用反馈；另一方面，收获现场观众的观看反馈，为下一次开展直播营销提供了改进空间。

二、直播营销常用的平台

随着直播技术逐渐成熟，以及各路网红、明星加入直播带货，越来越多的平台进军直播电商领域。国内的直播电商平台，大致有几种类型：

（一）短视频平台

以快手、抖音为代表的短视频直播平台，本身有非常大的用户规模，还有海量的网红、KOL，因此深受广大群体喜爱。

（二）内容电商型平台

以微博、小红书为代表的平台，有着非常多的 KOL 和种草内容，其直播带货的潜力也非常大。

（三）娱乐型平台

以陌陌、虎牙、YY 等为代表的娱乐型平台，在垂直领域（如游戏直播）有极大的影响力，也有一定的用户规模，这一类平台做直播带货的趋势刚刚开始，例如陌陌、虎牙都已经先后介入。

（四）电商型平台

以淘宝、京东、拼多多为代表的电商平台，纷纷进军直播领域，相对于原有的图文、视频展示之外，新增一种商品展现形式。这类平台的直播更加专注于购物直播，强调购买转化。

想一想：

在进行淘宝直播时，有哪些禁忌？

（五）社交型直播

以微信、爱逛为代表的直播平台，帮助商家在微信生态内展开直播，无须跳转到第三方 App，更便于做设计传播和裂变。图 4－10 展示了直播平台梯队。现阶段平台种类繁多，如果想涉足这个行业需要先做好定位，适合什么平台，是带货、秀场还是游戏，定位明确才会走得更远。

	直播平台	月活（MAU）	平台调性
第一梯队	淘宝	69 918万	商家、主播带货直播
	抖音	46 918万	网红主播娱乐、带货
	快手	26 853万	网红主播娱乐、带货
第二梯队	微博	28 860万	微博KOL、网红主播娱乐
	拼多多	25 216万	商家店铺直播带货
	西瓜视频	14 045万	达人直播带货
	京东	8 781万	商家店铺、联合明星KOL带货
	小红书	5 354万	分领域KOL、明星直播带货
	哔哩哔哩	4 491万	UP主带货
第三梯队	虎牙直播	3 316万	游戏直播互动为主
	花椒直播	2 929万	重生活内容直播分享
	斗鱼直播	2 666万	全民游戏直播平台
	YY	2 372万	游戏直播互动为主
	苏宁易购	945万	商家店铺直播带货
	蘑菇街	243万	女性电商、买手直播带货

图 4－10　直播平台的三大梯队

资料来源：TrustData（2020 年 3 月）。

三、直播营销的流程

直播营销不等于对着手机屏幕聊天，营销策划人员在进行直播营销前需要设定营销目标，市场调研设计、项目自身优缺点分析、直播平台选择、良好直播方案设计、后期有效反馈等几个步骤。一般来说，直播营销的完整过程包括直播开场、直播过程和直播结尾 3 个部分。

（一）直播立项

直播需要一定的技术基础，需要人员、设备，这对于直播方都是前期的投入，因此，评估直播营销是否有可行性，完成立项准备是有必要的。

（二）明确直播定位

了解市场，确定直播的定位，需要了解自己的产品状况、直播平台的特点、消费者的信息需求等信息，找准直播的立足点。

（三）挑选直播平台

直播平台很多，流量大的有映客、花椒、斗鱼等，还有日新月异不断涌现的新平台，选择好的、适合自己产品的平台是很关键的一步。

（四）分析直播用户

锁定用户群，迎合用户的潜在需求，从用户的角度出发，为后续直播形式、内容的选择做理论支撑。

（五）设定直播场景

课堂、生产线、销售端等都可以作为直播的场景，由于直播有即时性，提前计划好直播的场景和拍摄方式，做好必要的准备工作。

（六）设计直播形式

是单一镜头直播、多机位直播还是多直播间联动？直播的形式提前设计好，用到的人员、设备等提前准备，为直播开始保驾护航。

（七）填充直播内容

完成直播台本的写作，包括直播时用到的文稿、主播等人的运动轨迹、出镜各种事物的调度，都提前准备好，注意要贴合直播的主题、产品特性、用户的需求。

（八）宣传推广

完成了以上直播的前期工作，另外很重要的就是将直播的消息传播出去，推广、粉丝维护、活动策划都可以将直播的时间频道传达给用户。

（九）获取直播变现

无论是通过直播促成交易，还是获得客户完成引流，变现都是实现直播价值的关键一步，畅通变现通道、给用户积极暗示等，有利于变现的达成。图 4－11 展示了一场完整直播流程。一场直播的好坏，不单单是一个人的事情，从前端运营的脚本策划、产品选款、中控的产品上架，到后端主播讲解，往往是一个团队的战斗。

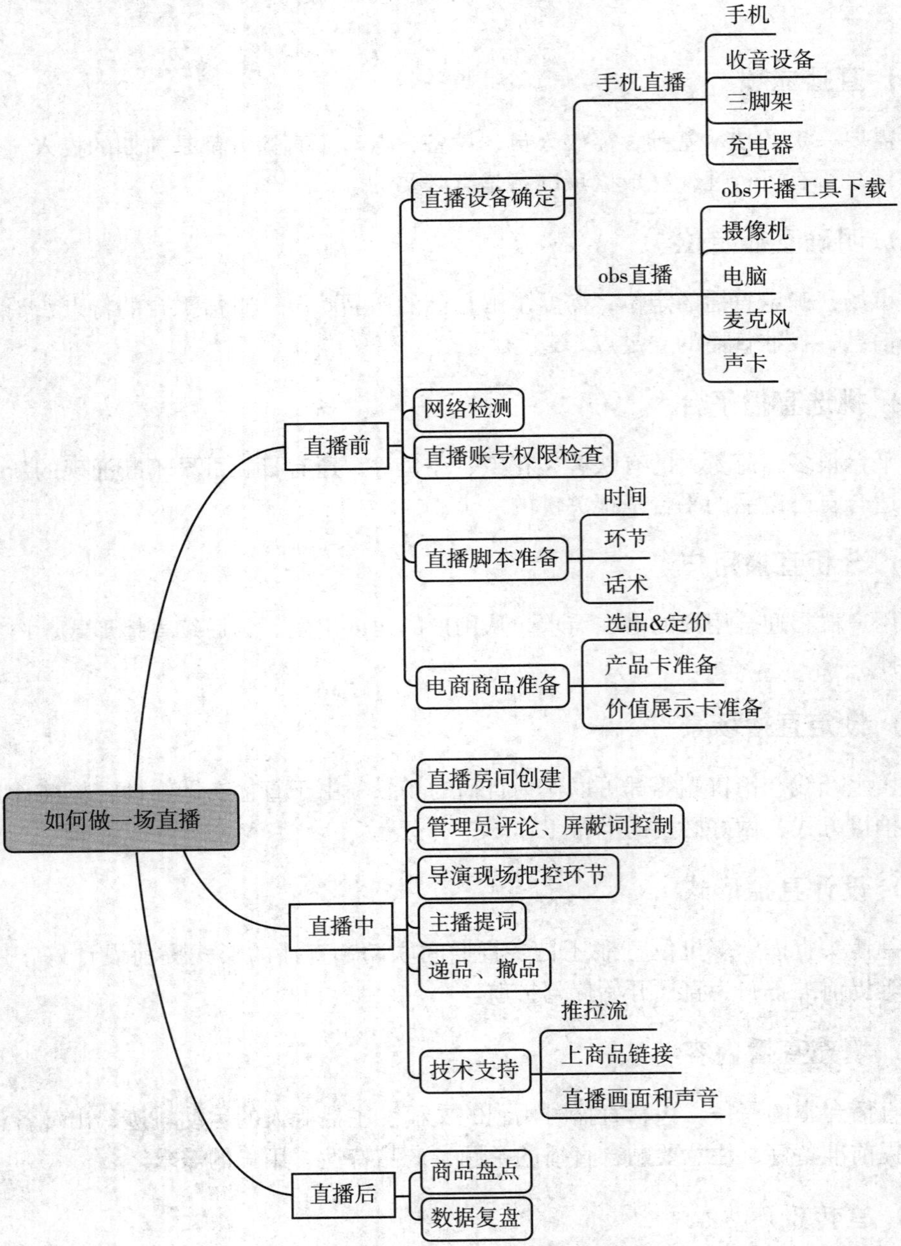

图 4－11　一场直播完整的流程

思政园地

网络短视频助力政务工作

四大门户网站、微博、微信相继出现后，“两微一端”成为政府传播的标配，通过多媒体的联动形成传播合力，促进了政府对外形象的宣传与信息公开。短小精悍、直奔主题的政务短视频，不仅满足了受众阅听的时间需求，也使得政务工作更具有人情味和人文关怀。

案例一：政务新媒体花式改编《Mojito》创新宣传显成效。

2020年6月14日，海南省禁毒委员会办公室官方微博@海南禁毒发布了一首时长1分24秒的“禁毒民警版《Mojito》”MV，改编自“中国禁毒大使周杰伦”在6月12日首发的新歌《Mojito》。随后，@自然资源部、@健康中国、@湖南高院等官博也纷纷加入改编行列中，花式翻唱《Mojito》，欢快的曲调与各式主题歌词完美融合，好评不断。据统计，截至6月30日，政务官博各显所长，先后推出医护版、抗疫版、大自然版、消防版等各式改编版本《Mojito》，播放总量高达2 356万+。据微热点数据统计，从6月14日至30日，全网有关“改编版《Mojito》”的信息量达11.2万。从信息走势图上，可以看出政务官博持续输出不同版本的《Mojito》，使得相关信息量不断波动，并达到两次高峰，第一次高峰由@海南禁毒@湖南高院发布的相关视频促成，信息量达1.5万条。此次@海南禁毒引领的《Mojito》改编“大赏”，充分调动了政务官博的想象力与创新能动性，巧妙借助“禁毒大使周杰伦”的人气与新歌热度进行创新宣传，丰富了宣传内容，展现了新时代下，政务官博“杰出”的新媒体运维与媒介素养。

案例二：@中国丝绸博物馆——开展线上活动　公众领略丝路精髓。

2020年6月19日15时，“2020丝绸之路周”开幕，其中“我为丝路修文物”系列直播是2020“丝绸之路周”主要活动之一。活动在6月6~12日举行，由中国丝绸博物馆联合敦煌研究院、秦始皇兵马俑博物馆、陕西省文物保护研究院、陕西历史博物馆、陕西省考古研究院、南京博物院等7家文博机构，在线直播文物修复过程。据@中国丝绸博物馆6月13日公布的数据显示，七场直播总播放量达270万+人次，仅第一场莫高窟直播1小时观看量就突破76万人次，微博阅读量达136万+，中国丝绸博物馆转发微博阅读量达119万+，传播效果显著。“丝绸之路周”期间，@中国丝绸博物馆推出的“我为丝路修文物”活动。观众互动频繁，大家在直播中直观地了解到壁画、纺织品、兵马俑、石刻、书画等文物的修复过程。活动带领公众领略丝路精髓，展示丝绸之路文化遗产的无穷魅力，同时也体现了文化遗产保护领域的“中国智慧”。

资料来源：http：//www.hnzhengfa.gov.cn/news/zhengfawenhua/show-22461.html.

本项目主要知识点

网络营销　网络营销职能　搜索引擎营销　微信营销　微信服务号订阅号区别　企业微信　微博营销　微博认证　社群营销　社群引流　短视频营销　病毒传播　用户画像　软文植入　直播营销　直播营销与传统营销区别

课后习题

一、单选题

1. 对微博营销起到关键性作用的是（　　）。

A. 微博数　　B. 评论数　　C. 转发数　　D. 关注数

2. 吸引粉丝的技巧是（　　）。

A. 各渠道发布开通微博的信息　　B. 运用“关键人物”法则

C. 员工团队加入　　D. 以上都行

3. 朋友圈推送广告，比较合适的是（　　）。

A. 任何时段　　B. 一天 2 次　　C. 一周 2～3 次　　D. 一年一次

4. 客户在群里说效果不好，处理方法为（　　）。

A. 不处理，任由他说　　B. 微信群跟他沟通

C. 线下联系、线上公布处理结果　　D. 直接反驳

5. 微信推送文章比较适合的时间是（　　）。

A. 任何时候都可以

B. 建议早 6：00～8：00 或晚上 9：30～10：30

C. 凌晨

D. 深夜

6. 搜索引擎营销的英文缩写是（　　）。

A. SEO　　B. SEM　　C. URL　　D. CMS

7. 以下关于推广排序的说法正确的是（　　）。

A. 质量度越高排名越靠前

B. 质量度越高排名越靠前，不必考虑出价

C. 出价越高排名越靠前，不必考虑质量度

D. 质量度 × 出价越高，排名越靠前

8. 朋友圈的销售话术，描述错误的是（　　）。

A. 晒宝宝的写真照片　　B. 晒客户的好评见证

C. 晒客户来店提货的视频　　D. 晒给产品的视频

9. 直播过程的最后一步是（　　）。

A. 咨询　　B. 互动　　C. 展示　　D. 下单

10. 下列不属于以知识传播为主的短视频的特征是（　　）。

A. 通俗易懂，要能对用户起到很好的指导作用

B. 实用性要强，能够切实解决用户在工作或生活中遇到的问题或困难

C. 幽默搞笑，能让用户在快乐中有收获

D. 有独特风格，能够提高用户的观看体验，促使用户关注、转发和分享

二、多选题

1. 微博除文字外，还可以发布的内容类型有（　　）。

A. 图片　　B. 视频　　C. 链接　　D. 投票

2. 微博的特点有（　　）。

A. 传播速度快　　B. 传播范围广

C. 自媒体　　D. 操作门槛低

E. 多终端

3. 以下关于关键词，说法正确的有（　　）。

A. 关键词质量度相同，出价越高排名越靠前

B. 提高出价是提升排名的方法之一

C. 出价对于质量度没有任何影响

D. 出价是指推广商户为点击所支付的最终价格

4. 群里做分享的，需要注意的点有（　　）。

A. 有主持人，有互动

B. 有红包，有总结的思维导图

C. 有提问，有收集，有预告，有新人欢迎仪式

D. 分享高效有秩序

5. 短视频平台的营销模式有（　　）。

A. 投放信息流广告　　B. 短视频商品橱窗模式

C. 短视频红人合作模式　　D. 贴片广告模式

三、判断题

1. 微信注册可以用手机号、微信号、邮箱地址、QQ 号注册。（　　）

2. 微博为销售渠道提供多元化。（　　）

3. 抖音属于短视频营销。（　　）

4. 直播不需要进行市场调研。（　　）

5. 直播的结束意味着直播活动的终结。（　　）

四、简答题

1. 搜索引擎营销的原理是什么？搜索引擎优化要考虑哪些因素？

2. 如何进行个人微信名片诊断？

3. 根据你的了解，列举一个典型的微博营销案例，分析其营销过程和最终效果？

4. 请列举你常用的社群，社群营销的技巧有哪些？

5. 短视频营销分析的数据有哪些？

6. 请找出一个你喜欢的主播，结合网络直播的流程，对直播活动进行分析评价？

项目实训　网络营销任务实训

一、实训目的

了解网络营销的运营方法和技巧，熟悉当前主流的社会化媒体应用，能设计适合企业经营现状的整合营销方案。

二、实训素材

计算机、网络、素材案例、在线资源等。

三、实训步骤

1. 列出一个你喜欢的微博，介绍一下这个微博通过哪些营销方式吸引粉丝的，如果用三个标签介绍这个微博用户群体，请问标签词会是什么？

2. 结合微信公众号的运营分析，判断学校官方微信公众号的运营现状、分析其运营的优缺点，并提出相应的解决方案。

3. 结合社群运营的技巧，假设你没有自己的自媒体账号，应该如何引流和裂变？

四、实训成果

根据上述实训内容，提交一份社会化媒体营销分析报告。

项目五

电子支付与安全

知识目标

- 理解电子支付的概念、发展及业务类型
- 了解电子支付工具的分类
- 了解常用的电子支付工具
- 了解电子商务支付存在的安全问题及防范措施

能力目标

- 能够掌握电子支付概念、特点及分类
- 能够熟练使用电子支付工具完成电子支付
- 能够识别电子商务支付风险

情感目标

- 培养学生树立诚信品质
- 提高学生的团队协作以及沟通能力
- 培养学生创新精神、增强民族自豪感

思维导图（见图5－1）：

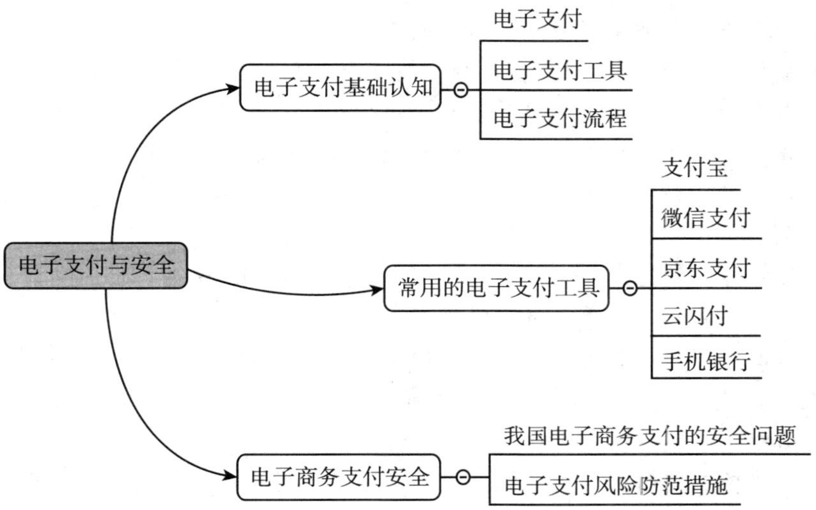

图5－1　电子支付与安全

引导案例

电子支付工具的应用创新

随着电子商务的普及与互联网技术的广泛应用，传统的金融支付业务逐渐延伸到网上进行，电子支付创新应用不断增多。

“物联网＋无感支付”，银联无感充电“即插即付”。银联新能源汽车无感充电业务在深圳龙华清荣充电站正式上线。该业务是银联“物联网＋无感支付”技术的创新应用，实现新能源汽车充电“插枪即充、拔枪即付”的新体验。该方案依托银联Token2.0与物联网定制安全芯片技术，用户通过“绿侠快充”App或“银联深圳”公众号绑定驾驶证和任意一张银联借记卡，点击充电桩屏幕上的“VIN充电”，然后通过边缘计算网关在插枪时识别车辆VIN号，在拔枪结束充电时获取充电结算信息，实现新能源汽车充电“插枪即充、拔枪即付”。

哈尔滨地铁刷脸支付，首个实现“戴口罩”过闸。哈尔滨地铁“刷脸”乘车系统在1号线、3号线一期全线27座车站正式投入使用，乘客可通过手机下载注册“智惠行”App，绑定支付方式，进行人脸识别认证，线上完成注册，即可刷脸乘车。而值得注意的是，哈尔滨地铁的刷脸系统为全国首个支持戴口罩的人脸识别系统，乘客进出站无须摘戴口罩，直接过闸机，有效降低疫情期间交叉感染的风险。疫情未完全控制的情况下，戴口罩将在很长一段时间成为常态，尤其是在人流密集的公共交通场所，无接触化的“戴口罩”刷脸过闸还是有一定的体验优势。

免输银行卡号快捷绑卡，最简单也最实用。微信上线了一项“免输卡号快速添加”绑定银行卡的功能，用户在绑定银行卡时选择该功能则不用输入烦琐的支付密码、银行卡号等信息，只需选择需要添加的银行即可快速添加银行卡到卡包。紧随其后的9月底，银联云闪付 App 也增加了类似的新功能，用户只需进入“添加银行卡”页面，即可快速绑卡。另外，支付宝同样很早便支持了这一功能，操作流程大同小异，只需简单的身份认证即可快速添加银行卡。京东、美团、拼多多等主流持牌的电商平台目前都已经加入了这一功能，用户可以非常便捷地添加和绑定银行卡。“免输卡号，快捷绑卡”对于用户而言无疑是福利性的便捷功能，毕竟没有多少人能够完整地记住自己的银行卡号，而且更多人也不止一张银行卡。

机上“双离线支付”，航空互联网场景新玩法。长龙航空与阿里云共同研发的“双离线支付”技术上线，长龙航空也因此成为国内首家实现“双离线支付”技术上线的航司。时至今日，“双离线支付”因为数字人民币的测试推广而备受关注，并在广大消费者群体中打开了知名度。该功能上线后在长龙航空的航班上，旅客只需挑选好商品，通过扫描乘务员手中的支付宝二维码下单，然后乘务员扫描旅客成功付款凭证二维码，即可完成交易。旅客通过智能手机，即使在万米高空无法联网的客舱中，依然能和在地面一样，完成无现金交易。这个“双离线”的支付场景实际上是一个先享后付的过程，在特定场景下支付宝根据风控环境和信用等级给予一定可信额度用于离线支付，然后通过扫码进入特定界面进行下单并生成特定付款码，乘务员使用专门设备扫描该付款码完成付款。尽管交易双方完成了交互，但是实际上仅限于两个设备应用之间，相关支付信息和数据并未上传至服务器，需要事后延迟联网清算。

资料来源：https：//t. cj. sina. com. cn/articles/view/2550216490/9801372a01900ugv3.

➢ 启发思考：

1. 日常生活中你会使用到哪些电子支付的应用？
2. 你觉得电子支付在哪些领域还有创新的空间？

视频：电子支付基础认知

课件：电子支付基础认知

任务一　电子支付基础认知

一、电子支付

（一）电子支付的概念

电子支付是指电子交易的当事人，包括消费者、厂商和金融机构，通过信息网络，使用安全的信息传输手段，采用数字化方式进行的货币支付或资金流转。电子支付采用先进的技术来完成信息传输，其支付方式都是采用数字化的方式进行款项支付的。电子支付是电子商务系统的重要组成部分。

电子支付在实际生活中的应用很广，例如手机扫码支付、网络购物在线支付、网银转账、信用卡刷卡等，这些都没有现实货币，都是电子支付形式。电子商务将参与商务活动的各方，商家、顾客、银行或金融机构、信息卡公司或政府等利用计算机网络技术全面实现网上在线交易过程电子化。电子商务的应用普及必须有金融电子化作保证，即通过良好的网上支付与结算手段提供高质高效的电子化金融服务。信息技术和网络为电子支付创造了条件，第三方支付、电子银行、电子钱包、电子付款以及信用卡支付等已经得到广泛的应用。常用的电子商务支付包括支付宝支付、微信支付、银联云闪付支付、网银在线支付、信用卡分期支付等，图 5－2 为某商城订单在线支付页面，提供最常用的支付方式，让顾客快速便捷地完成商品订单支付。

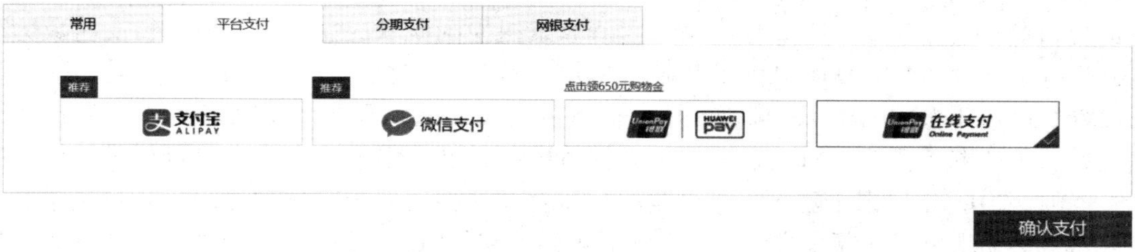

图 5－2　商城在线支付页面

（二）电子支付的特点

支付方式按使用的技术不同，可以分为传统支付方式和电子支付方式两种，社会经济的发展促进了支付方式的产生和发展，支付方式的发展也促进了经济的进步。传统支付与电子支付的对比分析如表 5－1 所示。

表 5－1　传统支付与电子支付对比分析

指标	传统支付	电子支付
款项支付方式	现金的流转、票据的转让以及银行的汇兑等物理实体完成	采用先进的信息技术完成信息传输和款项汇兑
工作环境	在较为封闭的系统中运作	在基于开放的网络平台中运作
设备要求	使用传统的通信媒介，对软件、硬件要求相对较低	使用最先进的通信手段，对软件、硬件要求很高
支付效率	支付时间相对较长，效率低，费用高	在很短的时间内用比传统支付方式低得多的费用完成整个支付过程

通过分析可以看出，电子支付作为当前的主要支付方式，具有明显的方便、快捷、高效、经济的支付优势。在电子商务中，电子支付是整个商贸活动中非常重要的一个环节，同时也是电子商务中准确性、安全性要求最高的业务。

（三）电子支付的发展

电子支付的发展经历从银行利用计算机处理银行之间的业务、银行计算机与其他机构计算机之间资金的结算、利用网络终端向客户提供各项银行服务、利用银行销售终端向客户提供自动的扣款服务，到最新阶段基于互联网的电子支付，它将电子支付系统与互联网的整合，实现随时随地地通过互联网进行直接转账结算，形成电子商务交易支付平台。

我国电子支付经历了孕育期、初创期、成长期及成熟期四个阶段。20 世纪 80 年代，银行卡、信用卡、ATM 机先后投入使用，中国进入电子支付时代。1991 年，央行建成全国电子联行系统，并逐渐形成全国支付网络体系，之后非现金支付工具逐渐取代现金并普及应用。2000 年前后，各大商业银行逐渐实现了电子支付信息跨行传送，并相继推出各自的网络银行和手机银行业务。2002 年，银行卡清算组织中国银联成立，使异地跨行支付成为可能，为电子支付产业的发展提供了基础。2005 年前后，支付宝、财付通、拉卡拉、快钱等第三方支付企业纷纷成立，互联网及电子商务的发展使互联网支付在 2005 ~ 2012 年获得飞速发展。2011 年 5 月央行首次发放第三方支付牌照，绝大多数第三方支付机构被纳入央行监管范围。2013 年以来，随着智能终端的日益普及、移动应用市场的兴起、支付场景的不断创新，移动支付实现爆发式增长，中国进入移动支付时代，图 5 – 3 为中国电子支付发展阶段。

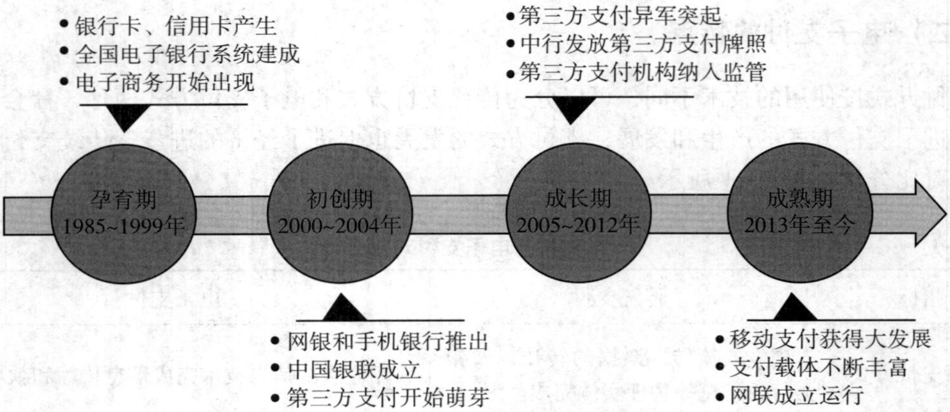

图 5 – 3　中国电子支付发展阶段

随着移动智能终端的普及，各大银行开始推出手机银行 App；同时，以支付宝、微信支付为代表的互联网巨头纷纷发力移动支付市场，依靠其强大的线上生态场景优势抢占市场份额。2021 年支付业务统计数据显示，全国支付体系运行平稳，社会资金交易规模不断扩大，支付系统业务量稳步增长，移动支付业务量保持增长，银行共处理电子支付业务 2 749. 69 亿笔，金额 2 976. 22 万亿元，同比分别增长 16. 90% 和 9. 75%。其中，网上支付业务 1 022. 78 亿笔，金额 2 353. 96 万亿元，同比分别增长 16. 32% 和 8. 25%；移动支付业务 1 512. 28 亿笔，金额 526. 98 万亿元，同比分别增长 22. 73% 和 21. 94%；电话支付业务 2. 73 亿笔，同比增长 16. 68%，金额 11. 65 万亿元，同比下降 8. 48%。

截至 2022 年 6 月，我国网络支付用户规模达 9. 04 亿人，较 2021 年 12 月增加 81 万人，占网民整体的 86. 0%，如图 5 – 4 所示。

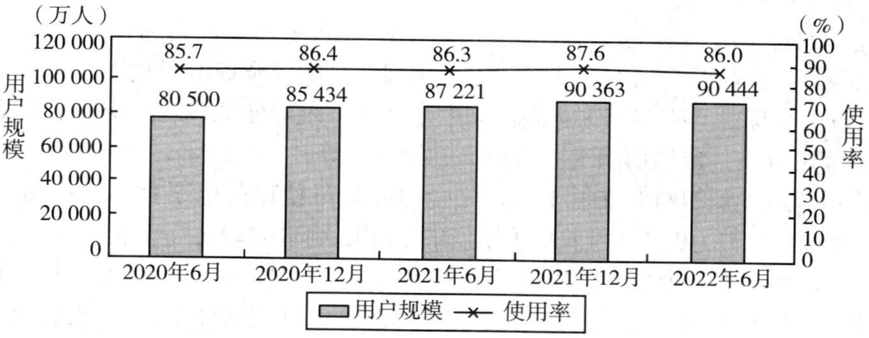

图 5－4　2020 年 6 月～2022 年 6 月网络支付用户规模及使用率

资料来源：中国互联网络发展状况统计调查。

二、电子支付工具

（一）电子支付的业务类型

> **想一想：** 你经常见到的电子支付方式有哪些？

按电子支付指令发起方式的不同，可以分为网上支付、电话支付、移动支付、销售点终端交易、自动柜员机交易和其他电子支付。

1. 网上支付是电子支付的一种形式。广义地讲，网上支付是以互联网为基础，利用银行所支持的某种数字金融工具，发生在购买者和销售者之间的金融交换，而实现从买者到金融机构、商家之间的在线货币支付、现金流转、资金清算、查询统计等过程，由此为电子商务服务和其他服务提供金融支持。

2. 电话支付是电子支付的一种线下实现形式，是指消费者使用电话（固定电话、手机）或其他类似电话的终端设备，通过银行系统就能从个人银行账户里直接完成付款的方式，通过电话银行支付。

3. 移动支付是使用移动设备通过无线方式完成支付行为的一种新型的支付方式。移动支付所使用的移动终端可以是手机、平板电脑、PDA 等。目前常用的移动支付主要有微信支付、支付宝等。移动支付的应用场景覆盖百姓生活方方面面，成为主流零售支付方式，中国已经成了全球最大的移动支付交易市场。

4. 销售点终端交易，也就是平时用的刷卡支付方式。

5. 自动柜员机交易，也就是到银行设立的自动柜员机根据提示办理转账支付。

6. 其他电子支付。

（二）电子支付工具的分类

随着计算机技术的发展，电子支付的工具越来越多。这些支付工具可以分为三大类：

1. 电子货币类，如电子现金、电子钱包等。

（1）电子现金。电子现金是一种以数据形式流通的货币。把现金数值转换成为一系列的加密序列数，通过这些序列数来表示现实中各种金额的市值，用户在开展电子现金业务的银行开设账户并在账户内存钱后，就可以在接受电子现金的商店购物了。

（2）电子钱包。电子钱包是电子商务活动中网上购物顾客常用的一种支付工具，是在小额购物或购买小商品时常用的新式钱包。电子钱包是实现全球电子化交易和因特网交易的一种重要工具，全球已有很多国家正在建立电子钱包系统以便取代现金交易的模式。

2. 电子信用卡类，包括信用卡、借记卡、智能卡等。

（1）信用卡是主要的网上支付工具，是全世界最早使用的电子货币。信用卡起源于美国，已经有 80 多年的历史。信用卡是按用户的信用限制事先确定一个消费限度，用户可花完卡中的余额，并支付一个最低费用，信用卡发卡银行将对未结清的赊账收取一定的利息。

（2）借记卡。在我国，借记卡的规模十分庞大。目前我国许多银行支持借记卡网上支付，借记卡成为现阶段人们进行电子支付的主要工具之一。持卡人只要在银行办理相关业务，即可使用借记卡进行网上支付。相对于信用卡来讲，借记卡的风险程度降低。

（3）智能卡。智能卡是在法国问世的。20 世纪 70 年代中期，法国 Roland Moreno 公司采取在一张信用卡大小的塑料卡片上安装嵌入式存储器芯片的方法，率先开发成功 IC 存储卡。经过 20 多年的发展，真正意义上的智能卡，即在塑料卡上安装嵌入式微型控制器芯片的 IC 卡。在中国，智能卡已在众多领域获得广泛应用，并取得了社会效益和经济效益。

3. 电子支票类，如电子支票、电子汇款（EFT）、电子划款等。电子支票是一种借鉴纸张支票转移支付的优点，将传统支票的全部内容电子化和数字化，形成标准格式的电子版，借助计算机网络（互联网与金融专网）完成其在客户之间、银行与客户之间以及银行与银行之间的传递与处理，实现银行客户间的资金支付结算。

三、电子支付流程

电子支付是电子商务中一个非常重要的环节，基于互联网的电子商务，需要为消费者和商家提供电子支付服务。基于电子商务的电子支付流程如下：

（1）客户通过网络浏览商品，选择货物，填写网络订单，选择应用的网络支付结算工具，并且得到银行的授权使用。

（2）客户机对相关订单信息，如支付信息进行加密，在网上提交订单。

（3）商家服务器对客户的订购信息进行检查、确认，并把相关的、经过加密的客户支付信息转发给支付网关，直到银行专用网络的银行后台业务服务器确认，以期从银行等电子货币发行机构验证得到支付资金的授权。

（4）银行验证确认后，通过建立起来的经由支付网关的加密通信通道，给商家服务器回送确认及支付结算信息，为进一步的安全，给客户回送支付授权请求。

（5）银行得到客户传来的进一步授权结算信息后，把资金从客户账号上转拨至开展电子商务的商家银行账号上，借助金融专用网进行结算，并分别给商家、客户发送支付结算成功信息。

（6）商家服务器收到银行发来的结算成功信息后，给客户发送网络付款成功信息和发货通知，完成支付结算流程。

基于电子商务的电子支付流程如图 5－5 所示。

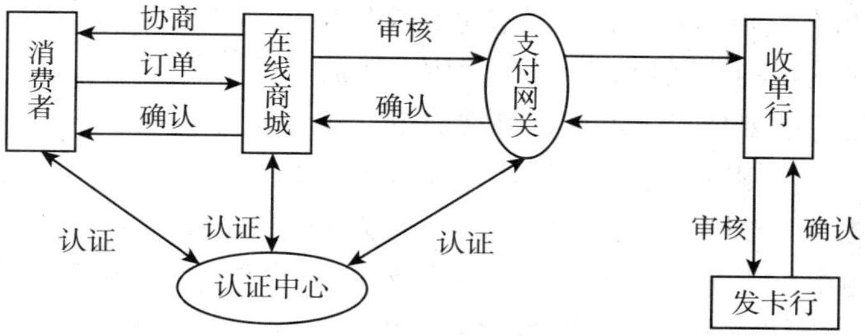

图 5-5 基于电子商务的电子支付流程

视频：常用的电子支付工具

任务二 常用的电子支付工具

课件：常用的电子支付工具

随着移动互联网、电子商务的迅速发展，人们的生活和消费观念也发生了巨大的改变，传统支付工具已经不能满足当代支付的需要，由此产生了一大批电子支付工具，特别是随着移动互联网智能终端的普及，具有随身、随时、随地支付特性的移动支付工具已经得到普及，包括支付宝、微信支付、京东支付、云闪付、手机银行等。第三方支付凭借其便捷、高效、安全的支付体验，使得中国的移动支付市场成为国际领先的支付市场之一。第三方支付是指具备一定实力和信誉保障的独立机构，通过与银联或网联对接而促成交易双方进行交易的网络支付模式。在国内越来越多的人选择第三方支付平台进行支付。国内目前主流的第三方支付平台有支付宝、微信支付、京东支付、银联在线、快钱、翼支付、易宝支付等。

支付服务壁垒逐渐打破，互联互通进入新发展阶段。2021 年，以支付宝、微信支付为代表的第三方平台率先向云闪付等支付机构开放，在线上、线下场景，支付、服务两个层面推进更深入的互联互通。在线下场景中，支付宝、微信支付均和银联云闪付在全国多个城市实现了收款码扫码互认，2022 年已陆续覆盖各大中城市。在线上场景中，美团、拼多多等互联网平台已支持众多主流支付渠道，如微信支付、支付宝、银联云闪付、Apple Pay、Mi Pay、华为 Pay、三星 Pay 等；11 月，微信小程序支付自助开通云闪付功能正式上线，微信支付已与 12 家银行机构开展了互联互通合作。

下面将介绍几种常用的电子支付工具。

一、支付宝

支付宝（中国）网络技术有限公司成立于 2004 年，是国内领先的独立第三方支付平台，是阿里巴巴集团的关联公司。支付宝致力于为中国电子商务提供“简单、安全、快速”的在线支付解决方案。支付宝公司从建立开始，始终以“信任”作为产品和服务的核心。不仅从产品上确保用户在线支付的安全，同时让用户通过支付宝在网络间建立起相互的信任，为建立纯净的互联网环境迈出了非常有意义的一步。支付宝有超过 10 亿的用户和超过 8 000 万的商家在服务于 App。

支付宝提供的业务和服务主要包括以下内容：

(1) 快捷支付。在支付方式上，支付宝重点首推信用卡快捷支付，这是全新的支付理念，方便、快速，是未来消费的发展趋势。通过信用卡快捷支付，用户不需要事先开通网银，只要根据提示，输入卡号等必要信息，就可以非常简单、安全地完成网上支付，并且额度以信用卡本身的额度为准，不受网银额度下调等限制。快捷支付服务已与各家银行展开合作。(2) 生活缴费服务。生活缴费开放平台为全国的水费、电费、燃气等缴费机构提供线上缴费与代扣服务。在全国大中型主要城市都已开通，可以使用支付宝缴纳电费、水费、燃气费和取暖费等。(3) 转账服务。支付宝转账产品包括我要付款、我要收款、找人代付、代充、代扣、送礼金、交房租、AA 收款等产品，力求为用户提供一个安全快捷的转账平台。(4) 担保交易。自己可以做买家也可以做卖家，实物、虚拟物品、服务均可进行交易。(5) 无线支付。在手机上进行消费时，只要手机应用支持安全支付服务，用户就可以享受到安全支付服务。例如充手机话费、买彩票、购买普通商品等应用。支付宝发布了 iPhone、Android 等操作系统下的客户端。手机支付宝客户端的功能包括购买电影票、点餐、彩票、购买基金等；向其他支付宝用户进行付款；对淘宝网和其他网站拍下的商品进行付款和确认收货；支付宝账户余额和交易明细查询；支持卡通、话费充值卡、网汇 e 充值等充值方式；公共事业缴费；提现等。

二、微信支付

微信支付是腾讯集团旗下中国领先的第三方支付平台，一直致力于为用户和企业提供安全、便捷、专业的在线支付服务。以“微信支付，不止支付”为核心理念，为个人用户创造了多种便民服务和应用场景，为各类企业以及小微商户提供专业的收款能力、运营能力、资金结算解决方案，以及安全保障。企业、商品、门店、用户已经通过微信连在了一起，让智慧生活变成了现实。

微信支付自 2013 年 8 月正式上线以来，从支付开始，逐步深入生活，成为新商业价值的牵引器。根据腾讯公布的 2021 年第三季度财报，截至 2021 年第三季度末，微信及 WeChat 的月活跃合并账户为 12.6 亿。以微信支付为核心的“智慧生活解决方案”至今已覆盖数百万门店、30 多个行业，用户可以使用微信支付来看病、购物、吃饭、旅游、交水电费等，微信支付已深入生活的方方面面。2021 年 10 月，微信支付正式推出品牌视频号，提供支付后跳转视频、支付后直播预约、品牌红包、支付后小程序跳转视频号、品牌发券等能力。

微信支付已实现刷卡支付、扫码支付、公众号支付、App 支付，并提供企业红包、代金券、立减优惠等营销新工具，满足用户及商户的不同支付场景。主要包括以下应用场景：(1) 公众号支付，在微信内的商家页面上完成支付；(2) App 支付，在 App 中，调起微信，完成支付；(3) 扫码支付，使用微信扫描二维码，完成支付；(4) 刷卡支付，用户展示条码，商户扫描后，完成支付；(5) 小程序支付，在微信内小程序商家页面上完成支付；(6) 刷脸支付，用户通过刷脸设备刷脸完成支付；(7) H5 支付，用户在微信以外的手机浏览器请求微信支付的场景唤起微信支付。

三、京东支付

京东支付是针对移动互联网市场推出的兼容 PC、无线端主流环境的跨平台安全便捷的支付产品，具有支付快捷、体验好、维度广、安全和简化标准接入五大特点。它是京东金融于2014年7月推出的新一代第三方支付产品，实现了真正意义上的一键支付。用户只需一张有预留手机号的银行卡及验证短信即可完成支付，无须开通网银、无须注册第三方账户或记忆密码。京东支付已涵盖银行卡快捷、白条、京东小金库等多种支付方式，提供快捷支付、码支付、NFC近场支付、人脸识别支付等多种支付产品，并且可向合作伙伴开放电子价签、价签云、人脸识别等高科技服务。

京东支付提供了卡支付、白条支付、小金库支付、白条闪付、京东闪付、刷脸支付。基本业务包括以下：（1）卡支付是京东支付支持实名认证用户通过绑定银行卡（储蓄卡及信用卡），能在线上线下完成支付。（2）白条是京东金融在2014年2月推出的业内第一款互联网消费金融产品，为消费者提供“先消费，后付款”的信用分期付款服务。（3）京东小金库是京东金融提供的一款基础性产品，本身属于货币基金理财，风险较低，整合了购物支付、现金管理、投资理财等多种功能。（4）白条闪付，开通白条闪付功能，将白条闪付账号添加到APPle Pay、小米Pay、华为Pay，实现银联闪付POS机上打“白条”。（5）京东闪付是NFC创新产品，用户可以在银联“云闪付”POS机上使用京东闪付。（6）“刷脸支付”通过软硬件结合进行活体检测、人脸防伪，有效抵御各种恶意的人脸伪造攻击，如视频、照片、面具等手段。

四、云闪付

银联云闪付是银联专为移动互联网打造的统一品牌，旗下各产品使用了NFC和二维码等技术，可实现手机等移动设备在具有银联“QuickPass”标识的场景中进行线上、线下支付。云闪付是一个App，是一种非现金收付款移动交易结算工具，是在中国人民银行的指导下，由中国银联携手各商业银行、支付机构等产业各方共同开发建设、共同维护运营的移动支付App，于2017年12月11日正式发布。云闪付App具有收付款、享优惠、卡管理三大核心功能，云闪付App与银联手机闪付、银联二维码支付同为银联三大移动支付产品。2020年8月，云闪付App用户数突破3亿大关。

作为各方联手打造的全新移动端统一入口，银行业统一App“云闪付”汇聚各家机构的移动支付功能与权益优惠，致力成为消费者省钱省心的移动支付管家。消费者通过“云闪付”App即可绑定和管理各类银行账户，并使用各家银行的移动支付服务及优惠权益。首先，银联风险系统综合持卡人的实体银联卡信息、移动设备信息和其他风险评级信息，保障持卡人在申请和使用过程中的安全。其次，基于移动设备联网的特性，银联提供云闪付产品的远程管理服务，针对可能存在风险的云闪付产品进行远程管理，保障持卡人权益。第三，在安全保障方面，云闪付产品应用安全技术，完善业务处理规则，引入风险赔付、先行垫付等机制，提供72小时失卡保障服务，对于出现个别意外风险事件，可以迅速解决用户的资金损失问题，保障用户合法权益

作为银行业统一App，“云闪付”App拥有强大的跨行银行卡管理服务，云闪付App支持国内所有银联卡的绑定，一次性可管理15张银联卡。频道内打造了银行卡闭环服务，用户可在云闪付App内完成申卡、跨行银行卡交易管理、余额查询、账单查询、信用卡还款、记账等专业金融服务。

五、手机银行

手机银行是指银行以智能手机为载体，使客户能够在此终端上使用银行服务的渠道模

式。随着通信与互联网技术的进步，手机银行的业务功能不断更新与完善。指利用手机和其他移动设备等实现客户与银行的对接，为客户办理相关银行业务或提供金融服务。

通过移动通信网络将客户的移动电话与银行连接，实现通过手机界面直接完成诸如账户查询、账户转账、在线支付等各种金融业务的一种崭新的业务产品，即银行以手机为载体，依靠移动无线网络，实现手机“金融理财”“电子钱包”等功能。简单地说，手机银行就是利用智能手机办理银行相关业务的简称，是银行实现电子化的一种渠道，它是一种将货币电子化与移动通信业务相结合的崭新的服务方式。手机银行提供的服务包括为客户提供账户查询、转账汇款、投资理财、在线支付、缴费等金融服务的网上银行服务。客户可以足不出户就能够安全便捷地管理活期和定期存款、信用卡及个人投资、在线支付等金融业务。

视频：电子商务支付安全

课件：电子商务支付安全

任务三　电子商务支付安全

一、我国电子商务支付的安全问题

电子支付已经深入人们生活的方方面面，电子支付使用普及率持续提升。根据中国互联网络信息中心发布的第50次《中国互联网络发展状况统计报告》显示，截至2022年6月，我国网民规模为10.51亿，网络支付用户规模达9.04亿，占网民整体的86.0%。2021年，银行共处理网上支付业务1 022.78亿笔，金额2 353.96万亿元，同比分别增长16.32%和8.25%，移动支付业务1 512.28亿笔，金额526.98万亿元，同比分别增长22.73%和21.94%，移动支付业务继续快速增长。移动支付在让人们消费购物更方便的同时，也带来了一些风险，网民遭遇各类网络安全威胁。截至2022年6月，63.2%的网民表示过去半年在上网过程中未遭遇过网络安全问题，较2021年12月提升1.3个百分点。此外，遭遇个人信息泄露的网民比例最高，为21.8%；遭遇网络诈骗的网民比例为17.8%；遭遇设备中病毒或木马的网民比例为8.7%；遭遇账号或密码被盗的网民比例为6.9%。网民遭遇各类网络安全问题比例，如图5-6所示。

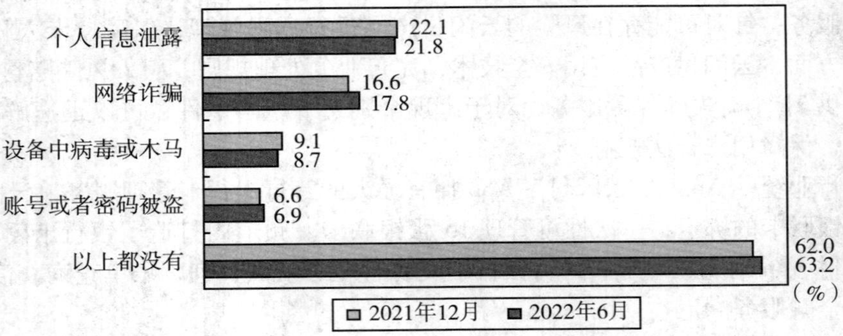

图5-6　2021年12月~2022年6月网民遭遇各类网络安全问题比例

资料来源：中国互联网络发展状况统计调查。

（一）信息泄露

信息泄露在电子商务中表现为商业机密的泄露，主要包括两个方面：一是交易一方进行交易的内容被第三方窃取；二是交易一方提供给另一方使用的文件被第三方非法使用。

想一想： 你的个人信息有没有被泄露？

2021 年，公安部网安局按照部党委部署，深入推进“净网 2021”专项行动，针对人民群众急难愁盼的个人信息保护问题，全力组织开展侦查打击工作。全国公安机关全年共破获侵犯公民个人信息案件 9 800 余起，抓获犯罪嫌疑人 1.7 万名。典型案例如下：福建网安部门侦查查明，犯罪嫌疑人谢某诱骗某电商平台店铺客服点击木马链接，窃取 200 余家店铺的买家个人信息 1 000 余万条，向林某等人层层贩卖，最终流向电信网络诈骗团伙；广东公安网安部门侦查查明，珠海某艺术品策划公司从某 App 维护人员汪某处购买 App 在运营过程中获取的古董持有人员个人信息 200 余万条，以协助拍卖古董为名，骗取客户服务费、托管费，非法牟利 1.9 亿元。该公司员工邝某、黄某为牟取私利，将公司非法获取的个人信息向其他电信网络诈骗团伙贩卖；安徽公安网安部门侦查查明，犯罪嫌疑人吴某成立多家健康咨询公司，通过网上购买、交换有保健品购买记录的老年人信息 200 余万条，通过制定话术、夸大效果推销虚假保健品，骗取 6 万余名老年人 1 500 余万元。

（二）信息篡改

信息篡改在电子商务交易中表现为破坏商业信息的真实性和完整性，然后将伪造的假信息注入系统、假冒合法人介入系统、重放截获的合法消息或篡改支付指令的内容以实现非法牟取私利的目的。

（三）信息伪造

信息伪造在电子商务交易中表现为冒充合法用户发送假冒的信息或者主动获取信息，攻击者可能假冒交易一方的身份，破坏交易，破坏被假冒乙方的信誉或盗窃被假冒一方的交易成果等。

（四）信用风险

信用风险是指交易方在到期日不能完全履行义务的风险。电子支付拓展金融服务业务的方式与传统金融不同，其虚拟化服务业务形成了突破地理国界限制的无边界金融服务特征，对金融交易的信用结构要求更高。金融机构可能会面临更大的信用风险，从交易的主体来说，主要有买方信用风险、卖方信用风险、银行信用风险、平台信用风险。

买方信用风险主要涉及资金来源是否合法、持卡人否认自己操作或授权他人操作的交易、外卡拒付、分期付款、利用虚假身份进行交易、洗钱、骗取积分、返现、信用卡套现、企业将资金结算给个人偷逃税款、虚假开户骗取佣金以及骗取平台信用等风险。卖方信用风险主要包括收款后不提供商品或服务、非法经营、物流环节、高风险行业、利用虚假身份进行交易等方面的风险。银行信用风险包括通常迟延结算和外卡交易发生拒付时迟延结算等，造成流动性风险。支付中介的信用是用户考虑使用的重要因素。很多第三方支付机构为客户提供基于网络的虚拟账户，消费者可以先把钱打入虚拟账户充值。第三方支付机构给客户对应的虚拟货币，消费者可凭该虚拟货币到网上商户处购买商品或服务。这种方式同样使第三方支付机构获得了大量的资金沉淀，一旦其无法提供有效的资金安全保证或者延迟付款，也将直接损害消费者权益。总之，只要同电子支付机构交易的另外一方不履行义务，都会给电子支付机构带来信用风险。

（五）网络诈骗

网络的普及给人们生活带来许多便利，例如购物、乘车、支付、社交等，但同时也是犯罪分子实施网络诈骗的温床，网络诈骗带来的危害是不可估量的。2022 年 6 月通过对遭遇网络诈骗网民的进一步调查发现，除冒充好友诈骗、钓鱼网站诈骗和利用虚假招工信息诈骗外，网民遭遇其他网络诈骗的比例均有所下降。其中，虚拟中奖信息诈骗仍是网民最常遭遇的网络诈骗类型，占总网络诈骗的比例为 37.5%，较 2021 年 12 月下降 3.2 个百分点；遭遇网络购物诈骗的比例为 33.5%，较 2021 年 12 月下降 1.8 个百分点；遭遇网络兼职诈骗的比例为 23.7%，较 2021 年 12 月下降 4.8 个百分点；遭遇冒充好友诈骗的比例为 27.4%，较 2021 年 12 月上升 2.4 个百分点；遭遇钓鱼网站诈骗的比例为 24.7%，较 2021 年 12 月上升 0.9 个百分点；遭遇利用虚假招工信息诈骗的比例为 21.5%，较 2021 年 12 月上升 1.7 个百分点，如图 5-7 所示。

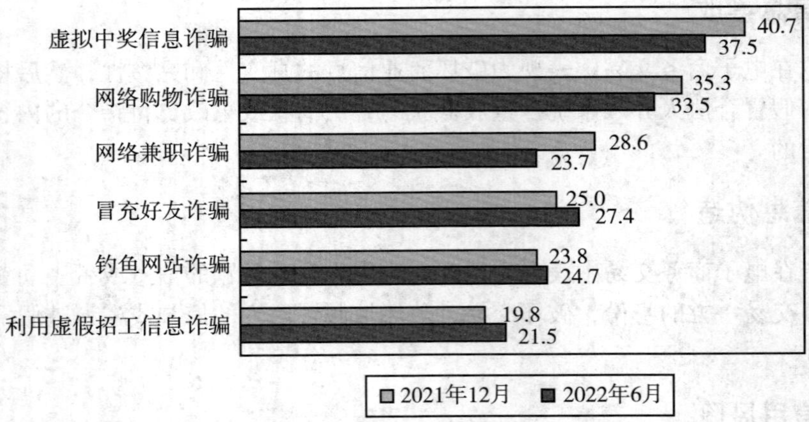

图 5-7　2021 年 12 月～2022 年 6 月网民遭遇各类网络诈骗问题的比例

资料来源：中国互联网络发展状况统计调查。

二、电子支付风险防范措施

（一）构建安全的电子支付产业链

电子支付每一个环节的安全性不牢固都会造成这个电子支付体系的安全性问题，因此积极加强构建安全的电子支付产业链具有重要的意义，要加强各个参与方之间的权利义务关系和风险责任分配机制，从电子支付产业链的每一个环节强化安全、控制风险。首先，所有的用户都要加强个人信息安全防范意识，一方面加强关于身份认证、密钥等技术的了解；另一方面，在遇到电子支付安全问题时候，要及时报案，保障自身合法权益。其次，银行需要加强银行卡的功能扩展、增加金融电子设备和完善电子网络系统。再次，需要构建一个和谐统一的网络资讯安全平台，为用户提供简捷安全的应用支持，以满足不同领域各种不同应用的安全需要。最后，积极健全用户安全机制，一方面用户要加强自我保护，不要随意浏览陌生网页、下载数据；另一方面，注意密码保护及密码强化保护措施。

（二）建立电子商务安全的技术保障

建立网络安全防护体系，防范系统风险与操作风险，采用新的安全技术来确保电子支付的信息流通和操作安全，如数据加密技术、数字签名技术、身份认证技术、防火墙技术和入侵检测技术等，加快发展更安全的信息安全技术，包括更强的加密技术、网络使用记录检查评定技术、人体特征识别技术等。使正确的信息及时准确地在客户和银行之间传递，同时防止非授权用户如黑客对电子支付所存储信息的非法访问和干扰。充分分析网络脆弱性的基础上，对网络系统进行事前防护，主要通过采取物理安全策略、访问控制策略、构筑防火墙、安全接口、数字签名等高新网络技术的拓展来实现。为了确保电子支付业务的安全，通常设有三种防护设施。第一种是装在使用者上网用的浏览器上的加密处理技术，从而确保资料传输时的隐秘性，保障使用者在输入密码、账号及资料后不会被人劫取及滥用；第二种是被称为“防火墙”的安全过滤路由器，防止外来者的不当侵入；第三种防护措施是“可信赖作业系统”，它可充分保护电子支付的交易中枢服务器不会受到外人尤其是“黑客”的破坏与篡改。

数据加密技术是为了保护数据的机密性，保护数据不被非法用户获取，其基本思想就是伪装信息，使非法获取者无法理解信息的真正含义。

数字签名技术是通过一个单向函数对要传送的报文进行处理得到的，用以认证报文来源并核实报文是否发生变化的一个字母数字串。数字签名提供了对信息来源的确定并能检测信息是否被篡改。将数字签名技术应用于电子商务中，可以解决数据的否认、伪造、篡改及冒充等问题，包括验证数据的完整性、验证数据的完整性、防止交易中的抵赖行为。图 5－8 为数据加密与数字签名技术原理。

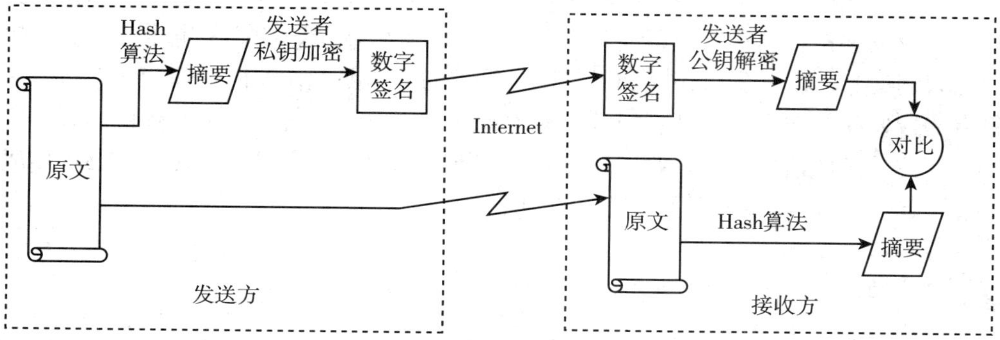

图 5－8　数据加密与数字签名技术原理

（三）加强电子支付的监管

为确保金融秩序安全，维护银行业公平有效竞争，保护社会公众利益以及保证中央银行货币政策的顺利实施，必须加强金融的监管。金融监管具有滞后性，金融监管的法律法规和监管手段有可能落后于电子支付业务的创新与发展，因此金融监管手段要具有前瞻性、预见性，以解决现有的滞后性问题。建立以风险性监管为主导的监管体系；将行业自律与金融监管有效结合；建立健全电子支付监管法律、法规、制度；建立健全金融信息披露制度，增强金融监管的透明度。

国家有关部门加大了对网络支付在内的各互联网平台应用的监管工作，旨在进一步保护个人信息安全，防范金融风险，维护社会稳定。在支付监管方面，2021 年 1 月，中国人民银行发布《非银行支付机构条例（征求意见稿）》，将支付监管的部门规章升级为行政法规，对支付领域的市场准入和管理进一步加强。2021 年 3 月 1 日，《非银行支付机构客户备付金存管办法》正式施行，规范了客户备付金集中存管业务，进一步明确监管职责等内容。通过持续巩固政府监管、行业自律、公司治理、社会监督四位一体监管体系，夯实支付产业监管的法治基础，严厉打击非法支付活动，坚决遏制部分机构短期机会主义倾向和与监管博弈的企图，坚决打消其绕开监管、寻求不正当竞争优势的念头。

针对数据安全，一系列政策措施已经落地。2021 年 9 月 1 日我国关于数据安全的首部法律——《数据安全法》的正式实施，建立数据分级分类管理制度，确定重要数据保护目录等，对包括支付机构在内的金融机构在个人金融信息保护上提出了新要求。《个人信息保护法》也于 2021 年 11 月 1 日起正式施行，将加强对包括金融账户在内的敏感信息保护，严禁“大数据杀熟”，防止“过度采集”，严格保护个人敏感信息。

（四）加强电子支付的立法建设

电子支付业务的迅速发展，导致了许多新的问题与矛盾，也使得立法相对滞后。另一方面，电子支付涉及的范围相当广泛，也给立法工作带来了一定的难度。在电子支付的发展过程中，为了防范各种可能的风险，不但要提高技术措施，健全管理制度，还要加强立法建设。《电子商务法》从电子支付指令和安全管理要求方面完善了有关支付安全保障和风险防范的法律规定，并适当规定了用户应尽的义务，以更好地维护其合法权益，同时保障支付安全，促进行业发展；首次在法律层面对电子支付加以具体规定，明确了电子支付服务提供者和用户的权利义务，电子支付指令和支付安全管理的具体要求，如何处理错误支付、未授权支付等有关重要问题，回应了社会需求，有力地促进了电子支付和电子商务协调有序健康可持续发展，并通过法治保障增强我国在该领域的国际竞争力。通过立法建设，逐步形成有法律许可、法律保障和法律约束的电子支付环境。

思政园地

数字中国建设推动移动支付行业继续壮大

中国移动支付使用规模不断上涨，移动支付成为主要支付方式。移动支付是指移动客户端利用手机等电子产品来进行电子货币支付，移动支付将互联网、终端设备、金融机构有效地联合起来，形成了一个新型的支付体系。移动支付是对传统金融服务深度的有效拓展，对于大众消费产业的高速发展是强有力的催化剂，拥有广泛的市场应用空间。根据Worldplay发布的《2021全球支付报告》数据显示，我国国内所有的支付方式中，移动支付的占比达到50%，成为我国消费者选择最多的支付方式。

支付企业在移动支付的全面布局，也带动了手机在线支付用户的增长。2011～2022年，我国移动支付用户规模逐年增长，中国互联网络信息中心发布的第50次《中国互联网络发展状况统计报告》数据显示，截至2022年6月，我国网民规模为10.51亿，网络支付用户规模达9.04亿，占整体网民的86.0%。据中国人民银行发布的数据显示，截至2021年底，我国移动支付业务1 512.28亿笔，金额526.98万亿元，同比分别增长22.73%和21.94%。

第三方移动支付成为主力军，由于第三方支付App的活跃，使得人们逐渐习惯于使用第三方移动支付进行支付，并成为移动支付中市场规模最大的一环。2020年中国第三方移动支付市场交易总规模实现271万亿元，增速达到19.9%。2021年2月，中国银联发布了《2020移动支付安全大调查报告》，根据调查数据，有98%的受访者将移动支付视为最常用的支付方式，平均每人每天使用移动支付三次，其中二维码支付最受欢迎。

数字中国推动移动支付行业继续壮大，移动支付普惠发展缩小地域分布差距。随着人工智能、大数据、5G等新一代信息技术的快速发展，数字化技术与普惠金融的融合不断加深。移动支付作为数字普惠金融的重要工具载体，提高了普惠金融服务的便捷性与可得性，缩小了区域发展不平衡和城乡数字鸿沟。

随着中国电信移动网络不断升级，中国电信基础设施建设的力度加大，中国电子商务技术的不断发展和普及，移动支付逐渐渗透到电子商务领域，并成为电子商务的一种主要支付方式。并且伴随着中国消费者的消费观念和行为的改变，未来中国移动支付市场规模还会进一步扩大。

资料来源：https：//www.163.com/dy/article/GC23V5BV051480KF.html.

本项目主要知识点

电子支付　电子支付工具　电子支付业务类型　电子支付流程　常用的电子支付工具　支付宝　微信支付　云闪付　手机银行　电子支付安全　我国电子商务支付的安全问题　电子支付风险防范措施

课后习题

一、单选题

1. 以数据形式流通，通过互联网购买商品或服务时使用的货币是（　　）。

A. 电子现金　　B. 安全零钱

C. 电子信用卡　　D. 电子汇款

2. 扫码支付的优势不包括（　　）。

A. 操作方便　　B. 流程简单

C. 功能强大　　D. 安全性高

3. 与传统现金相比，电子现金的优点为（　　）。

A. 方便、成本低　　B. 管理控制技术复杂

C. 已解决合理征税问题　　D. 不可能被伪造

4. 下列不属于个人网络银行功能是（　　）。

A. 账户转账　　B. 投资理财

C. 信用卡管理　　D. 信用证业务

5. 下列不属于传统的支付方式的是（　　）。

A. 现金　　B. 票据

C. 微信支付　　D. 支票

6. 以下不属于第三方支付平台的是（　　）。

A. 微信支付　　B. 支付宝支付

C. 京东支付　　D. 网上银行

7. 在第三方支付方式中，（　　）不是买家面临的安全问题。

A. 卖家发布虚假信息　　B. 泄漏隐私信息

C. 卖家不履行发货承诺　　D. 恶意退货

8. 网上支付系统的基础设施是（　　）。

A. 电子货币　　B. 金融电子化网络

C. 网络安全认证机构　　D. 电子化机具

9. 支付宝实现离线支付的关键点不包括（　　）。

A. 付款码可以离线生成　　B. 付款码是永久性的

C. 扫码枪需在线　　D. 付款码实时更新

10. 在微支付系统中，交易的费用是从（　　）扣除的。

A. 银行　　B. 手机话费

C. 手机钱包　　D. 以上都不是

二、多选题

1. （　　）是常见的第三方支付。

A. 支付宝　　B. 易宝支付　　C. 京东支付　　D. 微信支付

2. 电子支票的属性有（　　）。

A. 可交换性能的需求　　B. 较高的安全性

C. 不可重复性　　D. 可存储性

3. 手机银行的优势包括（　　）。

A. 提高了金融服务的质量　　B. 打破了地域和时间限制

C. 拓宽了金融服务领域　　D. 有效降低成本

4. 下列各项中，属于电子支付工具的类型的有（　　）。

A. 电子货币类　　B. 银行卡类

C. 电子支票类　　D. 电子钱包类

5. 现如今电子支付受到很多商家和消费者的欢迎，属于电子支付的有（　　）。

A. 在德克士买了炸鸡用微信“扫一扫”

B. 小王在美团订外卖时用支付宝付款

C. 老李在学校超市买了一盒烟，给了老板 20 元钱

D. 在超市买食品用信用卡刷卡支付

三、判断题

1. 传统支付工具能够进行实时结算。（　　）

2. 我们平时用动态扫码支付的时候，一定要警惕防范风险，最好还是使用静态扫码交易，比较安全。（　　）

3. 未来第三方支付会进一步向各细分领域渗透。（　　）

4. 随着互联网金融的进一步发展，传统金融与互联网金融将出现融合趋势，二者不是谁颠覆谁、谁取代谁的关系，而是共同发展、互相促进、互相补充、相互融合的关系。（　　）

5. 近几年国内的银行都在不约而同地减少 ATM 机的投放力度，并将重点业务放在了电子支付业务。（　　）

四、简答题

1. 电子支付与传统支付的主要区别有哪些？

2. 简述电子支付的分类。

3. 举出你常用的几个第三方支付平台，并对其优点和缺点进行分析。

4. 目前我国最主要的移动支付手段是什么？分析其流行的原因。

5. 列举几项电子支付存在的安全问题。

项目实训　电子支付与安全

一、实训目的

通过实训，使学生了解第三方支付平台的产生与发展状况；了解第三方支付平台的主要功能；掌握典型的第三方支付平台的支付流程；了解目前第三方支付中存在的安全问题及对策。

二、实训素材

计算机、网络、智能手机、在线资源等。

三、实训内容

1. 登录常用的第三方支付平台，查看支付软件 App 界面，了解业务功能分布。

2. 比较第三方支付平台的服务内容、特点以及支付结算的差异等，填写表 5－2。

表5-2 第三方支付平台对比

支付平台	平台简介	服务内容	特点
支付宝			
微信支付			
京东支付			
云闪付			

3. 以某个第三方支付平台为例，介绍第三方支付的交易流程，并完成一笔支付。
4. 了解目前第三方支付中存在的安全问题及对策建议，填写表5-3。

表5-3 第三方支付安全问题及对策建议

第三方支付安全问题	对策建议

项目六 电子商务物流

知识目标

- 掌握电子商务物流的概念
- 了解电子商务物流的功能
- 理解电子商务物流的应用
- 掌握电子商务物流的包装设计

能力目标

- 能整体把握电子商务与物流的关系
- 能根据电子商务企业特点选择合适的物流模式
- 能够根据产品品类设计电子商务物流包装方案

情感目标

- 提高学生的团队协作以及沟通能力
- 培养学生树立正确的职业观和职业道德

思维导图（见图6-1）：

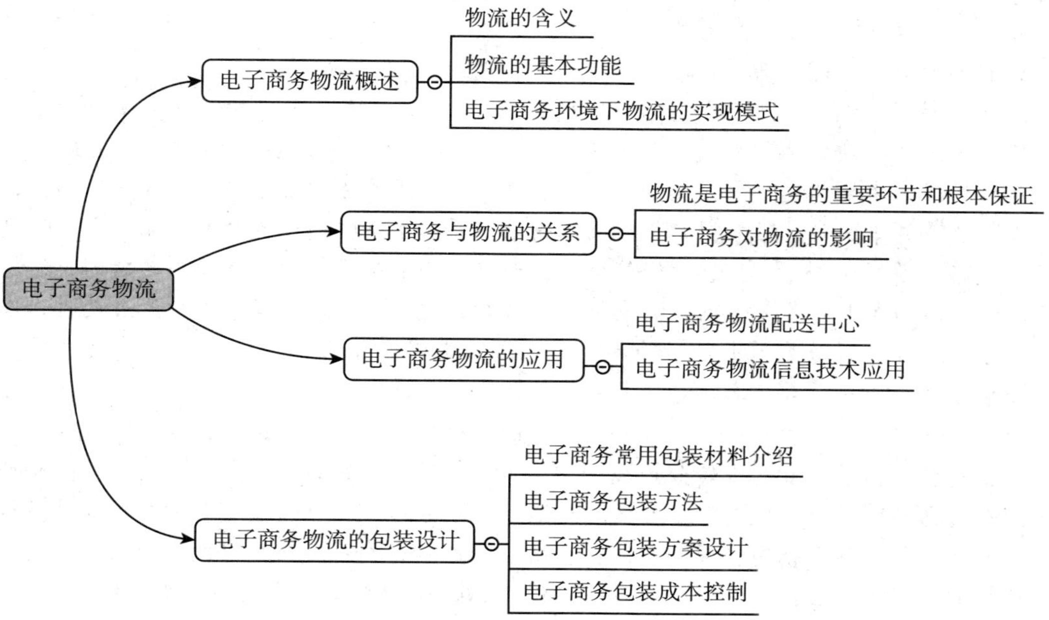

图6-1 电子商务物流

引导案例

云南楚雄市以“农村客运+乡村物流”破解农村物流瓶颈

楚雄市引导各快递企业通过整合传统道路客运、城乡公交、客运站场、乡村快递物流等优势资源，加快农村客运与乡村快递物流融合发展，构建起畅通便捷、经济高效、便民利民的县、乡、村三级快递物流服务体系，促进寄递服务高效便捷流通，有效地破解农村流通瓶颈，畅通市乡村物流，助推农村电子商务高速发展，为乡村振兴提供了有力支撑。2021年，“交快合作”模式日均揽投乡村快件达到4 000余件，快递服务通达建制村比例达到86.8%，年发送量达130万件1 800多吨，物流收入超过100万元，年降低全市各乡镇物流成本超600万元。

1. 创新模式，破难题创新机。

楚雄市是楚雄彝族自治州的首府，地处滇中腹地，素有“省垣门户、迤西咽喉”之称，山区面积占全市土地面积的95%，最远的乡镇西舍路镇距离城区191公里。一直以来，道路通行条件差，距离远，农村物流不通不畅，严重制约农村流通发展和农业增收。为满足50多万人出行、物资流通和电子商务发展需求，楚雄市2020年7月成立楚雄太阳女城乡通物流有限公司，整合快递、邮政和客运资源开展快递分拨和运输业务。充分发挥楚雄市15个乡镇客运网络优势，以乡镇客运站为中心，设立了覆盖全市8个山区乡镇及村委会和坝区7个乡镇61个村（社区）的楚雄乡村物流集散中心分站及物流收取点，不断提高快递通达率。在满足快递进村的同时还开展农特产品及快递收取、托运业务，有效解决了农产品上行最初1公里及工业品下行最后100米问题。同时也为农村客运发展创造了新的盈利点，确保农村客运稳定运行，保障了民生。

2. 政企协作，网络共建共享。

以“农村客运 + 快递物流”的合作模式，构建了市、乡、村三级快递物流服务网络。一是建设市级“交快合作”快件处理集散中心。楚雄太阳女交通旅游集团利用楚雄市三家塘客运站场资源拓展建设快递作业设施，在有效保障客运服务和安全管理要求的基础上，促进快递物流资源集聚整合，根据楚雄市实际需求拓展客运站快递物流服务功能，合理规划客货同网线路，设立仓储、分拣、泊车等设施，为快递企业提供邮件快件的中转装卸、运输配送等服务。快递企业入驻客运站，共享场站资源和设施，通过联盟等方式，开展楚雄市农村地区快递业务的共同揽收、上行运输等业务。二是拓展乡镇客运站快递中转及收投服务功能。交通运输企业拓展乡镇客运站快递中转及收投服务功能，在确保安全的前提下，根据快递物流服务需求，对经营困难、运营效率不高的乡镇客运站进行改造，增设快件作业区、货物堆存中转区，拓展快件的中转分拣及收投等服务，提高乡镇客运站综合利用效率。交通运输企业在交通便利、人员相对集中的区域规划建设集客运、货运、快递于一体的乡镇运输服务站，快递企业入驻乡镇运输服务站，实现站场资源集约利用。三是建设村级物流站点、拓展服务功能。客运企业依托农村客运服务网络资源，以互利互惠为原则，为村级站点赋能，提供邮件快件收投、信息收集发布、电商及农产品代销代购、普惠金融、便民缴费等服务，进一步提高农村物流服务村级覆盖率，进一步健全工业品下行“最后一公里”和农产品上行“最初一公里”的快递物流服务网络。

3. 资源互补，打通进村通道。

交通运输企业与快递企业开展合作，利用农村客运车辆代运快件，更新符合相关标准、满足农村客货运输需求的农村客运车辆，在保障农村旅客乘车需求和安全的前提下，依托农村客运车辆代运、代揽、代投等快件服务，降低快递的末端配送成本，提高农村客运经营者运营效益。结合快递对配送线路、频次和时效的要求，合理规划运输网络，开展“定时、定点、定线”的货运服务，利用沿途取送、循环配送等模式，为农村地区邮政快递提供共同配送、集中配送服务，提高农村快递物流服务的直接通达和覆盖能力。快递下乡方式：采取单纯运输方式，快递公司将快递打包运输到交通运输企业乡村物流集散中心，每包平均50件快递包裹，乡村物流集散中心每包收费10元，再通过客运车辆运输到乡镇，由快递公司所设的乡镇快递网点进行投递。快递进村方式：快递公司把客运企业乡村物流集散中心设为快递末端网点，快递企业按照派费与交通运输企业结算，由快递公司把应投递到乡镇村委会的快递运输到乡村物流集散中心，物流集散中心按村委会进行分拣，通过客运车辆直接运送到村委会，再由客运企业设立的村委会物流分站直接派送到农户手中。快递上行方式：用户将需要寄递的物品直接交给客运车辆驾驶员，提供详细信息，客运班车把货物运输到客运站物流中心，物流中心根据用户要求，把货物交给相应快递企业，快递公司通过上行寄递渠道发往收件方，交快双方协议分配寄件利润。

4. 规范运作，助农降本增效。

坚持标准化建设，规范“交快合作”融合发展服务，签订协议明确安全及服务质量责任划分等。指导交通运输和快递企业双方围绕节点规划布局，运载工具、收寄交付、仓储保管、中转分拨、时效要求、安全管理、信息查询、费用结算、纠纷处理及赔偿等方面按需制定交快融合发展的服务规范，进一步提高快递服务通达建制村的服务质量和水平。楚雄市利用线上线下和通达城乡的网络资源优势，打造“平台＋电商＋农产品”的寄递服务模式，打通农产品进城的“最后一公里”，切实解决农户“卖难”与客户“买难”的问题。位于新村镇的楚雄市绿之源农业发展有限公司，主要从事核桃初加工、特色农产品销售，并通过线下交易和电商平台将新村镇及周边乡镇特色农产品销往外地。近年来，该公司的产品通过电商平台源源不断送出大山，让企业和群众高效、便捷、安全、省心。2021 年，该公司累计销售额 900 余万元，其中，电商平台核桃产品销售额达 200 余万元。按照“城乡统筹、以城带乡、城乡一体、客货并举、运邮结合”思路，大力发展微信平台售票、货物托运预约、快递代收转运等业务，发展随客车代运邮件、代运小件货物等物流服务。通过“农村客运＋乡村物流”建设，乡村物流集散中心托运的小件货物运输价格平均每件降低 5～10 元，快递每件降低 2～10 元，派件成本降低 20%，寄件成本降低 50%，市区到村的派件时间由过去 2～4 天压缩到 1 天以内，实现了“多赢”格局。

资料来源：www. ltcjzx. org. cn.

➤ 启发思考：

1. 农村物流不通不畅，为什么会严重制约农村电子商务发展需求？电子商务与物流之间的关系是什么？

2. 电子商务环境下企业如何为客户提供良好的物流服务？

视频：电子商务物流概述

任务一 电子商务物流概述

课件：电子商务物流概述

一、物流的含义

人类社会开始进行经济活动的初期就已经存在物质实体的物理运动，这就是物流的雏形。然而，人们对物流形成系统的认识与研究大概是在 20 世纪 30 年代。物流概念起源于美国，原意为“实物分配”或“货物配送”，后经日本引入我国。随着人们对物流实践的深化和对理论的不断研究，物流（logistics）出现了不同层面和不同角度的概念。

想一想： 物流主要功能都有哪些？快递与物流有区别吗？

物流的内涵主要体现在以下三个方面：（1）物流主要是以物为研究对象，具体包括物资、物料、货物、商品、物品。既有生产过程中的物质，也包括流通过程中的消费性商品，还包括消费过程中的废弃物品。（2）物流是“物”的物理运动，具体是指物品从供应地向接收地的实体运动。（3）物流是一种经济活动。物流是为满足社会需求而进行的原材料、中间库存、最终产品从供应地向接收地的转移。

现代物流的特点：信息化、自动化、智能化、网络化、柔性化和集成化。中国在2001年颁布的国家标准《物流术语》中的定义为：物流是物品从供应地向接收地的实体流动过程。根据实际需要，将运输、储存、装卸、搬运、包装、流通加工、配送、信息处理等基本功能实现有机结合。

二、物流的基本功能

物流的基本功能是指物流系统所具有的基本能力。物流系统的基本功能包括运输、储存、包装、装卸搬运、流通加工、配送及物流信息管理等。

（一）包装功能

包装功能包括产品的出厂包装、生产过程中制成品和半成品的包装以及在物流过程中换装、分装和再包装等活动。

（二）装卸搬运功能

包括对运输、储存、包装、流通加工等物流活动进行衔接的活动，以及在储存等活动中为进行检验、维护和保养所进行的装卸及搬运活动。常用装卸搬运设备如集装箱、搬运车以及起重机等。

（三）运输功能

为客户选择满足需求的运输方式，然后具体组织网络内部的运输作业，在规定的时间内将客户的商品运抵目的地。

（四）储存功能

储存功能包括堆存、保管、保养、维护等活动。现代物流中常见的储存设备——自动化立体仓库。

（五）流通加工功能

流通加工功能又称流通过程中的加工活动。这种加工活动不仅存在于社会流通过程中，还存在于企业内部的流通过程中，所以它实际上是在物流过程中进行的辅助加工活动。

（六）配送功能

配送功能是物流进入最终阶段，以配货、送发形式最终完成社会物流，并最终实现资源配置的活动。配送中心最常见的分拣设备如配送中心自动进行货物分拣的分拣线。

（七）物流信息管理功能

物流信息管理功能包括进行与上述各项活动有关的计划和预测，以及对物流动态信息及其有关的费用、生产、市场信息的收集、加工、整理和提炼等活动。物流信息管理一般安排在办公室，通过电脑完成相关信息处理工作。

三、电子商务环境下物流的实现模式

（一）选择电子商务物流模式的主要因素

电子商务物流模式选择时要考虑的主要因素有：（1）物流子系统的战略地位；（2）企业对物流的管理能力；（3）对企业柔性的要求；（4）物流系统总成本（5）企业产品自身的物流特点；（6）企业规模和实力；（7）第三方物流的客户服务模式。

（二）电子商务物流模式

在电子商务环境下现代物流的实现模式主要有企业自营物流、第三方物流、物流联盟模式。

1. 企业自营物流。企业自营物流是指从事电子商务的企业拥有全资或控股的物流公司，负责完成本企业的物流配送业务。一些大型的电子商务平台为了使用户有更好地购物体验，保证产品的物流配送时间及保证配送品质，纷纷建立自己的物流系统。如京东商城、亚马逊、海尔等都是自建物流。

2. 第三方物流。第三方物流又称外协物流或合同物流，是发货人与收货人之外的第三方提供物流服务的物流形式。第三方物流公司一般有两类：一类是以邮政、铁路、航空为主体的国有企业发展而来的公司；另一类是由民营小型速递公司、仓储公司发展而来的企业。如“四通一达”、顺丰速运等。

3. 物流联盟模式。物流联盟是企业基于相互协议建立的物流合作联盟，例如制造业、销售企业。参加联盟的企业谋取共同的利益，同时企业间也保持各自的独立性。物流联盟在企业间形成了相互信任、共担风险、共享收益的物流伙伴关系。在选择联盟企业的时候，要注意物流服务提供商的种类及其企业的产品经营策略。物流服务的范围主要是指业务服务区域的广度、运送方式的多样性、保管和流通加工等附加服务的广度。物流功能的整合程度是指企业自身所拥有的提供物流服务所必要的物流功能的多少，必要的物流功能是指包括基本的运输功能在内的经营管理、集配、配送、流通加工、信息、企划、战术、战略等各种功能。一般来说，组成物流联盟的企业之间具有很强的依赖性，物流联盟的各个成员企业明确自身在整个物流联盟中的优势及担当的角色，内部的对抗和冲突减少，分工明晰，使供应商把注意力集中在提供客户指定的服务上，最终提高了企业的竞争能力和竞争效率，满足企业跨地区、全方位物流服务的要求。

三种物流模式的综合比较如表 6－1 所示。

表 6－1　三种物流模式的综合比较

比较项目	自营物流模式	第三方物流模式	物流联盟模式
管理能力	较强，可跟踪物流变化	失去对物流的控制权	一般
物流成本	前期投资较大	成本低	成本较低
资金周转	前期基本投入高，加大了固定资金的占有率，但销售资金回笼快，资金流动性好	销售资金回笼慢，影响资金的流动性	销售资金回笼较快，有利于加速资金流动性

续表

比较项目	自营物流模式	第三方物流模式	物流联盟模式
专业化水平	缺乏物流专业管理人才，专业化水平低	专业化	专业化
响应速度	比较快	反应稍慢	一般水平
信息水平	快速、有效	不健全	及时、有效
服务对象	企业自身和合作第三方	没有限制	联盟组建企业
覆盖范围	有区位优势的，但范围较小	覆盖范围较广	覆盖范围较广

视频：电子商务与物流的关系

课件：电子商务与物流的关系

任务二　电子商务与物流的关系

一、物流是电子商务的重要环节和根本保证

想一想：物流发展受限会不会影响电子商务的发展？

电子商务是以数字化网络为基础进行的商品、货币和服务交易，其优势在于减少信息社会的商业中转环节，缩短周期、降低成本、提高经营效率、提高服务质量，使企业有效地参与竞争。电子商务的每笔交易都包含三个基本过程：商品信息的发布与交流、商品的交易与结算、商品送达用户手中的配送过程。其中，信息流、商流和资金流的处理都可以通过计算机和网络通信设备实现，而商品实体的流动则是较为特殊的一种。除了少数电子产品（如软件、电子出版物、信息咨询服务等）可以直接通过网络传输的方式交货，大多数商品传输仍要通过实体物流来解决。

在电子商务交易活动的成本中，物流成本占相当高的比例，物流服务的质量直接影响到货物的准确性、交货期、货损率等。现在顾客的要求越来越高，竞争也越来越激烈，因此物流在整个电子商务活动中占据非常重要的地位。它的成功与否直接关系电子商务的成败，它的运作效率和成本决定着电子商务所带来的经济价值。例如在生鲜电商领域中，物流递送的速度和成本直接影响到电商能否竞争过实体生鲜超市。除了特色农产品以外，由于物流成本居高不下，同质化严重的生鲜产品适合使用社区物流配送方式。生鲜电商因为产品的特殊性，对物流提出了更高的要求，相对于普通物流成本更高。

二、电子商务对物流的影响

（一）观念上发生转变

传统物流企业需要配置大面积的仓库，而电子商务系统网络化的虚拟企业是将散置在各地的分属不同所有人的仓库通过网络系统连接起来，使之成为“虚拟仓库”，进行统一管理和调配使用，服务半径和货物集散空间都放大了。

（二）技术上发生转变

各种新型物流技术和装备，特别是信息技术的应用明显得到加强，互联网信息技术对物流活动的控制取代了传统的物流活动的管理程序。由于突破了传统物流配送管理中信息交流的限制，在电子商务环境下完成物流配送的时间将大大缩短。例如许多快递公司运用了信息化技术，在收件和取件环节都实现了无接触运输与配送。

（三）交易虚拟化

参与交易的各方可以通过互联网进行贸易洽谈、签订合同、资金支付等，而且这些环节都无须当面进行，整个交易过程完全虚拟化。市场交易场所的虚拟化和交易环节的电子化是电子商务的一大特点。

（四）产品丰富化

电子商务的产品包含了人们日常生活的衣、食、住、行等各方面，通过在线购物，人们可以足不出户利用网络购买到需要的产品；通过在线支付即可完成线上交易。随着互联网科技的发展，电子商务会逐步包含更多的传统商务活动中的产品和服务，使人们的生活更加快捷方便。

（五）交易互动化

通过互联网，商家之间可以直接交流、谈判、签合同，消费者也可以把自己的反馈建议反映到企业或商家的网站，而企业或商家则要根据消费者的反馈及时调整和改进产品种类及服务质量，做到良性互动。

（六）交易全球化

通过互联网，无论你是在国内还是在国外，都将被包容在一个市场中，都有可能成为上网企业的客户。互联网跨越国界，穿越时空，无论你身处何地，无论白天与黑夜，只要你利用浏览器轻点鼠标，你就可以随心所欲地登录任何国家、地域的网站，互联网真正使整个地球变成了一个地球村。

视频：电子商务物流的应用

任务三　电子商务物流的应用

课件：电子商务物流的应用

一、电子商务物流配送中心

电子商务物流配送中心是指从事配送业务的物流场所或组织。物流配送中心应基本符合下列要求：（1）主要为特定的客户服务；（2）配送功能健全；（3）完善的信息网络；（4）辐射范围小；（5）多品种小批量；（6）以配送为主，储存为辅。

二、电子商务物流信息技术应用

实施物流管理的目标就是要在尽可能低的总成本条件下实现既定的客户服务水平，即寻求服务优势和成本优势的一种动态平衡，并由此创造企业在竞争中的战略优势。根据这个目标，物流管理要解决的基本问题，简单地说，就是把产品以合适的数量和价格在合适的时间和地点提供给客户。电子商务中的任何一笔交易都包含着四种基本的“流”，即信息流、商流、资金流和物流。一般认为，物流系统化以速度快、可靠性高、费用低为原则，其核心是以最少的费用提供最好的物流服务。美国密西根大学教授斯麦基将物流系统化的目的简化为七个“适合”（7R），即优良的质量（rightquality）、合适的数量（rightquantity）、适当的时间（righttime）、恰当的场所（rightplace）、良好的印象（rightImpression）、适宜的价格（rightprice）和适宜的商品（rightcommodity）。

（一）电子商务信息的含义

电子商务物流信息（logisticsinformation）是反映物流中运输、仓储、包装、装卸、搬运、流通加工等活动中相关知识、资料、图像、文件的总称。电子商务物流信息是伴随着物流活动的发生而产生的，现代信息技术的发展使人们能够更及时、准确地掌握物流信息，并通过其对物流活动进行有效的控制。随着计算机技术和互联网的广泛应用，基于计算机技术和互联网的物流信息技术将成为现代物流技术发展的一个主要趋势。

（二）电子商务物流信息系统

电子商务下的物流信息系统是一个以人为主导，利用计算机软硬件和网络通信设备，尤其是互联网等 IT 技术，结合各类机械化、自动化物流工具设备，进行物流信息的收集、存储、传输、加工整理、维护和输出，实现对实体物流综合管理的数字化、智能化、标准化和一体化，物流业务处理指挥信息化与网络化，为物流管理者及其他组织管理人员提供战略、战术及运作决策的支持，提高整体物流活动的效率和效益，降低整体物流成本，从而支持企业的现代管理并取得竞争优势的集成化人机系统。电子商务物流信息系统包括接受订货信息系统、订货信息系统、收货信息系统、库存管理信息系统、发货信息系统、配送信息系统。在物流信息系统中需要用到的信息技术有数据采集技术——条码与无线射频识别技术；数据处理技术——EDI 电子数据交换技术；数据跟踪与定位技术——GIS（地理信息系统）；全球卫星定位系统。物流信息化加快了电子商务订单完成效率、同时也提高了物流服务质量。以下就常用的几种信息技术进行介绍。

1. 无线射频识别技术应用。RFID 的工作原理如下：标签进入磁场后，接收阅读器发出的射频信号，凭借感应电流所获得的能量发送出存储在芯片中的产品信息（passive tag，无源标签或被动标签），或者主动发送某一频率的信号（active tag，有源标签或主动标签）；阅读器读取信息并解码后，送至中央信息系统进行有关数据处理。

RFID 的应用范围包括：（1）零售业。（2）车辆自动识别。（3）自动化的生产流水线。（4）粉尘、污染、寒冷、炎热等恶劣环境中。（5）物流和供应链的管理中。（6）身份识别，如医疗领域的医疗器械管理、病人身份识别和婴儿防盗等。（7）产品防伪，如贵重物品（烟、酒、药品）的防伪、票证的防伪等。

2. POS 系统。POS 系统的硬件主要包括收款机、扫描器、显示器、打印机、网络、微机与硬件平台等。POS 系统的软件主要包括前台 POS 销售系统和后台 MIS 信息管理系统。

POS 系统的运行步骤：（1）店铺销售商品都贴有表示该商品信息的条形码或自动识别标签。（2）在顾客购买商品结账时，收银员使用扫描读数仪自动读取商品条形码标签或自动识别标签上的信息，通过店铺内的微型计算机确认商品的单价，计算顾客购买总金额等，同时返回给收款机，打印出顾客购买清单和付款总金额。（3）各个店铺的销售时点信息通过 VAN 以在线联结的方式即时传送给总部或物流中心。（4）在总部，物流中心和店铺利用销售时点信息来进行库存调整、配送管理、商品订货等作业。（5）在零售商与供应链的上游企业结成协作伙伴关系的条件下，零售商利用 VAN 在线联结的方式把销售时点信息即时传送给上游企业。

3. EDI 技术应用。EDI（electronic data interchange），即电子数据交换，它是参加商业运作的双方或多方按照协议，对具有一定结构的标准商业信息，通过数据通信网络在参与方计算机之间所进行的传输和自动处理。EDI 的核心内容是商业信息和商业单证，如订单、发票、付款通知、付款凭证、交货凭证等。

EDI 由以下两部分组成：（1）数据标准。EDI 标准是由各企业、各地区代表共同讨论、制定的电子数据交换统一标准，可以使各组织之间的不同文件格式，通过共同的标准达到彼此之间文件交换的目的。（2）EDI 软件及硬件。EDI 软件具有将用户数据库系统中的信息译成 EDI 的标准格式以供传输交换的能力，主要包括转换软件、翻译软件、通信软件等。硬件包括计算机、调制解调器、电话线等。

4. GPS 与 GIS 的应用。一般 GPS 和 GIS 两种信息技术会混合使用，利用 GIS 可以知道产品的地理位置，利用 GPS 可以进行定位跟踪。通过卫星对车载设备跟踪定位。全球有四大卫星导航定位系统：中国北斗卫星导航系统、伽利略卫星导航系统、格洛纳斯卫星导航定位系统、全球卫星定位系统（GPS）。

GIS 在车辆监控中的应用步骤如下：（1）显示城市的矢量电子地图。电子地图具有局部放大、缩小、平移功能，能根据路名（汉字或拼音）和建筑物名称在图上查出其所在的位置，能根据车辆当前的位置确定其所在的道路。（2）利用 GIS 管理工具，能根据车辆运行轨迹生成新的道路，即改即用。（3）地图分为道路层、重要标志建筑物层、医疗机构层、门牌号码层、车辆运行层等，能对各层分别控制其特性。（4）在电子地图的背景上显示车辆位置，并以不同颜色表示车辆的状态：前往现场、任务中、任务结束、待命车辆、不可用车辆等。（5）呼救地址、接车地点、送往地点的自动、手工定位及重定位。（6）实时显示指定车辆位置、状态、时间。（7）实时显示指定车辆的行车轨迹及历史出车轨迹。（8）根据呼救地址自动提供推荐车辆、推荐医院、呼救区域。（9）提供导航索引图。（10）在地图上可显示车辆、医院、急救站及通信信息，可电话调度。（11）可任意缩放、拖动地图，并可进行地图打印。

视频：电子商务物流的包装设计

课件：电子商务物流的包装设计

任务四　电子商务物流的包装设计

一、电子商务常用包装材料介绍

气泡信封、气泡膜、瓦楞纸箱、胶纸、包装袋、快递袋、珍珠棉、泡沫箱、气柱袋、木架。气泡信封和胶纸是最常用的包装材料。

（一）气泡信封

一般的气泡信封有两层，外层是白色、黄色或者棕色牛皮纸，内层是附粘在外层牛皮纸内壁上的一层气泡膜。气泡信封同时自带封口胶，使用非常方便。也有部分气泡信封把常见的小包邮政 CN22 报关签条印刷在背面，是为了节约贴报关签条的时间和节省一点点重量。

部分定制的气泡信封，主要表现在整个信封只有一层，即用不透明高强度气泡膜直接做成信封，同时印刷上商家的 LOGO 或者网址，显得高档、大气，同时也为商家提供了很好的广告效益。不同的货代公司提供的气泡信封规格不一样，规格不一样售价也就不一样。

对于那种用最大号气泡信封仍然装不进的产品建议装纸箱，因为纸箱强度大、结实。

（二）气泡膜

气泡膜本身是一种双层塑料膜，可以单层做成气泡，也可以双层都做成气泡，这样就把气泡膜划分为单层气泡膜和双层气泡膜。根据气泡直径的大小，又可以分为小颗粒气泡膜和大颗粒气泡膜。根据气泡膜用料又可以分为全新料气泡膜和再生料气泡膜，全新料气泡膜表面光滑、透明、有质感，价格稍高；再生料气泡膜表面稍显粗糙，透明度和质感稍差，但价格较便宜。

从以往包装经验上来看，结合客户体验，推荐使用全新料气泡膜，一来气泡膜质量较好可以更好保护产品；二来客户收到之后感觉会更好一点。气泡膜的售卖按公斤计费，或者按宽度和长度计费，论卷卖，大家可以根据自身产品打包的实际情况来采购气泡膜。

（三）瓦楞纸箱

纸箱，学名瓦楞纸箱，按隔层数量一般可分为三层、五层或者七层，比较常见的是三层和五层的纸箱。按纸皮强度又分为高强度纸箱和一般强度纸箱，发货比较常用的是一般强度纸箱，便宜，比较容易切割。

瓦楞纸箱没有固定的大小规格，不同的公司会定制不同的系列。纸箱生产厂商也往往会根据市场热销品来专门为其量身定制合适的纸箱。定制纸箱的优势是形状大小正合适、可以最大程度减少体积重、方便打包。用美工刀切割纸箱一来是为了压缩体积重；二来是为了不让纸箱里面装的物件晃动、避免国际运输途中的损失。

（四）胶纸

胶纸，又叫胶带、透明胶，是平时打包使用量最大的包装材料。胶纸一般分为透明胶纸和黄色胶纸、印刷胶纸（即印刷上提示语或者品牌 LOGO）、特殊胶纸（如超市生鲜经常用的绿色胶纸）。市场上的胶纸又分为宽窄两种规格，可分别适用于不同环境。市场上的胶纸由于生产工艺的不同厚度也有所不同，一般采购得到的是中等厚度的胶纸，而超薄胶纸往往用在对重量极为敏感的产品上，超薄胶纸较为少见。

1. 透明胶纸主要应用场景。(1) 气泡信封用自带封口胶封口之后，再用透明胶纸覆盖一层（可以让客户在收到件的时候检查出来这一票货是否被拆开过）；(2) 透明胶纸覆盖普通打印机打印出来的地址标签；(3) 透明胶纸覆盖手工贴到包裹上的挂号条码；(4) 透明胶纸覆盖部分小包的报关签条（例如香港小包的绿色不自粘报关签条）；(5) 透明胶纸覆盖外箱客户标记（部分客户会要求把自己的标记用记号笔写在外箱上，用透明胶纸覆盖一层可起到防雨的作用）。

2. 透明胶纸使用注意事项。(1) 用透明胶纸覆盖挂号条码时一定要平整，避免中间留下气泡影响扫描枪扫描结果；(2) 打包外纸箱时，一般情况下不使用透明胶纸，除非纸箱非常规整（干净无 LOGO 或者只带物流公司的 LOGO）。

3. 黄色胶纸主要应用场景。(1) 部分产品用气泡膜包裹两层之后就可以直接发货，此时应再用黄色胶纸整体覆盖一圈，一是可以防水，二是增加强度；(2) 黄色胶纸覆盖普通纸箱外包装（主要作用是防水）；(3) 黄色胶纸覆盖切割过后的纸箱的外包装（既防水，又增加强度）；(4) 黄色胶纸覆盖重复利用的纸箱的外包装（遮住原先纸箱外面可能存在的 LOGO、防水、增加强度）。

（五）包装袋

带封口胶的塑料袋，在跨境物流上可以用于直接包装衣服之类不用担心被压、被摔的产品，也可以用于包裹气柱袋等。包装袋表面所贴的各类标签一定要注意贴平整，如果在贴标签的时候包装袋表面留有内陷空隙，则很可能会在运输过程中因包装袋扯动变形而导致标签被撕破。

（六）快递袋

物流公司提供的带有物流公司 LOGO 的包装袋，做工精良，背面通常都有一个层叠式的不封口塑料袋，用于装形式发票。快递袋的规格比较少，通常只有大小两种规格，一般情况下装快递袋的包裹不计体积重。

快递袋包装注意事项：一般物流公司都不允许折叠快递袋，只允许在封口处直接封口而不需要考虑剩余空间以及内件是否会晃动。一是为了提高作业效率；二是为了避免因折叠而丢失形式发票。

（七）珍珠棉

珍珠棉是一种新的包装材料，部分场合替代气泡膜。特点是轻、容易切割，不像气泡膜那样因为气泡破裂而失去保护作用。珍珠棉按卷采购，需要切割，以方便打包。缺点是不能像气泡膜那样严丝合缝地包住产品。打包时避免让产品的关键部位缺失保护。

（八）泡沫箱

泡沫箱是3C类电子产品必不可少的，同时泡沫箱有保温作用，在运输对温度要求比较高的产品也经常使用，主要用于包装生鲜水果，手机、昂贵手表、钢化玻璃膜等带屏幕或者极易受到外力碰撞影响的产品。

泡沫箱质地很轻，却非常坚硬，通常由两部分组成，矩形的箱体和带有内凸起的箱盖。

（九）气柱袋

气柱袋是发运易碎玻璃器皿或者带大屏幕电子产品的必备材料，需要配合充气机或者打气筒使用。气柱袋的原始形态是一个一体化的扁平塑料，充气之后就会变成一个中间是空的、周围有若干个独立气柱、底部密封、上端开口的特殊气囊。气柱袋使用注意事项：（1）不要充气过量，容易充爆或者让气柱袋接近破裂的临界点；（2）不要往气柱袋里面装尖锐的物件，容易引起气柱破裂；（3）气柱袋外面需要套一层包装袋。

（十）木架

木架是极为少用的打包方式，主要用在陶瓷制品、竹木制品的外包装上，木架也常见于海运。木架包装并不是说一开始就有合适的木架子，用了高强度纸箱仍不足以保护纸箱里面产品时需要用若干根木条对纸箱各条边进行包围加固处理。好处是由木架来承受压力，纸箱内部的陶瓷或者竹木制品几乎不会受到什么外力，最大程度上保护了产品。在跨境电商物流环节由于各国海关对原木进口的管制，使用原木木架的包裹（海运，空运，快递等）都需要提供木架的熏蒸证书。

二、电子商务包装方法

（一）合单与拆包

合单与拆包是两个“相反”的操作。简而言之，合单是将同一时间窗口内相同收货地址的订单合并，化整为零；拆包则是将一个订单根据业务逻辑拆成多个包裹。在电商行业中，例如服装销售，小件商品零售在同一时间内体积重量在首重范围内的都可以考虑合单发货。有些商品在销售过程中会有相应的赠品，其中有些商品的体积较大或者有些商品重量较重，拆包发货比合单发货省运费的情况下适合拆包发货。个别根据物流运输规则不能一起发货的商品也需要拆包发货。

（二）包装推荐

包装的大小规格要根据运价本和收件地址的区别合理设置规范的销售单元，例如销售樱桃这种价格高、对商品运输环境要求比较高的商品，可设置3斤、5斤、10斤装。如果设置20斤装容易造成货损，最佳方案是3斤或5斤装；如果客户需要可以多下几单，例如10斤分成两份，5斤发货的货损风险比10斤低。包装的规格不是越大越核算，太小的规格运费成本分担比例比较大也不适合，一定要根据产品的特点以及物流运费的收费标准去设计销售以及发货的规格。

（1）个性定制包装。当商品对运输条件要求比较高时，可以考虑个性化定制包装，例如丹东草莓、鸡蛋、陶瓷玻璃用品等易腐易碎产品，销量比较大时选用个性化定制的包装可以减少损失。（2）行业通用包装。电商销售量不大，为了控制成本的前提下可以选用通用电商包装。

三、电子商务包装方案设计

（一）生鲜水果类——以苹果为例

产品分析：苹果在电商销售中一般都是按果径大小进行分类销售，分为大、中、小果销售，水果保质期短，容易损失水分，物流包装运输苹果时可直接套网套。如果隔断填充不够有空隙，建议可套两层网套。苹果相对于其他生鲜水果对周围温度要求不敏感，可不需要保温箱和冰袋进行保鲜。

想一想：如果是草莓、橘子这些娇嫩的水果应该怎么设计电子商务包装？

方案1：选用纸箱，采用塑料网套，分隔装避免碰撞磕伤。苹果在物流过程中最好不要留有空隙，碰伤表面不明显但容易坏，极易导致买家疏忽不能及时发现商品货损而售后不及时造成对商品的不良评价。

方案2：纸箱外包装，内里采用泡沫隔断填充避免商品互相挤压碰撞。

（二）玻璃器皿类——以红酒为例

产品分析：红酒经常会作为送礼的产品，所以在销售红酒时有礼盒装也有普通装。红酒盛装器皿易碎，所以一般会定制相同大小的泡沫箱或者直接气泡柱进行包装保护，外部用纸箱包装。对一些高档红酒还会出现定制木箱、定制礼盒进行物流发货。

方案1：外部纸箱，内部定制泡沫包装。

方案2：外部纸箱，内部红酒气柱袋。

方案3：红酒定制木盒包装。

（三）大宗商品——以服装、鞋帽为例

服装一般内部白色塑料袋，外部塑料袋，或者内部透明塑料袋外部硬纸盒再外加快递塑料袋。多件衣服可合单发货。鞋子包装方案一般是鞋盒外加快递单，一双一单发货。

（四）珠宝首饰配饰类——以项链为例

包装方案：定制珠宝首饰盒，鉴定证书相关保修卡发票等，外部快递纸盒或快递塑料袋。为保证产品在快递过程中没有磕碰受损，可以给珠宝首饰包上几层气泡膜。

（五）活体动物类——以大闸蟹为例

包装方案：带孔泡沫箱，冰袋。内部大闸蟹用绳子捆绑，外包装袋使用透气的专用大闸蟹快递袋。因为活体运输，包装需要通风透气，运输过程中同时要考虑气温问题，需要在泡

沫箱中装上冰袋。一般大闸蟹的销售季节是金秋十月，有些地方的天气气温还比较高，保证产品的运输气温，大闸蟹才能保证存活。

冷冻即食食品——以冰淇淋为例。包装方案：外部泡沫箱包装，内部根据商品大小价格安排干冰和冰袋。由于产品物流成本较高，单件建议不包邮，可以设置满包邮条件，将物流成本分摊。

四、电子商务包装成本控制

电子商务中包装得越高级，物流成本就越高，物流的服务也越好，实际运营中我们应该在不影响商品运输质量及美观的前提下控制包装成本。物流包装的注意事项如下：

（一）控制体积重

电商平台上混销的订单比单一品牌产品批发的订单多，再加上纸箱的规格有限，所以基本上不存在某个规格的纸箱刚好装进所需要包装的产品。一般的做法是用稍微大一点的纸箱把产品全部装进去，然后用美工刀把纸箱多出来的部分切割掉。一次切割不行就切两次，也可以切成两部分然后拼进来，在保证货物安全的情况下把体积尽可能多地压缩。

（二）严格遵守包装要求

1. 不能晃动，是指包裹打好包以后拿在手上摇晃几下不能发觉里面的物品可以晃动。

2. 上下前后左右接触均不会损坏。纸箱包装往往伴随着切割，切割完了再拼起来之后要求各个面强度相似，不能出现某一个面强度明显降低从而导致内件损坏。

3. 封口。指用气泡信封包装时最好在气泡信封自带的封口胶封口之后，再用透明胶纸覆盖一层。一是可以进一步防水；二是可以让客户在收到包裹的时候马上发现是否被拆开过。

4. 条码处平整不能有气泡。适用于手工贴挂号条码再在条码上覆盖透明胶纸的情形，在条码上覆盖透明胶纸本意是想防水、防划。要注意贴得平整一点，中间不能有气泡，避免影响扫描枪扫描。

5. 不要节省包装材料。用纸箱打包的时候能用高强度的就用高强度的，能用五层的就不用三层的。节省包装材料往往带来售后上无穷无尽的麻烦，宁可增加重量，也不能节省包装材料。

思政园地

物流服务质量关系到电子商务成败

随着电商的兴起，也成就了物流业的繁荣，能抓住这有利时机，做好配送服务，创造盈利的物流，其配送体系必须有一个强大的信息系统来支撑，而在服务方面，也要加强产品包装避免破损率，因物流中产品破损造成的退换货产生的物流费用，即使不需要消费者承担，来回的时间过长，也会降低顾客对电商服务的满意度，特别是电商节日促销的“火爆”，也成了对物流的最大考验，更看出各物流在应对销售旺季的及时调配还做得不够完善。物流成电商成败之关键，物流的各项配套服务也需要更大的提升，来适应电商的发展。电子商务物流行业急需应用型服务人才，这类人才除了应具备扎实的专业知识和较强的实践操作能力外，还应具备宽广的知识面、灵活的思维方式，以及敢于开拓创新的精神，应具有将创新意识转化为成果的能力，以能较好地解决电子商务物流的实际问题。在电子商务物流运输过程中遵守电子商务法律要求，严格按照法律规章制度提供物流服务，即使在物流环节中出现电子商务售后问题也要及时迅速地协助客户处理售后。只有保证物流运输质量以及售后服务质量，才能让电子商务企业立于不败之地！

质量是企业生存之根本，产品质量做得不好，注定是走不长远的，但很多产品尤其是农产品海产品本身质量很好，由于没有配套的物流服务与之对应，这些农产品生鲜在电子商务平台上也走不长远。对于价格不贵的商品，即使有些消费者因怕麻烦不再调换，也可能下次再也不会来商家购物，商家失去的不只是表面的这一个顾客，还有这一个顾客背后的更多资源。所以除了产品质量，物流服务的把关是非常重要的，可能因为运输包装或者运输某一环节的忽视，给商家造成更多的损失，退换货的运费是一方面，品牌在顾客心中树立的形象才是商家更需要珍惜的。

如何提升物流服务质量，第一体现在速度上，发货及时，物流跟踪及时，物流送达及时；第二体现在质量上，包装保护功能完好，商品没有损坏，尤其农产品不仅外观没有损坏，口感各方面也没有影响；第三体现在物流售后上，理赔方便快捷，物流查件信息及时，退换货纠纷少。

资料来源：https：//baijiahao. baidu. com/s？ id = 1700876799585424841&wfr = spider&for = pc.

本项目主要知识点

物流　物流基本功能　电子商务物流模式　物流信息技术　电子商务物流常用包装材料　电子商务物流包装方案

课后习题

一、单选题

1.（　　）是根据用户要求，对物品进行拣选、加工、包装、分割、组配等作业，并按时送达指定地点的活动。

A. 送货　　B. 仓储　　C. 运输　　D. 配送

2. 流通加工的对象是（　　）。

A. 原材料　　B. 半成品

C. 成品　　D. 进入流通过程的商品

3. 木箱是一种传统的包装容器，常见的木箱是（　　）。

A. 木板箱　　B. 框板箱　　C. 框架箱　　D. 以上三种

4. 电子商务物流模式主要是指在（　　）下，以市场为导向，以满足客户需求为宗旨，获取系统整体效益最优化的、适应现代社会经济发展要求的电子商务物流运作模式。

A. 电子商务　　B. 市场化　　C. 现代物流　　D. 一体化

5. 如果你是淘宝网的一个普通店主，月营业额约为 10 000 元，你会选择（　　）。

A. 自营物流模式　　B. 外包给第三方物流

C. 外购公共性物流服务　　D. 物流联盟模式

6. 若物流对企业成功的影响程度高，企业处理物流的经营能力相对较低，宜选择（　　）模式。

A. 第三方物流　　B. 自营物流　　C. 物流联盟　　D. 其他

7. 电子商务企业自建物流，并对外提供物流服务时，可以说物流对该企业成功的影响程度（　　）。

A. 高　　B. 低　　C. 一般　　D. 不好说

8. 以下关于电子商务网络的说法正确的是（　　）。

A. 电子商务网络只包括商流和信息流网络

B. 配送网络是电子商务网络的组成部分

C. 电子商务网络由局域网和配送网两部分组成

D. 电子商务网络中不包括配送网络

9. 在五大运输方式中，（　　）具有的特点是机动灵活、适应性强、短途运输速度快、能源消耗大、成本高、空气污染严重、占用土地多。

A. 铁路　　B. 公路　　C. 水路　　D. 航空

10. 配送是面向（　　）的服务。

A. 终点用户　　B. 中间用户　　C. 始点厂家　　D. 中间厂家

二、多选题

1. 属于配送中心的功能的有（　　）。

A. 存储功能　　B. 信息处理功能

C. 流通功能　　D. 集散功能

2. 在操作过程中，装卸、搬运作业需遵循一定的原则，包括（　　）。

A. 有效作业原则　　B. 集中作业原则

C. 简化流程原则　　D. 安全作业原则

3. 流通加工在物流中的重要性主要体现在（　　）。

A. 有效完善流通功能　　B. 是物流的重要利润来源

C. 使运输更加便利　　D. 是国民经济中的重要加工方式

4. 人工拣选作业中常用的设备主要有（　　）。

A. 手推车　　B. 周转箱　　C. 万向球台　　D. 无动力辊道

5. 一般来说，配送中心区域大致可以分为（　　）、流通加工区、分货区、出货暂存区、出货月台、返品处理区和办公区等。

A. 进货月台　　B. 进货暂存区　　C. 托盘货架区　　D. 拆零区

三、判断题

1. 在电子商务时代，物流信息化是电子商务的必然要求。（　　）

2. 物流联盟模式的实质就是自建物流加第三方物流的模式。（　　）

3. 小型的B2C电子商务企业首先要关注的问题并不是物流问题，而是企业自身的生存问题，应该考虑的是如何采用成本较低、信誉较好的第三方物流企业。（ ）

4. 流通加工在时间效用和场所效用这两个功能方面十分重要，因此是物流的主要功能要素。（ ）

5. 纸质的包装容器有纸板箱、纸盒、纸袋、纸筒、纸杯以及纸浆模制包装等。（ ）

四、简答题

1. 简述物流的基本功能。
2. 简述现代物流的实现模式。
3. 简述电子商务与物流之间的关系。

项目实训 电子商务包装方案设计

一、实训目的

了解当前电子商务包装材料的选用以及包装方案设计。

二、实训素材

计算机、网络、素材案例、在线资源等。

三、实训步骤

1. 请根据商品对物流速度与质量的特殊要求，选择其中2～3种产品进行物流包装设计。(1) 打印机；(2) 橙子；(3) 牛排；(4) 文件；(5) 大闸蟹；(6) 红酒；(7) 奶粉；(8) 鲜花绿植；(9) 冰淇淋。
2. 根据价格定位选择合适的包装材料。
3. 根据物流运输要求选择合适的包装方法。
4. 根据市场调研估算该产品规格的物流包装成本。

四、实训成果

设计一份物流包装设计方案，内容包括选用的包装材料、采用的包装方法、包装成本等内容。

项目七 移动电子商务

知识目标

- 了解移动电子商务的概念
- 了解移动电子商务的技术
- 掌握移动电子商务的特点
- 了解移动互联网的商业模式
- 了解移动电子商务在行业中的应用

能力目标

- 能区分传统电子商务与移动电子商务的概念
- 能了解移动电子商务的基础技术
- 能分析移动电子商务发展的现状和趋势
- 能辨别移动互联网的商业模式
- 能了解移动电子商务在行业中的应用

情感目标

- 培养学生勇于实践、勇于创新的精神
- 提高学生的团队协作以及沟通能力
- 培养学生树立正确的职业观和职业道德

思维导图（见图 7－1）：

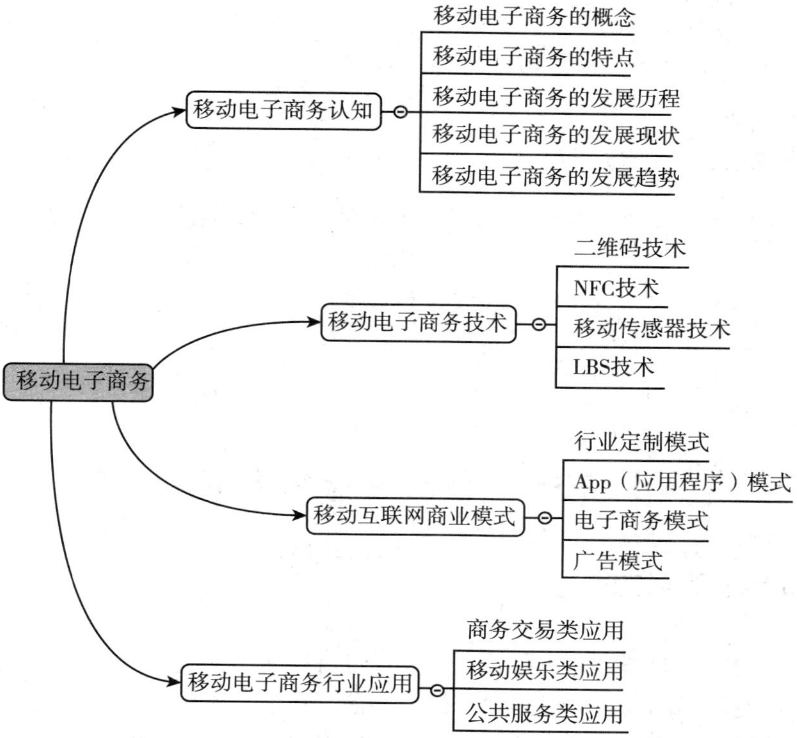

图 7－1　移动电子商务

引导案例

同程旅行“机票目的地盲盒”活动热度引爆社交媒体

2021 年 3 月初，同程旅行“机票目的地盲盒”首次上线。用户根据系统规则，使用手机微信小程序，登录后输入身份信息，可凭 98 元购买盲盒，选定出发机场后，就能在指定时间内抽取一张随机目的地、随机日期的国内单程机票。

这种新颖的消费方式，受到不少年轻旅客追捧。作为主要面向年轻消费群体的活动，“机票盲盒”受追捧的一个重要原因在于抓住了用户以小博大的心理，同时该活动支持不满意全额退款，对于用户来说既有新鲜感、神秘感，付出的成本代价也较小。而且，购买“盲盒”这一消费行为还自带社交属性，年轻人购买到较为满意的机票后，会将结果分享至社交网络，引发更多人关注。2021 年 4 月 3 日，机票盲盒小长假第一天迎来“爆点”，每个时间点的盲盒都被抢购一空，10 分钟售罄，系统被挤到瘫痪，并且旅客如果不喜欢机票盲盒随机抽取的地点，可全额退款，但一旦选择锁定机票后就无法退换或改签了。

从售卖方角度看，相对于为用户提供出游服务的功能，“机票盲盒”更大的价值在于招揽客源、激活潜在用户。低廉的出行价格，可能会激发原本没有出行计划的用户的旅游需求，售票平台和航空公司都获得了新的用户资源。对于旅游目的地而言，一些较冷门目的地，平时前往旅游的人较少，而购买了“机票盲盒”的消费者，本着不去就亏了的心理，往往会前去一游，这对促进旅游目的地消费有一定的推动作用。

资料来源：中国经济网——《经济日报》。

➤ 启发思考：

1. 从以上案例可以看出相较于传统互联网时代，移动互联网的企业竞争环境发生了哪些改变？

2. 在新的互联网环境下，传统企业需要如何做？

视频：移动电子商务认知

课件：移动电子商务认知

任务一　移动电子商务认知

一、移动电子商务的概念

相较于传统的电子商务概念，移动电子商务也有广义与狭义上的区别。广义上的移动电子商务是指人们通过移动设备随时随地获得一切涉及通信、娱乐、旅游、农业、学习、商业运营等服务。狭义上的移动电子商务是指通过移动终端设备（如手机、平板电脑等）进行商品或服务交易的商务类活动，只涉及货币类交易的商务模式。

以上两种说法，都有两个重要的特征，即“移动”与“商务”。正因如此，国外常用“Mobile Commerce”表示移动电子商务，简称移动电商。在移动通信技术的不断推动下，经历了1G、2G、2.5G、3G、4G、5G等多个阶段，人们越来越多借助手机实现移动信息查询、广告和音频图形的下载等服务。在我国，移动电子商务也得到较快发展，随后4G网络和应用的迅速普及，更加促进了移动电子商务的发展。目前，在5G移动终端和应用日趋成熟的条件下，各种新型的移动电子商务模式不断出现，移动电子商务应用范围更加广泛。

二、移动电子商务的特点

基于无线通信网络的能力及移动终端的特性，结合了互联网技术、移动通信技术以及其他信息处理技术，人们不仅可以在移动状态下处理有关事务，还可以根据用户所处位置提供相关服务，也能借助手机实名制认证确定用户身份，实现更精准的服务，从而提高手机用户交易的满意度。相对于传统的电子商务来说，移动电子商务具备以下几个显著特点：

（一）即时性

移动电子商务采用无线移动终端进行线上商务活动，移动终端设备体积小、操作便捷、可随身携带，消费者不受时间和地点限制，可以随时随地进行购物、社交、订票等活动，移动的便利性可以让消费者享受方便快捷的服务，满足其即时产生的需求。

（二）用户规模大

中国互联网络信息中心发布第 50 次《中国互联网络发展状况统计报告》指出，截至 2022 年 6 月，我国手机网民规模为 10.47 亿人，较 2021 年 12 月新增手机网民 1 785 万人，网民中使用手机上网的比例为 99.6%。不难看出，以手机为主的移动电子商务用户规模远大于传统的电子商务用户规模，如图 7－2 所示。

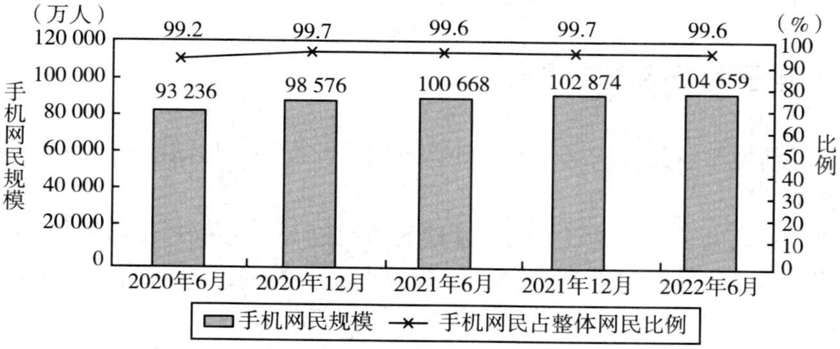

图 7－2　2020 年 6 月～2022 年 6 月手机网民规模及其占整体网民比例

资料来源：中国互联网络发展状况统计调查。

（三）移动支付方便快捷

随着人工智能、大数据、5G 等新一代信息技术的快速发展，数字化技术与普惠金融的融合不断加深。移动支付作为数字普惠金融的重要工具载体，提高了金融服务的便捷性与可得性。用户可以随时随地使用移动终端设备完成移动支付，无须排队，所有支付功能都通过移动支付实现，支付更加方便快捷。

（四）基于定位服务

通过移动终端设备的全球定位系统（GPS，又称全球卫星定位系统），基于位置服务技术（location based services，LBS），可以更准确地识别用户所在位置，从而提供与其位置相关的信息，例如，高德地图①导航，可以通过 GPS 定位服务系统即时得到用户的位置信息，推荐方便、快捷的路线；美团外卖②平台，通过定位系统得到用户的位置信息，可为用户推荐附近的美食。

（五）可连通性

移动网络用户可以根据相同兴趣爱好，使用移动终端聊天的方式形成社交圈，商家可以迅速获取消费者的信息，方便地在这些社交圈促销商品，能够获得及时反馈信息的同时还能

① 高德地图，是中国领先的数字地图内容、导航和位置服务解决方案提供商。

② 美团外卖，是美团旗下网上订餐平台，于 2013 年 11 月正式上线，总部位于北京。

改善自身商品或服务质量，避免出现信息不对称等情况。

（六）个性化服务

个性化服务是指用户可以根据自身喜好和需求定制服务，并且灵活选择访问和支付方式，设置个性化信息。由于移动终端设备比 PC 端更具有可连通性和可定位性，因此企业可以更好地发挥主动性，为消费者提供个性化服务。例如，根据大数据分析用户信息可以推出个性化短信息服务，以及利用无线服务提供的人口统计信息和移动用户当前位置得出的信息，企业可以进行更有效、更有针对性的广告宣传，从而满足用户的个性化服务需求。

三、移动电子商务的发展历程

随着移动通信技术、无线网络技术和计算机的不断发展，移动电子商务逐渐兴起，大致经历了以下四个阶段：

第一阶段：移动电子商务是以短信为基础的访问技术，这种技术实时性较差，用户不能及时得到查询请求。此外，由于短信信息长度有限，用户不能得到完整的回复，导致了早期使用基于短信的移动商务系统的部门纷纷要求升级和改造。

第二阶段：移动电子商务主要采用基于无线应用协议（wireless application protocol，WAP）技术，使移动终端设备通过浏览器访问 WAP 网页，实现信息的查询，进一步解决了第一阶段移动访问技术的问题。但 WAP 网页访问的交互能力较弱，极大限制了移动电子商务系统的灵活性和便捷性，不能满足用户需求。

第三阶段：移动电子商务采用了基于面向服务的体系结构（service - oriented architecture，SOA）架构的 Web 服务，充分结合了 WAP 技术、移动互联网协议（internet protocol，IP）技术、3G 移动通信技术、数据库同步、智能移动终端、移动定位系统技术和移动虚拟专用网络技术，使得移动电子商务系统的交互性和安全性有了极大的提高，为用户提供了一种安全、快速的现代化移动商务办公机制。

第四阶段：移动电子商务是目前的发展阶段，它是采用 4G 移动通信技术、智能移动终端和智能安全加密技术，丰富了移动电子商务的使用场景和覆盖内容，利用这些技术对旧的商业行为进行个性化、精准化的推送。

随着 5G 移动通信技术的兴起，未来将会大规模投入使用，移动电子商务势必会进入新的发展阶段。从用户体验方面来看，5G 具有传输速率高、网络容量大、延时短等特点，能让网速更快、信息传递更快、全方位实现物联网。这意味着更多的潜在客户在网上浏览，更快的网站和应用程序可以在创纪录的时间内为他们提供服务。有 5G 技术的支持，消费者参与生产活动的形式将会更灵活，能满足自身的需求，也有利于商品的改进，极大地改变了人们的生活习惯。

四、移动电子商务的发展现状

根据中国互联网络发展状况统计报告分析，截至 2022 年 6 月，我国网络购物用户规模达 8.41 亿人，占整体网民的 80.0%，如图 7 - 3 所示。

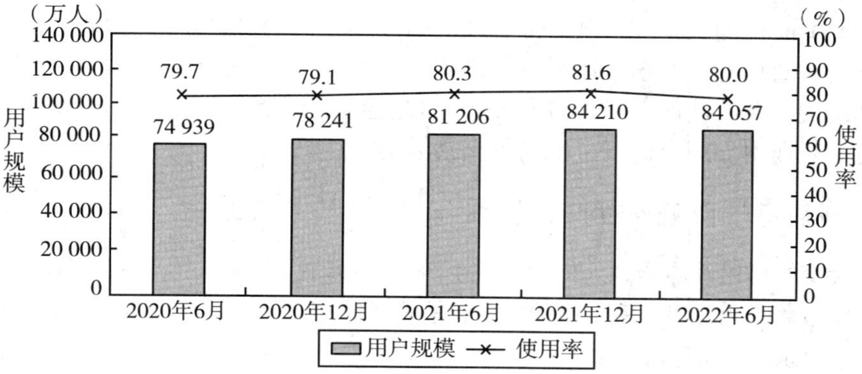

图 7－3 2020 年 6 月～2022 年 6 月网络购物用户规模及使用率

资料来源：中国互联网络发展状况统计调查。

随着越来越多互联网平台涉足电商业务，网购用户的线上消费渠道逐步从淘宝①、京东等传统电商平台向短视频、社区团购、社交平台扩散。可以看出，中国移动电子商务行业近年来取得了飞速发展，这与它的便捷性和交互性是分不开的。它将因特网、移动通信技术、短距离通信技术及其他信息处理技术完美地结合，使人们可以在任何时间、任何地点进行各种商贸活动，实现随时随地、线上线下的购物与交易，因此受到了广泛认可。可以预见的是，未来移动电商行业将拥有良好的发展前景。

从移动网络购物企业市场来看，手机淘宝、京东等传统电子商务巨头在移动电子商务领域的优势仍然存在。“双十一”作为电子商务行业最重要的节庆之一，全网交易额自成立以来增长迅猛。根据第三方数据平台星图数据统计显示，2022 年 10 月 31 日晚 8 点至 11 月 11 日零点，2022“双十一”全网电商交易额超过 1.15 万亿元，与 2021 年“双十一”全网交易额 9 650 亿元相比，仍然有超过 13% 的增长，其中综合电商销售额为 9 340 亿元，同比增长 2.9%，天猫占据份额仍为第一。直播电商同比增长 146% 至 1 814 亿元，占比也接近了 20%。

五、移动电子商务的发展趋势

近几年移动互联网的迅猛发展，利用碎片化时间，使用移动终端设备进行网上购物、网上外卖、订票等商务活动，已然成为用户日常生活中不可或缺的一部分，也是电子商务模式发展的趋势之一。移动电子商务技术的不断升级，大大增强了用户的体验效果，随着生活习惯和需求的改变，移动电子商务呈现以下几个方面的发展趋势。

（一）大数据技术应用于移动电子商务

现阶段，互联网和移动电子商务都在不断地拓展网络便捷，也积累了大量的用户数据，通过大数据技术应用在移动电子商务中，能够有效结合跨区域、跨平台等方面的资源，同时建立快速、高效的客户服务体系，利用数据挖掘技术，可以分析非常精准的数据，尽可能地

① 淘宝，淘宝一般指淘宝网。淘宝网是亚太地区较大的网络零售、商圈，是阿里巴巴集团 2003 年 5 月创立。

缩短服务周期，进而有效地满足用户需求。

随着大数据时代的到来，信息的价值日益凸显，在消费者进行网上购物、交易支付时，企业获取到的有效信息，对于促进交易直接或间接地发生起到非常大的作用。例如，用户可以通过移动终端设备，获取电影资讯、天气、旅游路线、股票行情等各种业务信息数据，这些数据有助于企业引导用户进行电子商务交易活动。

（二）移动电子商务向社交化发展

如今，社交媒体已经渗透到人们的日常生活，在移动社交媒体上，消费者能随时享有商家提供的个性化服务，同时，商家也能随时了解消费者的需求，社交化为电子商务行业带来新的流量入口。不只是微商等行业注重自媒体应用，电子商务企业也在积极打造自己的社交电商平台。企业需要通过社交化应用来突显自身产品和服务的个性化特征，满足于目标用户的需求。例如，受年轻人追捧的小红书 App，和其他电商平台不同，小红书是从社区起家。一开始，用户注重于在社区里分享海外购物经验，到后来，除了美妆、个护，小红书上出现了关于运动、旅游、家居、旅行、酒店、餐馆等信息分享，触及了消费经验和生活方式的方方面面。在小红书，一个用户通过“线上分享”消费体验，引发“社区互动”，能够推动其他用户去到“线下消费”，这些用户反过来又会进行更多的“线上分享”，最终形成一个正循环。而随着人民生活越来越走向数字化，小红书社区在“消费升级”的大潮中发挥更大的社会价值。

（三）用户体验化

实体门店在过去与现在的意义不一样，过去的实体门店是商品流动的一个平台，而现在的实体门店更多的是消费者体验服务和实现与商家沟通交流的平台。由此可见，体验化将是移动电商发展的又一重要趋势。很多拥有实体门店天然优势的传统企业，已经意识到体验化优势带来的好处。例如，苏宁云店被称为“可以玩上一天的生活驿站”，将体验化做到极致。苏宁云店采用全新的“所见即商品”的全新情景化布展模式，这意味着消费者在现场看到的产品都能够通过手机扫码进行购买。

移动互联网的发展只是为电商提供了一种新的传播途径，但内容永远是传播的王道，只要把握好内容就可以在任何媒体时代纵横驰骋。体验化的核心不是媒体的传播，而是品牌内容的互动。移动电商不但要很好地完成“提示消费”的任务，更重要的任务是为消费者创造极佳的可参与的体验化环境，让消费者与品牌深度接触，让消费者愿意分享自己亲身参与品牌的精彩体验。

（四）移动电子商务需要优化安全性能

移动电子商务平台离不开移动互联网，而互联网本身也存在一些安全问题，给用户信息造成巨大的安全隐患。在这样的大环境下，需要通过建立完善的安全体系，采用无线公开密钥体系和无线加密技术来确保电子商务交易信息安全传输，为用户提供安全保障。此外，移动电子商务的发展运营还需要制定一套完善的法律法规制度，进一步规范移动电子商务的市场发展。通过颁布与移动电子商务相关的支付管理结算办法和相关制度，不断完善相关法律法规，才能使得移动电子商务的发展有法可依，有法可用，在严格的监管制度上更加持久、稳定地运营。除此之外，还需要通过建立良好的人才培养制度来提高人才的专业性，培养具有信息技术与实务相结合的复合型人才，在多方面知识技能的培训教育中，提高技术人员的综合素养，使其能够将学习到的技能完善地应用到移动电子商务的运营发展中，进而促进移动电子商务的发展。

视频：移动电子商务技术

任务二　移动电子商务技术

课件：移动电子商务技术

一、二维码技术

二维码（2 - dimensional bar code，又称二维条码）是用特定的几何图形按一定规律在平面（二维方向上）分布的黑白相间的图形记录数据符号信息的；在代码编制上巧妙地利用构成计算机内部逻辑基础的“0”“1”比特流的概念，使用若干个与二进制相对应的几何形体来表示文字数值信息，通过图像输入设备或光电扫描设备自动识读以实现信息自动处理。它具有条码技术的一些共性：每种码制有其特定的字符集、每个字符占有一定的宽度、具有一定的校验功能等。同时还具有对不同行的信息自动识别功能，以及处理图形旋转变化点。

目前，二维码在移动电子商务领域得到广泛应用，例如购物网站、商品的外包装、火车票以及各类消费场所都可以发现二维码的身影。对于中小企业而言，在营销资金短缺的情况下，二维码可以作为企业的基础营销工具。将二维码置于企业官网、营业场所中的海报、桌贴以及 DM 单（直接邮寄广告/直投杂志广告）上，甚至可以置于户外广告牌和公交、地铁等载体上，用户打开任何二维码扫描软件进行扫描，即可快速与企业互动，建立与企业的直接联系通道。

二、NFC 技术

NFC 是 near field communication 的缩写，即近距离无线通信。这个技术由非接触式射频识别（RFID）演变而来，由飞利浦半导体（现恩智浦半导体公司）、诺基亚和索尼共同研制开发。在单一芯片上结合感应式读卡器、感应式卡片和点对点的功能，能在短距离内与兼容设备进行识别和数据交换。

NFC 技术支持多种应用，包括移动支付与交易、对等式通信及移动中信息访问等。通过 NFC 手机，用户凭着配置了支付功能的手机就可以行遍全国，他们的手机可以用作机场登机验证、大厦的门禁钥匙、交通一卡通、信用卡、支付卡等。NFC 设备可以用作非接触式智能卡、智能卡的读写器终端以及设备对设备的数据传输链路，其应用主要可以分为四个基本类型：用于付款和购票、用于电子票证、用于智能媒体及用于交换和传输数据。

三、移动传感器技术

传感器是一类检测装置，能接受到被测量的信息，并能将接收到的信息按一定规律转变为电信号或者其他所需形式的信息进行输出，以满足信息的处理、存储、显示、记录、传输和控制等需求。智能传感器、无线传感器网络对当今信息时代有着至关重要的作用，它们已经渗透工业生产、生物工程、医疗检测、智能交通等众多民用领域之中。

陀螺仪又称角速度传感器，是一种测量仪器或设备，可检测物体的角度（姿势）。陀螺仪传感器是一个简单易用的基于自由空间移动和手势定位来控制系统，摇一摇应用就是基于陀螺仪技术而设计的，在微信、支付宝等手机应用软件中都引入了摇一摇技术。例如，微信摇一摇周边（简称摇周边）是微信基于低功耗蓝牙技术的 O2O（即在线离线/线上到线下，是指将线下的商务机会与互联网结合，让互联网成为线下交易的平台）入口级应用，作为微信在线下的全新功能，为线下商户提供近距离连接用户的能力，并支持线下商户向周边用户提供个性化营销、互动及信息推荐等服务。

四、LBS 技术

LBS 基于位置的服务，又称定位服务，它是通过电信移动运营商的无线电通信网络或外部定位方式获取移动终端用户的位置信息，在地理信息系统（GIS）平台的支持下，为用户提供相应服务的一种增值业务。它包括两层含义：首先是确定移动设备或用户所在的地理位置；其次是提供与位置相关的各类信息服务。意指与定位相关的各类服务系统，简称“定位服务”，另外一种叫法为 MPS – Mobile Position Services，也称为“移动定位服务”系统。

在移动互联网高速发展的信息时代，人们不仅希望能获得关于感兴趣的事件信息，还希望能知道自己所处的位置，并获取与自身位置相关的信息。LBS 技术需要借助互联网或无线网络，在固定用户或移动用户之间，完成定位和服务两大功能。例如，找到手机用户的当前地理位置，然后在所处范围内寻找手机用户当前位置处 1 公里范围内的影院、图书馆、加油站等名称和地址。目前，无论是公众用户还是行业用户，对于获取位置及其相关服务都有着广泛的需求，包括移动电子商务、娱乐消息、交互式游戏、车辆跟踪等众多领域。

视频：移动互联网商业模式

课件：移动互联网商业模式

任务三　移动互联网商业模式

一、行业定制模式

想一想：还有其他商业模式吗？请举例说明。

该模式一般是项目合同制，授权厂商按开发功能数量等对被授权方收取费用，如手机授权的操作系统、企业级应用、本地手机导航、移动办公应用等 B2B 交易商业模式。

二、App（应用程序）模式

该模式主要满足用户某种类型需求，通过用户下载使用，实现增值的服务。典型应用类型包括手机游戏等应用软件付费下载、应用中包含付费模块等 B2C 交易商业模式。线上获取的主要渠道有电信运营商渠道、第三方应用商店、线上推广平台等，平台的选择关系到 App 推广的效果及收益。目前市场当中以苹果手机应用商店的用户质量最高、付费能力最强。它的主要盈利模式分为下载付费、应用中付费，以及应用内置广告盈利。例如用户通过免费下载移动游戏 App 扩大基数，在使用过程中依靠售卖游戏道具等实现增值付费，同时由于较大的用户基数，吸引一定数量的商家投放广告，形成补充的盈利模式。

三、电子商务模式

庞大的移动互联网用户人群是发展移动电子商务的重要优势，移动电子商务不仅可以为原有的互联网企业进一步拓展市场，同时还可以整合线下餐饮、旅游、娱乐等企业通过移动端渠道，推荐相应的服务和产品。典型的模式如移动电子商务零售、手机团购、手机生活服务等。移动电子商务的最大优势就是用户可以随时随地获取所需的信息、服务、娱乐和应用，能有效利用人们碎片化的时间。基于用户的位置信息，能更好地实现移动用户的个性化服务，同时，通过银行、电话账单、应用付费等方式，让服务流程上更加方便快捷。

四、广告模式

通过销售移动用户的注意力来实现媒体价值，例如 WAP 网站、应用媒体等通过吸引用户流量，聚焦用户关注力，构成了无线营销的核心卖点，以此进行二次销售。如移动社交应用、手机浏览器等免费 App 中的商家付费广告模式。移动广告的特点在于精准营销，它是基于用户浏览行为及内容的信息挖掘，并且利用手机定位来吸引和推送感兴趣的信息，从而提升营销的一大途径。品牌是移动广告厂商的无形资产，表现在媒体质量的好坏、广告结算的诚信度等多方面。聚焦一定规模的用户注意力，就能构成无线营销的核心卖点。

视频：移动电子商务行业应用

任务四　移动电子商务行业应用

课件：移动电子商务行业应用

一、商务交易类应用

（一）网络购物

随着移动电子商务的蓬勃发展，传统电子商务企业纷纷拓展移动商务市场，如京东、淘宝等大型电子商务平台随即开发出京东商城、手机淘宝等购物 App。消费者通过智能手机下载并安装购物 App 后，即可直接在平台上进行网上购物，如购买衣服、化妆品、零食等。其次，除了传统的商品类购物外，电影票、入场券等票务类购物也逐渐兴起，并成为网络购物的一大主业。网络购物已经融入人们每天的日常生活中，改变了消费者以往的传统购物方式，为消费者提供了更加方便、快捷的服务。

（二）移动支付

移动支付（mobile payment）也称为手机支付，是指允许用户使用其移动终端（通常是手机）对所消费的商品或服务进行账务支付的一种服务方式。单位或个人通过移动设备、互联网或者近距离传感直接或间接向银行金融机构发送支付指令产生货币支付与资金转移行为，从而实现移动支付功能。目前，主要利用手机实现款项支付，或移动条件下的支付。实现形式包括基于第三方平台移动支付（手机支付宝、微信等）、手机银行、手机储值卡或移动预付费、代缴费等。

随着人工智能、大数据、5G 等新一代信息技术的快速发展，数字化技术与普惠金融的融合不断加深，移动支付作为数字普惠金融的重要工具载体，提高了普惠金融服务的便捷性与快捷性。中国互联网络信息中心（CNNIC）数据显示，截至 2022 年 6 月，我国网络支付用户规模达 9.04 亿人，较 2021 年 12 月增长 81 万人，占网民整体的 86.0%。如图 7-4 所示。

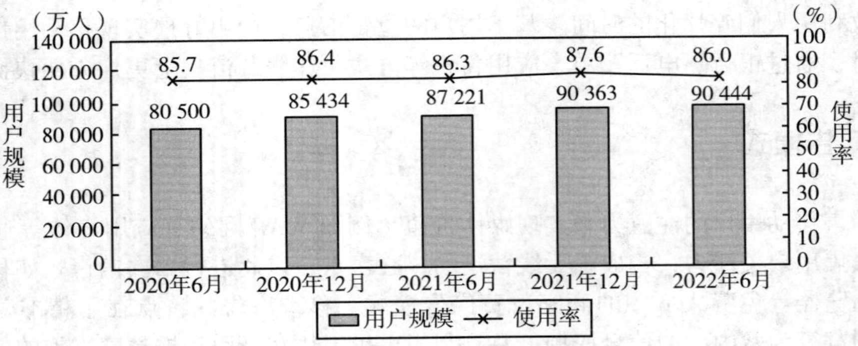

图 7-4　2020 年 6 月～2022 年 6 月网络支付用户规模及使用率

资料来源：中国互联网络发展状况统计调查。

移动支付的出现对于消费者来说无疑是非常便利的，在实体店无须携带现金，直接扫描二维码，就可以轻松付款。在很大程度上节约消费者的时间，并且可以避免假币问题带来的麻烦。再加上第三方支付平台经常会发布一些抢红包、满减等活动，不仅给消费者带来优惠，更是给消费者带来了很多乐趣。对于商户来说，移动支付的发展也带来了好处。首先，移动支付手续费低，扩大了商户的盈利空间。另外，商家通过支付宝、银联等优惠活动，在扩大宣传力度的同时，也可以增加营业收入。

近年来，国家有关部门加大了对包括网络支付在内的各互联网平台应用的监管工作，旨在进一步保护个人信息安全，防范金融风险，维护社会稳定。在支付监管方面，2021 年 1 月，中国人民银行发布《非银行支付机构条例（征求意见稿）》，拟将支付监管的部门规章升级为行政法规，进一步加强支付领域的市场准入和管理。2021 年 3 月，《非银行支付机构客户备付金存管办法》正式施行，规范了客户备付金集中存管业务，进一步明确监管职责等内容。在个人信息保护方面，国家互联网信息办公室、工业和信息化部等四部门联合发布《常见类型移动互联网应用程序必要个人信息范围规定》，规定了网络支付类应用基本功能服务和必要个人信息范围，防范相关应用索取非必要个人信息，保护个人信息安全。①

（三）网上外卖

网上外卖是指外卖商家通过外卖平台，实现外卖业务的数据支持、客户流量支持、经营运营支持等，这使得餐饮业实现了数字化、高技术发展。受益于年轻人的线上消费倾向，中国外卖行业不断快速增长，如美团、饿了么等外卖平台，能做到足不出户即可享受美食。“以前每天常为吃啥发愁，如今坐在办公室，打开外卖 App，数百家餐厅，各种美味近在眼前，随便挑，随便选”。

随着我国经济活力的全面恢复以及外卖行业监管进一步加强，外卖行业数字化水平不断提升，新消费趋势凸显，行业覆盖内容更加丰富多元。与此同时，外卖行业生态与骑手权益保障也受到社会广泛关注，行业生态环境持续改善，推动外卖行业健康长远发展。截至2021 年 6 月，我国网上外卖用户规模达 4.69 亿人，较 2020 年 12 月增加 4 976 万人，占整体网民的 46.4%，如图 7－5 所示。

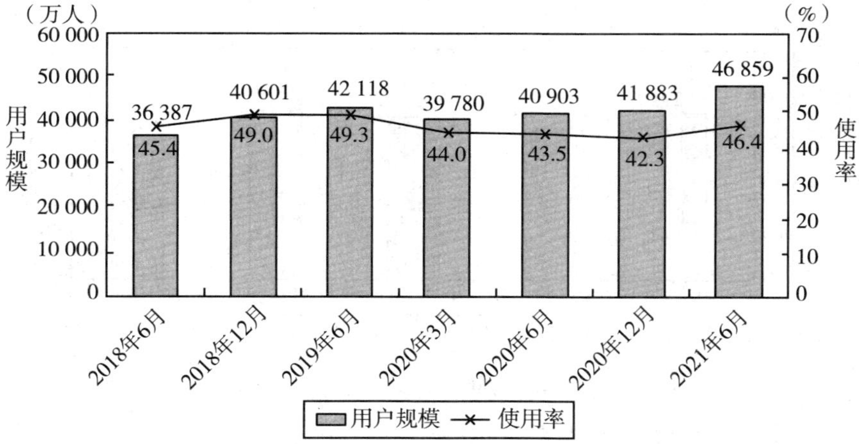

图 7－5　2018 年 6 月～2021 年 6 月网上外卖用户规模及使用率

资料来源：中国互联网络发展状况统计调查。

外卖行业蓬勃发展，在外卖业务收入、数字化水平、行业覆盖内容等方面呈现显著特点。一是餐饮外卖业务营收和会员数量增长显著。数据显示，2021 年第一季度美团餐饮外卖业务收入 205.75 亿元，同比增长 116.8%。二是外卖行业数字化水平不断提升，对供、需两侧都产生重要影响。在供给侧，外卖平台、餐饮平台与品牌自建订单协同等线上点单方式，进一步拓宽了餐饮企业数字化发展空间，加速推动其向线上转移；在需求侧，外卖一人食、预制菜、自热食品等新消费需求的井喷式增长，推动了餐饮服务向家庭化的延伸。三是“外卖”概念的外延不断拓宽，行业覆盖内容更加多元。以生鲜、药品为代表的即时配送业务飞速发展，与餐饮外卖共同助力惠民生、稳经济。伴随着用户逐渐养成的零售消费习惯，

① 资料来源：中国互联网络信息中心。

各类非餐饮外卖业务占比正在不断扩大，外卖行业覆盖内容不断丰富。

（四）在线旅行预订

在线旅行预订是指消费者利用互联网、移动互联网及通信等方式向旅游服务提供商预定旅游产品或服务的行业。目前，相关移动技术的日益成熟，以及为了更好满足用户需求，在线旅游服务商们为用户提供了相当多的新式应用。这些应用主要以多元化、多点式的 App 客户端为主，如携程旅行、飞猪等 App 等，应用中包含了航班、酒店、旅游产品、攻略、图片分享等各个环节和产品，在产品的使用上进行了大量优化，提升用户体验。

随着 5G、AI、物联网等新技术的不断成熟，旅游产业迎来数字化转型的重要发展阶段。对于旅游内部管理而言，数字化转型有助于提高内部运营管理效率；对消费者体验而言，数字化转型则有助于提升出行体验，提高消费者的出游意愿度。2021 年上半年，我国在线旅行预订行业强劲复苏，出游人次快速反弹增长，企业业绩大幅提升。在线旅行预订企业不断进行数字化营销升级，寻求新的业绩增长点。在行业回暖的同时，旅行预订市场消费结构发生变化，推动整个行业高质量发展。截至 2022 年 6 月，我国在线旅行预订用户规模达 3.33 亿人，占整体网民的 31.6%，如图 7-6 所示。

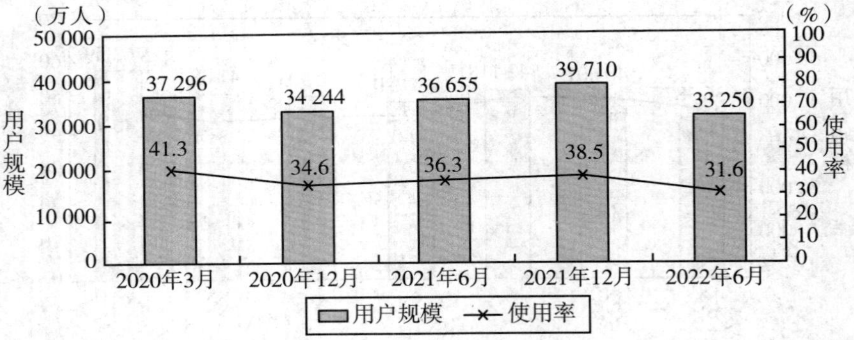

图 7-6　2020 年 3 月～2022 年 6 月在线旅行预订用户规模及使用率

资料来源：中国互联网络发展状况统计调查。

企业数字化赋能营销体系，带来新的业绩增长点。全球出境游业务恢复尚难预期，旅行预订企业借助营销方式创新，深挖聚合服务精准营销价值。一是旅行预订企业以直播业务为契机，布局内容生态拓展营销渠道。数据显示，微博与携程联合推出的系列电商直播节目，销售额达到 3 346 万元。二是旅行预订企业引入“盲盒”业态，获得年轻人青睐。“盲盒”机票或酒店将时间、目的地任意组合，带给消费者新奇、惊喜的体验，不满意可退货降低了用户参与的心理负担，受到众多年轻人的追捧，成为社交媒体热门话题。微博话题“机票盲盒为什么吸引年轻人”，阅读量达到 1.8 亿次。

旅行预订市场消费结构调整，高质量发展潜力巨大。一是品质休闲游成为旅游经济复苏引擎。出于安心考虑，越来越多的游客愿意提升消费水平，为旅游的品质和服务买单。二是“银发经济”为旅行预订行业带来发展契机。在旅行预订用户中，60 岁以上的老年群体达到 1 632 万人。随着数字经济时代全社会对老年群体的关切，适老化服务将在提升旅游品质的同时，为旅行预订行业带来新的发展机遇。

二、移动娱乐类应用

移动娱乐就是不受时间和空间限制，通过移动互联网在手机、平板电脑等移动终端设备上进行在线娱乐。随着4G、5G时代的普及，宽带传输、手持终端和移动视频等新技术产生的能量会进一步扩展，娱乐创新的表现形式也会越来越丰富多彩。移动娱乐业务包括移动在线音乐、移动游戏、移动视频和手机直播等。

（一）移动在线音乐

移动在线音乐是指通过手机、平板电脑等移动终端设备，利用移动互联网进行传输的音乐，以App为载体的移动音乐，包含了音乐播放器、音乐电台、K歌娱乐、音乐直播等层面。移动音乐汇集了音乐版权提供方、音乐服务运营方、第三方服务提供方（通信、支付、版权管理等）等利益相关群体，为用户提供广泛的音乐服务。2020年，移动在线音乐平台逐渐从免费模式向付费模式转变，利用拓展社交娱乐、演艺娱乐等方式，提高内容多元化程度，培养用户付费习惯。例如网易云音乐、QQ音乐、酷狗音乐等为代表的音乐播放器平台。数据显示，截至2020年12月，我国手机网络音乐用户规模达6.57亿人，占手机网民的66.6%。

（二）移动游戏

近年来，电子游戏经济作为一种娱乐消费品，随着日益强大的网络经济，现在已是娱乐产业中相当重要的组成部分。其中，移动游戏凭借其便携性和包容性的特点成为发展最迅速的游戏类型。根据中国互联网络信息中心（CNNIC）显示，截至2022年6月，我国网络游戏用户规模达5.52亿人，较2021年12月减少114万人，占整体网民的52.6%，如图7－7所示。2020年以来，包括《健身环大冒险》《集合啦！动物森友会》等在内的多款主机游戏引发全民关注热潮，从小众逐步“出圈”。其中，健身类游戏《健身环大冒险》极大满足了家庭健身活动需求，于2020年8月在电商平台开启预售仅半天时间便有近3万人预购；模拟经营类游戏《集合啦！动物森友会》在一定程度上填补了社交需要，截至2020年12月，微博“集合啦！动物森友会”超级话题阅读量达41.3亿次，发帖量达58.8万个，粉丝数达24.3万人。

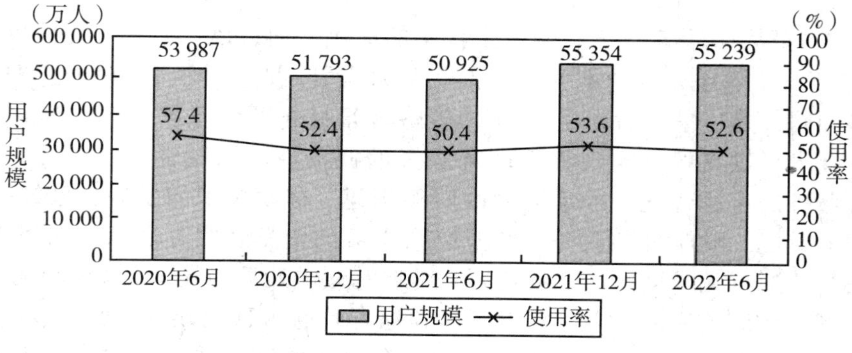

图7－7 2020年6月～2022年6月网络游戏用户规模及使用率

资料来源：中国互联网络发展状况统计调查。

（三）移动视频

想一想：你觉得短视频 App 的好处是什么？

随着智能手机的快速普及以及宽带互联网普及率的与日俱增，中国消费者观看视频的习惯正逐渐从传统电视转向在线视频。例如，爱奇艺、优酷、腾讯视频等平台，目前在线视频平台盈利模式逐渐由原来的广告投入的收入转向会员付费模式。2021 年上半年，短视频作为基础的用户表达和内容消费形式，其应用在移动互联网中加速渗透，成为互联网的基础应用。短视频是一种互联网内容传播方式，一般是在互联网新媒体上传播的时长在 5 分钟以内的视频传播内容。中国短视频行业自 4G 网络开始普及后便实现高速发展，并且诞生了抖音、快手等数亿用户量级的平台，在移动互联网时代建立起强大的影响力。

（四）网络直播

网络直播是随着移动互联网等技术发展诞生的新兴业态，是由网络主播提供的不经过录音或录像，依托互联网和手机或电脑等直播工具在网络直播平台上，同步进行实况播送的网络内容服务形态。在国家文化政策支持、网络基础设施和移动宽带加速普及、视频技术日趋成熟、资本助推等利好因素推动下，网络直播行业高速发展。如今，各大直播平台积极推动“直播 +”布局，与电竞、综艺、文化、旅游、教育等产业相结合，努力构建多元化、差异化、高品质的直播生态体系。以电商直播为代表的网络直播行业在 2020 年实现蓬勃发展，网络直播作为“线上引流 + 实体消费”的数字经济新模式，完美契合了上述需求，因而成为发展新热点。无论是以京东、苏宁为代表的电商企业，还是以抖音、快手为代表的短视频平台，甚至微信、微博等互联网社交应用，都开始将电商直播作为拉动营收增长的战略重点。网民广泛参与，为行业发展带来强劲动力。随着用户线上消费习惯的加速养成，直播电商已经成为一种广泛受到用户喜爱的新兴购物方式。

三、公共服务类应用

（一）移动政务

移动政务主要是指移动技术在政府工作中的应用，通过诸如手机、无线网络、蓝牙、射频识别（RFID）等设备或技术为公众提供服务指引。近年来，国家和地方在持续推动政务服务事项网上办、掌上办、一次办，移动政务服务平台发展迅速。通过云端应用、平台内嵌等技术提供支撑，实现移动政务服务的便捷性、承载性、经济性、安全性等，有利于政务服务的流程优化，推动数字政府的构建。移动技术的发展，已经引起各国公共服务部门的重视。响应公共服务一线及公众本身的信息及服务需求，利用手机及其他手持移动设备，通过无线接入基础设施为一线政府工作人员和社会公众提供信息和服务，越来越成为各国政府关注的焦点。随着国家和地方政府对移动政务的大力支持，以 App、小程序等为主的移动政务服务平台快速发展。全国各地纷纷推出面向社会公众的移动政务服务应用，如“北京通”“津心办”“冀时办”“随申办”“浙里办”“粤商通”“闽政通”等，精简材料、跨部门协同，推动了更多政务服务事项从“线下跑”转向“网上办”，全方位提升了网上政务服务能力和水平。

（二）在线医疗

在线医疗就是通过使用移动通信技术或移动设备来提供医疗服务和信息。移动医疗逐步改变了过去人们只能前往医院“看病”的传统生活方式。无论在家里还是在路上，人们都能通过移动可穿戴设备等向医生提供身体状况数据信息，随时听取医生的建议，或者是获得各种与健康相关的资讯。医疗服务因为移动通信技术的加入，不仅将节省之前大量用于挂号、排队等候乃至搭乘交通工具前往医院的时间和成本，而且会更高效地引导人们养成良好的生活习惯，变治病为防病。

目前，在线医疗能够提供的服务较为多样，在线问诊、健康知识科普等服务较为常见，也可提供体检预约、慢性病管理等服务，满足了用户多样化的诉求。从用户使用在线医疗的主要需求看，获取疾病信息成为最主要的目的，其次是网络购药，使用人群超过了一半，在线问诊的人群也达到了一半。随着我国银发群体规模逐年增长，对老年健康服务的关注，成为各互联网平台在线医疗领域切入的重点方向。例如，京东集团推出的“家医守护星”智能手机、可穿戴设备等智能硬件产品对居家老人进行智能化健康管理。

（三）在线教育

在线教育是指在移动设备帮助下，能够在任何时间、任何地点，基于网络的学习行为。在线教育所使用的移动设备必须能有效地呈现学习内容，并且提供教师与学习者之间的双向交流。在线教育采用微博、微信、微课和教学视频等形式开展碎片化学习，实现了慕课、翻转课堂和移动学习等移动互联网时代的学习创新。国家推出“停课不停学”的政策，加速了在线教育行业的渗透率。随着国民可支配收入的提升，互联网普及度的发展，带来了在线教育行业新一轮的增长。视频作为在线教育课程的重要载体，在发展过程中形成了录播和直播两种主要的形式。5G 技术能够提高网络的速度和稳定性，5G 技术在在线教育直播课的应用提高了直播的稳定性和即时性，营造沉浸式教学体验，提高教师学员间的互动效率。

（四）移动办公

移动办公也叫移动 OA，是指通过手机、平板电脑等移动终端设备中的移动信息化软件，与企业的办公系统进行连接，将原本公司内部的局域网变为安全的广域网，摆脱传统办公时间和场所对工作的限制，实现随时随地移动办公的目的，如短信提醒服务、远程会议、信息浏览与查询和远程访问内部办公网络等。移动办公有效地解决了企业管理与沟通的问题，使企业整体运作更加协调。随着在线办公需求显著提升，部分互联网企业开启长期居家办公模式，在线办公时代加速到来。中国在线办公行业受益于互联网基础设施的快速发展，激发了大量的需求。在线办公用户规模的增长也促使细分领域不断发展，尤其是在线视频/电话会议、在线文档编辑等领域使用率得到提升。在线办公个性化服务兴起，钉钉、企业微信等提供更简单、更便捷的在线办公接入渠道，低代码或无代码开发模式能够降低企业用户开发更加合适的办公程序成本，尤其适合中小企业。

思政园地

为缓解旅游行业萧条，政府和企业多点发力提振旅游消费

“作为聚集性、流动性、接触性较强的旅游业，恢复发展面临不小挑战。文化和旅游部数据显示，2022年一季度，国内旅游总人次8.30亿，比上年同期减少1.94亿人次，下降19.0%。目前，政策对旅游业的帮助更多在于财税和金融扶持方面，偏向于‘输血式’扶持。但要增强旅游业韧性、激发内生活力、推动其可持续发展，国家还可以从技术、人才等方面给予旅游业‘造血式’扶持。”中国地质大学（武汉）旅游管理系副教授李会琴在接受中国经济时报记者采访时表示。为了最大限度降低旅游行业的萧条，政府和企业多措并举提振旅游经济，整个旅游行业在调整中不断变革创新。

为助力旅游业渡难关，今年以来，中央和地方推出一系列举措，帮助企业应对冲击。李会琴告诉本报记者，金融支持和扩大内需是最能够帮助旅游业恢复和稳定的利好政策。该类政策对于小微企业居多的旅游行业来说可谓是“雪中送炭”，不仅很好地解决了企业的燃眉之急，而且有助于旅游业的恢复和发展。

从清明假期、“五一”小长假、“十一”黄金周数据来看，国内旅游市场复苏态势强劲。随着国内跨省游业务的逐步放开，旅游市场加速复工复产进程。一方面，政府加大政策扶植力度，通过降低企业运营成本、加大金融信贷支持、营造热点宣传话题等方式，优化资源供给以支持企业发展。另一方面，航空公司和旅行预订企业纷纷推出优惠补贴措施，激发平台用户旅游消费需求。东方航空、南方航空等相继推出“随心飞”产品，用有限的成本提振市场信心。“十一”黄金周期间，同程、携程、飞猪等旅行预订平台通过高额补贴，引导用户消费决策，助力旅游经济复苏。

推动旅游业不断变革创新，数字化应用提升服务质量。一是借助人工智能技术，“无接触服务”得到推广应用，例如酒店行业纷纷推出“无接触服务”。华住集团旗下酒店、首旅如家等不仅能够实现自助完成续住、退房等手续，而且还提供机器人递送服务。二是旅游业尝试“直播带货”模式，激发旅游市场活力。在直播经济带动下，各大旅游企业、旅游景区、旅游达人等纷纷开展网红直播营销业务。三是“预约制”为景点旅游带来新体验。旅游景点“预约制”加速普及，从统筹经济性、安全性与体验性出发，对客流量进行动态调整，从而提升旅游景区智慧化管理水平，促进旅游行业高质量发展。

资料来源：https：//k. sina. com. cn/article_1749604875_6848da0b0190136b0. html.

本项目主要知识点

移动电子商务　移动电子商务特点　移动电子商务发展历程　移动电子商务发展现状　移动电子商务发展趋势　移动电子商务技术　移动互联网商业模式　移动电子商务行业应用

课后习题

一、单选题

1. （　　）不是目前移动终端设备。

A. 手机　　B. 笔记本电脑　　C. PSP　　D. PDA

2. 移动电子商务是指通过（　　）进行 B2B、B2C、C2C 或 O2O 等电子商务活动。

A. 移动终端　　B. 平板电脑　　C. 手机　　D. 笔记本电脑

3. 移动电子商务采用了基于 SOA（service-oriented architecture，面向服务的体系结构）架构的 Web 服务属于（　　）。

A. 第一阶段　　B. 第二阶段　　C. 第三阶段　　D. 第四阶段

4. 由于移动终端的（　　）特点，可以使电子商务活动不受时间．地点的限制。

A. 私密　　B. 便携　　C. 快捷　　D. 高端

5. NFC 技术支持多种应用，不是基本类型之一的是（　　）。

A. 智能媒体　　B. 付款和购票

C. 交换和传输数据　　D. 发票

6. 移动电子商务和传统电子商务都必须依赖于（　　）。

A. 配送服务　　B. 移动互联网　　C. 银行服务　　D. 互联网

7. 基于 WAP 技术方式的移动电子商务系统属于（　　）的移动电子商务。

A. 第一阶段　　B. 第二阶段　　C. 第三阶段　　D. 第四阶段

8. 下列知名移动电子商务企业中，不是主流电子商务企业的是（　　）。

A. 买卖宝　　B. 唯品会　　C. 京东　　D. 淘宝

9. 属于二维码线下推广渠道的是（　　）。

A. 实体包装　　B. 网站　　C. 微博　　D. 微信朋友圈

10. 考拉海购 App 属于（　　）平台。

A. 社交移动电子商务　　B. O2O 移动电子商务

C. 跨境移动电子商务　　D. 以上都不是

二、多选题

1. 下列选项中，属于移动电子商务特点的有（　　）。

A. 个性化服务　　B. 即时性　　C. 便捷性　　D. 可连通性

2. 下列选项中，属于移动终端设备的有（　　）。

A. POS 机　　B. 手机　　C. iPad　　D. 笔记本电脑

3. 随着消费者的习惯和需求的改变，移动电子商务呈现的发展趋势有（　　）。

A. 以企业和商品为电子商务活动中心

B. 社交化应用成为热点

C. 移动终端应用更加注重页面展示

D. 线上线下融合发展

4. 目前移动办公的主要实现方式有（　　）。

A. 通过短信实现公文，邮件提醒服务

B. 通过无线网络实现在公司内部的移动办公

C. 通过 WAP 服务浏览详细公文和邮件内容

D. 通过卫星定位系统实现移动办公

5. 移动电子商务的框架从下到上包括（　　）。

A. 核心交易层　　B. 网络服务层

C. 应用服务层　　D. 终端层

6. 直播活动吸引的粉丝需要进行维护才能使他们从粉丝转变为客户，维护粉丝的方法包括（　　）。

A. 线上线下活动　　B. 信息分享

C. 销售产品　　D. 邀请参与策划

7.（　　）等电子商务平台都属于 O2O 移动电子商务类型。

A. 大众点评　　B. 美团　　C. 饿了么　　D. 考拉海购

8. 按照银行卡的结算方式分类，可以将银行卡分为（　　）。

A. 借记卡　　B. 储值卡　　C. 复合卡　　D. 信用卡

9. 以下应用场景中，可以使用移动支付的有（　　）。

A. 预订电影票　　B. 支付打车费　　C. 网上购物　　D. 订购外卖

10. 下列选项中，对移动电子商务安全防范意识描述错误的有（　　）。

A. 可以任意安装手机网站上搜索到的 App

B. 不要轻易泄露个人姓名、身份证和银行卡等信息

C. 长期使用固定密码

D. 为了记住密码，最好将密码存放在手机桌面

三、简答题

1. 移动电子商务的应用有哪些?

2. 简述移动电子商务的几种商业模式。

3. 目前国内主要的 O2O 移动电子商务平台有哪些类型?

4. 移动电子商务与传统电子商务的区别在哪里?

5. 移动电子商务可能会面临哪些安全威胁?

项目实训　移动电子商务营销实训

一、实训目的

了解移动营销的关键要素和运作过程，并掌握移动营销的常用方法。

二、实训素材

计算机、网络、素材案例、在线资源等。

三、实训内容

1. 收集 2 个以上企业成功移动营销的案例，并分析其成功原因。
2. 了解并分析不同移动营销方式的优缺点，如微信营销、二维码营销、微信营销等。
3. 使用个人类型的订阅公众号并体验微信公众号平台的营销方法。

四、实训要求

1. 列举移动营销案例中企业所采用的营销方式和营销效果，并撰写出企业的移动营销思路。

2. 注册微信公众账号，设置微信号和头像，头像可使用日常照片或品牌 LOGO（自行设计）。需指定一个营销方向，向用户推送信息，如活动内容、新品上架、折扣优惠内容等，通过微信公众号后台统计出粉丝人数变化、粉丝分布情况、用户流量分析等，评估推广方案是否有效，并撰写报告。

项目八

跨境电子商务

知识目标

- 掌握跨境电子商务的含义和特点
- 掌握跨境电子商务的模式分类
- 了解当前主要的跨境电子商务平台
- 掌握跨境电子商务物流的定义及主要模式
- 了解各种跨境支付方式

能力目标

- 能够区分并对不同的跨境电子商务模式进行分类
- 能够识别不同的跨境电子商务平台
- 能够运用跨境电子商务物流的概念及模式分析问题
- 能够选择合适的跨境支付方式

情感目标

- 培养国际化视野
- 树立基本的职业道德和法律意识
- 具备良好的沟通能力与团队协作能力

思维导图（见图8－1）：

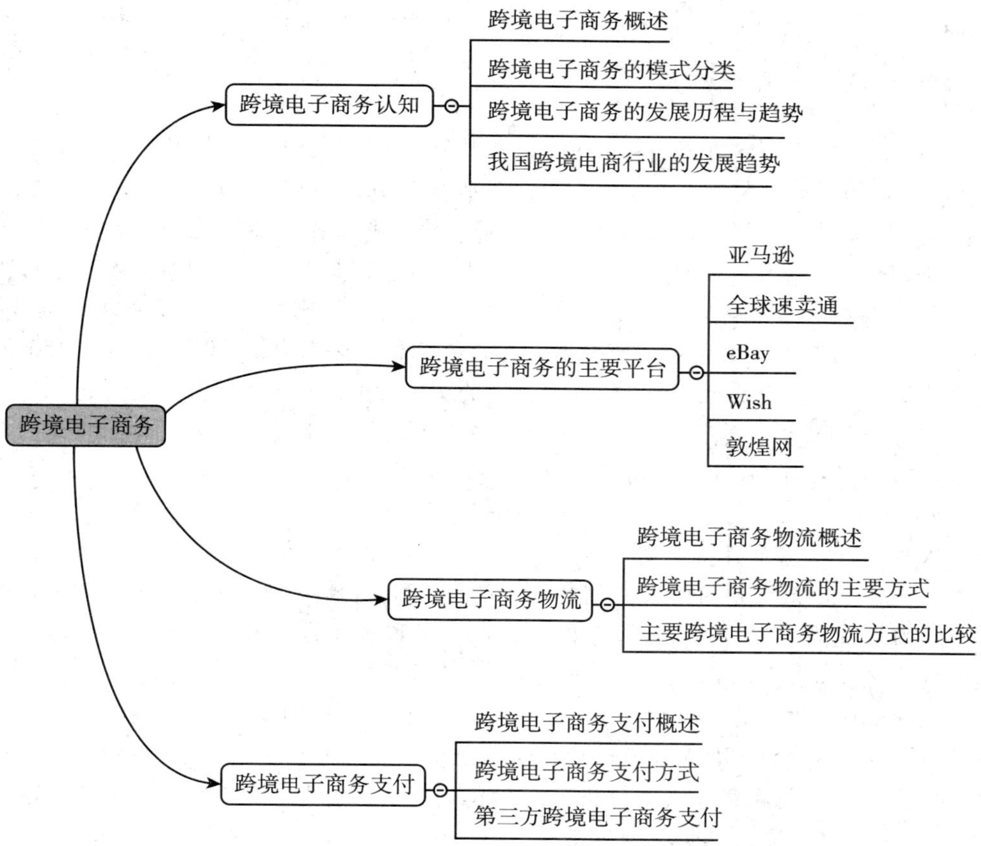

图8－1　跨境电子商务

引导案例

美国最受欢迎的电商网站　竟是一家中国公司？

2021年初，美国一家权威公司做了一个调查。调查结果显示，美国最受欢迎的电商平台第2名是一家来自中国南京的公司，这家公司的名字叫SHEIN。很多中国人听到这个名字后一脸迷惑：SHEIN？很出名吗？怎么我们都没有听说过？且慢，上述调查还有一个更令人震惊的结果：在高收入女性的青少年组，美国人对SHEIN的喜欢程度已经超过了亚马逊，是美国人心中最受欢迎的电商平台！下面我们来了解一下，这家把国外所有快时尚品牌都打趴下去了，直接在美国本土威胁到全世界最大电商平台亚马逊，但是在国内却鲜为人知的SHEIN，到底是何方神圣？

SHEIN创建于2008年，算得上是一家老牌电商品牌了。和天猫、京东、拼多多等平台不同的是，它切入电商的领域相对小众，只是一门心思地认准了做跨境电商，这也是它在国内寂寂无闻的原因之一。公司的主营业务品类上，SHEIN做的是快时尚，以快时尚服装为主，但是也做适当的扩张，横跨了包括服装、配饰、鞋包、家居、美妆在内的一些领域。

也许有人说了，在快时尚领域，ZARA 等时尚巨头可是个顶个的硬角色，在他们的地盘，SHEIN 能干得过这些实力雄厚的洋品牌吗？数据是不会骗人的，整个 2019 年，SHEIN 的成交总额高达 200 亿美元，这个数据有多恐怖？仅做几个有限品类，就获得这么高的营收，SHEIN 的表现绝对是世界级的！

如今，在欧洲、美洲、澳大利亚、中东以及其他消费市场，SHEIN 已经把自己的市场扩张到 220 个国家和地区：一句话，地球上有人或没人的地方，都有 SHEIN 的专卖店。在 SHEIN 的业务贡献中，美国占 30%，欧洲占 30%，土豪满地的中东占 20%，还有 20% 在东南亚。由此可见，SHEIN 的影响力也是世界级的，因为到现在为止，还没有一个中国品牌能达到这种程度。因为 SHEIN 在这些年的异军突起实在太奇幻了，它的表现自然引起了资本的强烈关注，从 2013 年开始，SHEIN 就被追着不断融资：在最新一轮的融资中，SHEIN 获得了 150 亿美元的投资，估值直接上升到几百亿美元，同时，它的全球员工数量也飞速向万人迈进！

下一步，SHEIN 登陆美股，成为下一个拼多多应该是意料之中的事。

于是问题来了：在 2020 年疫情冲击、国际服装市场哀鸿一片的背景下，SHEIN 凭什么逆袭成王？

SHEIN 在海外扩张的几大利器。现在来看，SHEIN 在海外扩张并不是偶然的。

第一，低价。如果打开 SHEIN 官网就不难发现，那上面的东西卖价是真的不高：2 欧元一个的耳钉，20 美元左右一件的衣服，可以让花钱不留到明天的美国人随时下单买一件。要知道，这样的价格，就算是 ZARA，也只有打折季才能提供。从另一个方面说，SHEIN 成功抓住了疫情带来的机遇。在美国等一些国家，很多人在非常时期没有班上，只能待在家里，手上的钱越来越少。这时候，SHEIN 的出现让他们可以用相对较低的价格满足生活上的需求。

第二，上新。此前在很多人的印象中，ZARA 的上新速度是最快的，一件衣服有时从设计到上市一周就可以了，但是这种速度在 SHEIN 面前还是没有可比性的。有人统计过，SHEIN 的正常上新速度是 5 天；不正常的话，3 天就够了！

那么问题来了，SHEIN 的上市周期为什么能压得这么短？国内供应链太强大了！其实，作为一家南京公司，SHEIN 的生产基地现在已经不在南京了，而是转移到了广州，原因也很简单：广州番禺是全球最大的服装市场，那里的服装工业体系非常成熟，代工厂的素质也很高，在一些工厂，10 件衣服就可以起订，这一点是任何一个海外市场都无法比拟的。

第三，营销上，SHEIN 也很有一套。海外商品的营销一般都是在 YOUTUBE 视频网站上，SHEIN 也不例外。例外的是，SHEIN 总能在 YOUTUBE 成为焦点。例如，有段时间"SHEIN 是一个骗局吗"等话题就像好玩的行为艺术一样经过一些海外传播后，在西方世界得到普及，SHEIN 的知名度也因此名动一时。正是有了这几大利器，SHEIN 在海外的扩张一下子就变得不可遏制。

资料来源：https：//www. ebrun. com/20210421/430443. shtml？ eb = www_chan_news – cross.

➢ 案例思考：

1. SHEIN 的崛起给中国企业带来哪些启示？
2. SHEIN 营销做得成功的地方有哪些？

视频：跨境电子商务认知

课件：跨境电子商务认知

任务一 跨境电子商务认知

一、跨境电子商务概述

（一）跨境电子商务的含义

跨境电子商务是指不同关境的交易主体，通过电子商务平台进行交易、支付结算，并通过跨境物流或异地仓储送达商品、完成交易的一种国际商业活动。跨境电子商务可以分为广义和狭义两种。狭义上，把跨境电子商务理解为跨境零售，基本是针对消费者。即分属不同关境的交易主体，通过互联网进行交易、支付结算，并采用快件、小包等方式通过物流将商品送达消费者手中的商业交易过程。广义上，跨境电子商务则为外贸电子商务，是传统国家贸易商务流程的网络化、电子化和数字化。即来自不同国家或地区的买卖参与者，在跨境电商平台上进行交易、完成跨境支付结算，通过跨境物流配送商品，最终完成交易的一种国际贸易新模式。从这个意义上看，在国际贸易环节中只要涉及电子商务应用的，都可以纳入跨境电子商务的范畴中。

（二）跨境电子商务与国内电子商务的区别

1. 交易主体的不同。国内电子商务的交易主体在国内，一般是境内的企业对企业、企业对个人或个人对个人之间的交易。而跨境电子商务的交易主体则一方在境内，另一方在境外，可以是境内的企业对境外的企业或个人、境内的个人对境外的企业或个人。跨境电商的交易主体遍布在全球不同的主要市场上，其消费群体有不同的消费习惯、文化心理、生活习俗，这就要求从事跨境电子商务业务时要对不同国家市场做深入了解。

2. 业务环节的不同。国内电子商务的商品只有在国内流通，而跨境电子商务业务环节更为复杂，需要海关通关、检验检疫、外汇结算、出口退税、进口征税等环节。跨境电子商务的货物从跨境电子商务卖家发出之后由于要经过出关、入关等环节，货物容易损坏，到达国外消费者的时间长，也影响了卖家的收款速度。相较之下，国内电子商务的买卖双方都在国内，以快递的方式将货物送达消费者，路途较近、到货速度快且货物损坏概率比较低。

3. 交易风险的不同。国内电子商务交易发生在同一个国家，买卖双方对商标、品牌等知识产权有比较统一的认识，即使出现侵权纠纷，处理时长也较短。但跨境电子商务在交易过程中，一些中国的跨境电商卖家由于知识产权保护意识薄弱、对欧美知识产权保护制度不熟悉以及不愿意投入法律咨询方面的成本等原因，常常被欧美企业起诉，知识产权纠纷案件较多，后续的司法程序烦琐，赔偿问题麻烦，从而给自身带来了较大的交易风险。

4. 适用规则的差异。国内电子商务只需要遵循一般的电子商务法规，而跨境电子商务比国内电子商务需要遵循的规则更多、更细、更复杂。从事跨境电子商务则要以国际通用的系列贸易协定或双边贸易协定为基础。其从业者需要具备很强的政策、规则敏感性，要及时了解国际贸易体系、规则、进出口管制、关税细则、政策的变化，尤其需要了解买家所在国家或地区的商业政策和法律法规等。

（三）跨境电商与传统跨境贸易的区别

> **想一想：**跨境电子商务有什么特点？

跨境电子商务通过互联网平台进行交易，大幅度降低了买卖双方的信息沟通成本，在线上直接匹配交易主体，减少商品流通环节，提高商品流通效率，增加贸易发生机会。传统跨境贸易往往通过大规模、集装箱的方式将商品从出口国运送至进口国，再通过进口国的批发商、零售商进一步分销，发货时间的间隔长，发货批次少；而跨境电子商务则通过小规模、包裹的方式将商品从出口国运送至进口国，并直接配送至零售商或是消费者手中，发货时间的间隔短、发货批次多。总体来说，跨境电子商务在商品流通过程中具有诸多优势：

1. 跨境电子商务的去中间化。传统国际贸易的进出口环节涉及众多的中间商，而跨境电子商务缩短贸易中间渠道，减少渠道费用加成。跨境电子商务打破了传统外贸模式下的国外渠道，使得生产企业可以直接面对个体批发商、零售商甚至最终的消费者，有效减少了贸易中间环节，节省了商品流转成本，提高企业毛利率水平的同时也为消费者获得实惠提供了可能。

2. 跨境电子商务的多边化。随着相关技术进步与产业配套的完善，降低全球贸易门槛，从事跨境贸易从传统的双边向多边化发展，一方面，各国企业突破地理因素限制可以直接面对全球各个市场，实现无国界贸易，参与跨境贸易的企业数量增加；另一方面，跨境贸易中涉及的信息流、资金流、物流呈现网状结构，买卖双方可以用不同国家的交易平台、支付结算平台、物流平台达成交易。

3. 跨境电子商务的高频化。相较于传统跨境贸易，跨境电子商务的交易频率更高。如图 8－2 所示。一方面，基于互联网平台，买卖双方可以直接获取境外市场信息和反馈，跨境购买简化了传统国际贸易的运作环节，交易更加便捷，提高了跨境交易频次；另一方面，跨境电子商务比传统国际贸易的产品类目多、更新速度快，而且单笔订单大部分是小批量，甚至是单件的，因此整体上的交易频率会更高。

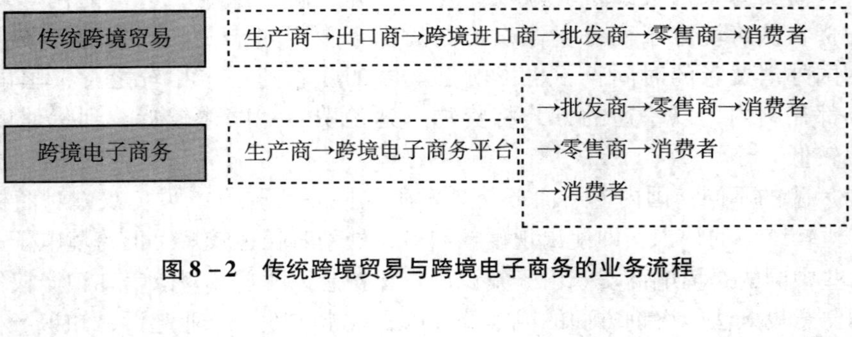

图 8－2　传统跨境贸易与跨境电子商务的业务流程

二、跨境电子商务的模式分类

跨境电子商务的形式很多，可以从多个角度对其进行模式划分。

（一）按照交易模式划分

根据交易主体属性的不同，可将交易主体分为企业、个人、政府三类，再结合买方与卖方属性，目前跨境电子商务主要有 B2B、B2C、C2C 三种模式。如表 8－1 所示。

想一想：海外代购属于跨境电子商务吗？

表 8－1　按交易模式划分的跨境电子商务模式

交易模式	含义	代表性企业
B2B 跨境电子商务	即在线批发，是外贸企业间通过电子商务平台达成交易、支付结算，通过跨境物流送达商品，完成交易的一种国际商业活动，其面对的最终客户是企业或企业集团	阿里巴巴国际站 环球资源网 敦煌网 中国制造
B2C 跨境电子商务	即跨境零售，是跨境企业直接面向消费者个人在线销售产品和服务	天猫国际 速卖通 亚马逊 兰亭集势
C2C 跨境电子商务	指分属不同关境的个人卖家对个人买家进行的网络零售商业活动。个人卖家入驻跨境电商平台开店、海外买手（个人代购）等均属于此类	淘宝全球购 eBay 洋码头

（二）按照商品流动方向分类

跨境电子商务的商品流动，发生在国家与国家、地区与地区之间，距离的远近不再是交易的障碍。按照商品流动方向划分，可分为进口跨境电子商务、出口跨境电子商务两大类。进口跨境电商的传统模式就是海淘，即境内买家在电子商务网站购买境外的商品，然后境外企业通过直邮或转运的方式将商品运送至境内买家手中的购物方式。出口跨境电商则是与之反向的，如表 8－2 所示。

表 8－2　按商品流动方向划分的跨境电子商务模式

交易模式	含义	代表性企业
进口跨境电子商务	从事商品进口业务的海外卖家，将国（境）外商品通过电子商务渠道销售给境内的买家	天猫国际 京东全球购 小红书 洋码头
出口跨境电子商务	从事商品出口业务的境内卖家，将本国商品通过电子商务渠道销售给国（境）外的买家	亚马逊 eBay 速卖通 环球资源网 兰亭集势 敦煌网

进出口跨境电子商务的业务流程也有所区别，如图8－3所示。

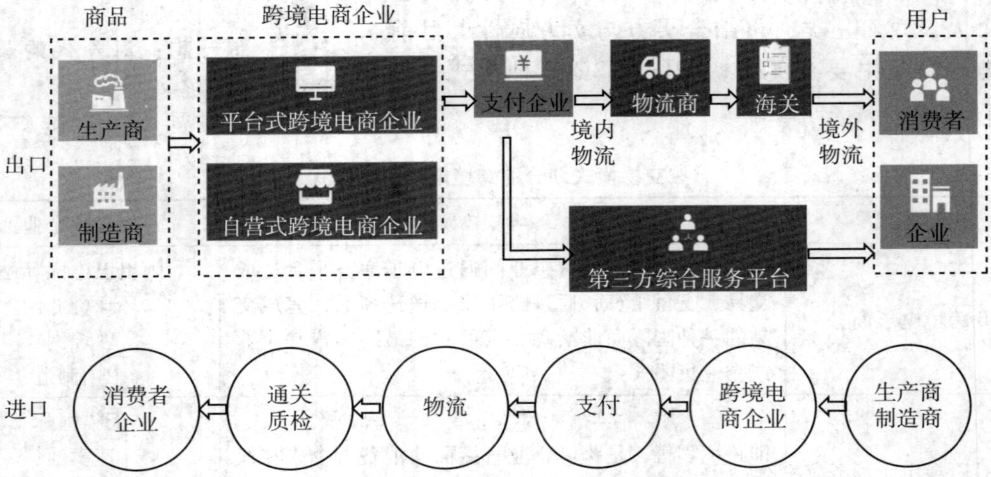

图8－3　进出口跨境电子商务的业务流程

（三）按照运营方式划分

跨境电子商务根据运营方式可分为第三方开放平台和自营型平台。

1. 第三方开放平台是指平台型电商通过线上搭建商城，整合物流、支付、运营等服务资源，吸引商家进驻，为其提供跨境电商交易服务。目前主流的跨境平台有Aliexpress（速卖通）、eBay、Amazon、Wish等。第三方平台独立于产品或服务提供者与需求者，一般分为信息服务平台和交易服务平台。信息服务平台专注于为市场双方提供交易供需信息，促成交易，不参与买卖双方的交易过程，货款的支付、货物的交付等合同履行在线下完成。交易服务平台则整合订单，为买卖双方提供全程综合服务，平台方从中收取佣金和推广服务费等费用。其优点在于利于整合碎片化订单、为客户提供稳定的销售渠道，并有效促成客户的集聚；其缺点在于交易平台的实力及服务模式会间接影响平台卖家的盈利能力。

2. 自营型平台是指自营型电商通过在线上搭建平台，有些实力较强的企业会自建电商平台，直接与国外消费者进行交易。跨境电商自营型平台代表性企业有兰亭集势、考拉海购、京东国际等。在该模式下，平台方就是卖方，企业以标准化为原则，对其经营的产品进行统一生产或采购，并负责商品的在线发布、支付、物流配送和售后等服务，企业有很强的自主性，可以自主定价，从中赚取差价。企业自建电商平台在前期基础设施建设方面投入较大，自建平台偏重零售形态，该模式主要靠规模和效率提升利润率，但整体上自建平台属于微利的商业模式，适合具有一定资源的大型企业。其优点在于自主灵活性较高，完全掌控销售而不依赖于第三方平台；其缺点比较明显，例如成交转化率低、用户黏性差、宣传推广费用较高。

三、跨境电子商务的发展历程与趋势

（一）我国跨境电商行业的发展历程

1999 年 3 月阿里巴巴成立，用互联网连接中国供应商与海外买家，拉开了中国跨境电子商务行业的序幕。在接下来的二十多年里，我国跨境电子商务经历了四个发展阶段，如图 8－4 所示。

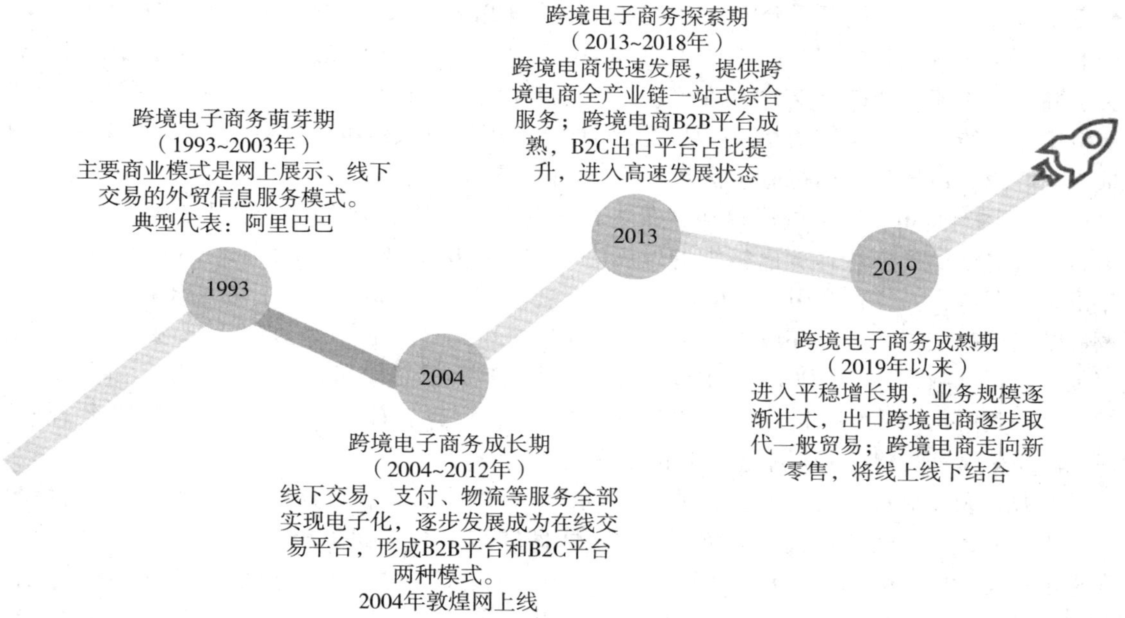

图 8－4　我国跨境电子商务发展历程

1. 我国跨境电子商务的萌芽期。以 1999 年 3 月为起点，到 2003 年为我国跨境电子商务的萌芽期。此阶段主要商业模式是网上展示、线下交易的外贸信息服务模式。在这一阶段，跨境电子商务平台的主要功能是为企业信息以及产品提供网络展示平台，并不涉及交易与支付环节，仅局限于信息流的整合。盈利模式主要是通过向在平台上进行信息展示的企业收取会员费（如服务费）。这一阶段的发展过程中，逐渐衍生出竞价推广、咨询服务等为供应商提供一条龙的信息流增值服务。阿里巴巴国际站、环球资源网、中国制造网是这一阶段的代表平台。其中最典型的代表是阿里巴巴。当时的阿里巴巴为中国的中小企业提供了一个可以在互联网上展示的黄页平台，将中国企业的产品信息展现给全球客户，定位于 B2B 大宗贸易。买方通过阿里巴巴平台了解卖方产品信息后，再通过线下洽谈成交。

2. 我国跨境电子商务的成长期。2004 年敦煌网的上线标志着我国跨境电子商务进入了新阶段。2004～2012 年为我国跨境电子商务的成长期。随着跨境电子商务的发展，除了信息黄页的展示外，线下交易、支付、物流等服务也全部实现电子化，逐步发展成为在线交易平台，形成 B2B 平台和 B2C 平台两种模式。在这一阶段里，跨境电子商务体现出了电子商务的本质，可以通过互联网平台有效打通上下游供应链。同时，在这一阶段，跨境第三方平台实现了后向收费模式，将“会员收费”改成以收取交易佣金为主，即按成交额来收取一定比例的佣金同时还通过平台的营销推广服务、支付服务、物流服务等获得增值收益，从而实现了营业收入的多元化。2004 年创办的敦煌网是此阶段的代表企业。

3. 我国跨境电子商务的探索期。2013 年是我国跨境电子商务的重要转型之年。随着跨境电商行业的规范和优惠政策的出台和互联网的快速发展，2013～2018 年，我国跨境电子商务进入探索期。此阶段我国跨境电子商务呈现出五个特点：一是参与主体由草根企业、个体商户向工厂、传统外贸企业转变；二是跨境电子商务平台销售的产品由网商、二手货源向一手货源转变；三是主要平台模式由 C2C、B2C 向 B2B、M2B 模式转变，B 类买家成规模，中大额订单比例提升；四是跨境电子商务平台承载能力更强，加入了一批能提供营销、通关、商检、物流、仓储、支付、融资等一站式服务的跨境电子商务综合服务商，呈现出全产业链服务在线化；五是移动互联网的迅猛发展优化了用户的移动购物体验，用户移动购物习惯逐渐养成，进一步推动跨境移动电子商务交易规模的大幅增长。

4. 我国跨境电子商务的成熟期。在新冠肺炎疫情蔓延、全球传统外贸受到重创的背景下，跨境电子商务依然释放出极大的发展潜力，彰显出对外贸创新发展的引领作用。2019 年以来，我国大力支持和引导跨境电子商务发展，业务规模持续扩大，发展质量显著提升，发展动能不断增强，政策环境逐步完善，成为我国外贸增长的突出亮点和重要驱动力。根据海关总署统计数据显示，2019 年中国跨境电商进出口商品总额达到 1 862. 1 亿元，同比增长 38. 3%，其中出口为 944 亿元，进口为 918. 1 亿元，出口量首次超过进口量。2019 年开始，我国跨境电子商务进入相对平稳增长的成熟期。

受政策及发展环境的利好，行业市场规模不断增大，在整体出口总量相较稳定的情况下，出口跨境电商逐步取代一般贸易，成长性良好。2020 年我国跨境电商出口额占跨境电商进出口总额的 66. 27%。在出口电商中，庞大的海外市场需求及外贸企业转型升级的发展等因素助推行业快速发展，吸引更多的企业纷纷触电；进口方面，消费升级和扩大进口的政策促使该市场有巨大的发展空间，国外零售商品借跨境电商模式交易流程扁平化、服务集约化优势，能更快更好地把商品销售给中国消费者。例如，2020 年 1 月 17 日，商务部、国家发展改革委等六部委印发《关于扩大跨境电商零售进口试点的通知》，进一步扩大跨境电商零售进口试点范围，本次扩大试点后，跨境电商零售进口试点范围将从 37 个城市扩大至海南全岛和其他 86 个城市。此外，跨境电子商务进入新零售阶段，开展“跨境大数据 + 线下本地化营销”的外贸 4. 0 主动营销模式，进行线上线下结合。

（二）我国跨境电子商务行业的发展现状

1. 跨境电子商务交易规模不断扩大。受疫情影响，线下消费受到抑制，为线上消费带来了全球性的机遇。与此同时，受政策利好及行业发展，我国跨境电商蓬勃发展，我国跨境电商市场交易规模呈稳步增长趋势。据统计，2021 年中国跨境电商行业交易规模达 14. 2 万亿元，同比增长 13. 60%，国内消费升级对海淘商品需求量大，出口电商市场更是庞大，巨大市场发展空间支撑了行业快速发展。如图 8 – 5 所示。在目前国内外经济整体下行的情况下，跨境电商通过形成更加虚拟数字化的销售网络，大大降低了生产者与全球消费者的交易成本，使得更多企业享受到全球化红利。从战略层面而言，跨境电商的发展不仅有利于中国制造业的升级，也与国家稳定外贸的重要战略紧密相关，是我国外贸增长的有力支撑点。中商产业研究院预测，2022 年中国跨境电商市场规模将达 15.7 万亿元。

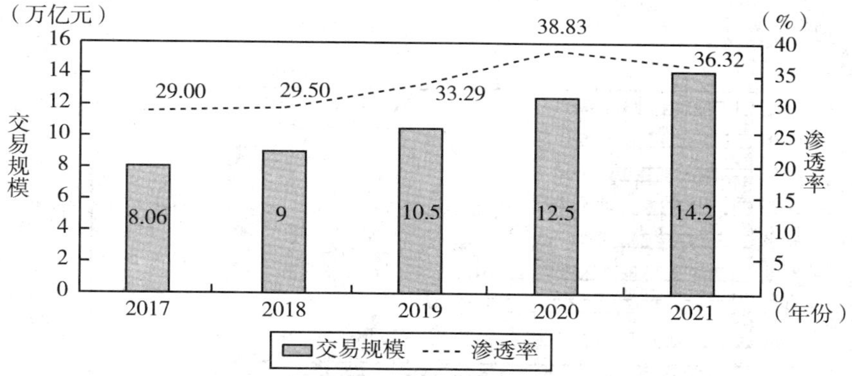

图 8－5　2017～2021 年中国跨境电子商务交易规模及渗透率

资料来源：网经社电子商务研究中心《2021 年度中国跨境电商市场数据报告》。

2. B2C 交易模式占比呈扩大态势。目前，跨境电商 B2B 业务凭借单笔金额大、长期订单稳定等优势，在我国跨境电商结构发展中仍占据主导地位。与跨境电商 B2B 模式相比，我国跨境电商 B2C 模式在资金运转、企业运营效率及财务表现等方面具有明显优势，跨境电商 B2C 业务依托互联网、物流、支付等电商各环节的不断完善，促使多批次、小批量的外贸订单需求不断增长，给国内跨境电商企业带来更多的发展机遇。2021 年中国跨境电商的交易模式中 B2B 交易占比达 77%，B2C 交易占比为 23%，如图 8－6 所示。从跨境电商交易模式结构趋势上来看，B2C 交易模式呈现继续扩大的态势。未来，受消费者线上购物习惯的养成，以及国内政策对跨境电商的扶持等因素叠加影响，我国跨境出口电商 B2C 市场将持续向好发展。

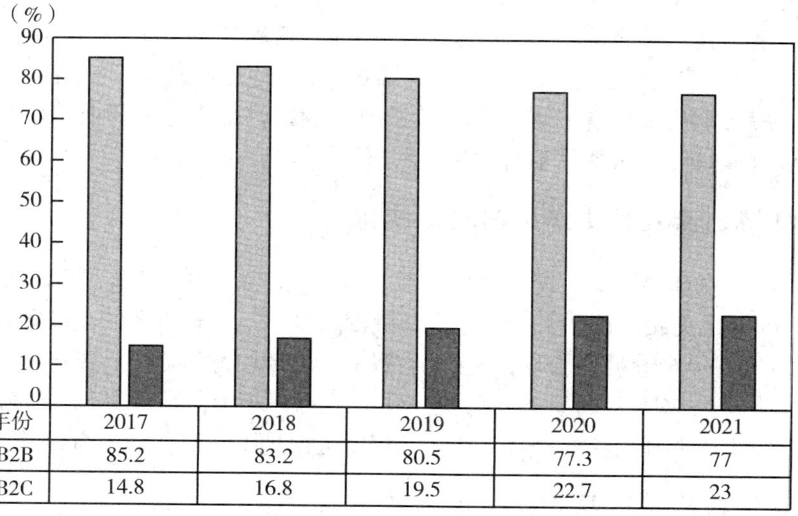

年份	2017	2018	2019	2020	2021
B2B	85.2	83.2	80.5	77.3	77
B2C	14.8	16.8	19.5	22.7	23

图 8－6　2017～2021 年中国跨境电子商务交易额结构

资料来源：网经社电子商务研究中心《2021 年度中国跨境电商市场数据报告》。

3. 跨境电商东南亚市场快速崛起。尽管欧美仍是目前跨境电商最主要的市场，但东盟已经成为我国最大的贸易伙伴，接近四成的受访企业已经进入东南亚，超过日韩和俄罗斯。此外，进入非洲、拉美、中东等市场的企业均不足20%，未来将有极大拓展空间。中国电子商务企业市场分布如图8－7所示。

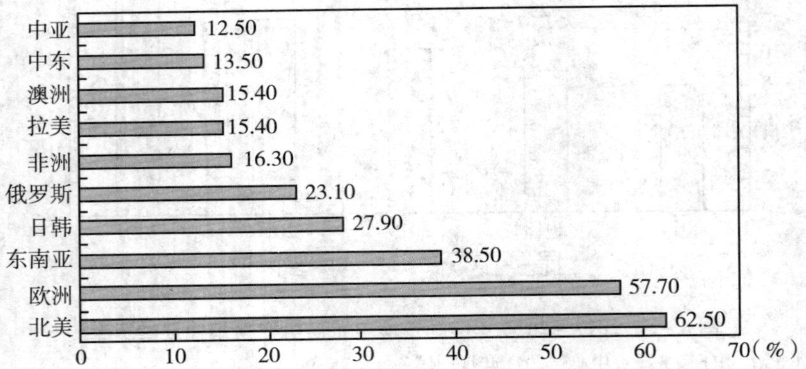

图8－7　2020年中国跨境电子商务企业市场分布

资料来源：海关总署、前瞻产业研究院。

四、我国跨境电商行业的发展趋势

（一）国家政策支持跨境电商行业发展

随着全球贸易增速整体放缓，我国进出口贸易的发展也进入了中高速增长的新常态，对外贸易面临的形势较为严峻。近年来，跨境电商异军突起，改变了传统商品交易的组织方式，成为跨境贸易领域中极具竞争力的新业态、新引擎。跨境电子商务作为推动外贸转型升级、打造新经济增长点的重要突破口，政策也不断加持跨境电商的发展。2021年11月，商务部印发《“十四五”对外贸易高质量发展规划》，支持加快发展贸易新业态，促进跨境电商持续健康发展，加快海外仓发展。随着政策不断加码，跨境电商行业将获得更多政策上的便利，有利于行业持续、健康、有序发展。

（二）疫情加速海外市场电商渗透率提升

近年来，全球电商渠道交易规模呈现持续增长的态势。数据显示，2021年全球电商渠道零售额为4.938万亿美元，预计未来增速将保持较高水平，欧美地区的电商零售额也呈现持续上升趋势。受2020年全球疫情影响，海外消费场景逐步由线下向线上转移。全球电商零售额占零售总额的比例从2015年的7.4%提升至2021年的19.6%，预计2025年将占到1/4。海外市场电商渗透率快速上升，长期来看，在一定程度上促进了我国跨境出口电商行业的发展。

（三）跨境电商出口品牌化成为趋势

近年来，跨境电商供应链越来越完善，行业竞争不断加剧，从单纯追求性价比向品牌升级方向转型，跨境电商出口品牌化已成为未来企业发展的核心竞争力。受益于我国强大的供应链能力和外贸产业区域聚集优势以及海外市场互联网流量红利，我国正成为全球最大的跨境电商出口商贸中心之一，形成中国品牌出海的新模式。

（四）“中国制造”商品具有竞争优势

得益于我国配套齐全的轻工业体系、完善的基础设施、较高的劳动力素质与相对廉价的劳动力成本，我国制造业在全球产业链中成本、技术、质量等方面综合优势明显，我国出口贸易规模常年稳居世界第一。我国是当前全球最大的家具生产国、出口国。

视频：跨境电子商务的主要平台

任务二　跨境电子商务的主要平台

课件：跨境电子商务的主要平台

一、亚马逊

（一）亚马逊的概况

亚马逊公司（Amazon. com，简称“亚马逊”）是美国最大的一家网络电子商务公司，位于华盛顿州的西雅图，是网络上最早开始经营电子商务的公司之一。亚马逊成立于1995年，一开始只经营网络的书籍销售业务，现在则扩及范围相当广的其他产品，已成为全球商品品种最多的网上零售商和全球第二大互联网企业。亚马逊及其他销售商为客户提供数百万种独特的全新、翻新及二手商品，如图书、影视、音乐和游戏、数码下载、电子和电脑、家居园艺用品、玩具、婴幼儿用品、食品、服饰、鞋类和珠宝、健康和个人护理用品、体育及户外用品、玩具、汽车及工业产品等。2012年亚马逊将“全球开店”项目引入中国，致力于将中国最优秀的企业、最优秀的卖家引入亚马逊海站点上，让中国卖家直接面对海外消费者。经过亚马逊团队的努力，已经开辟出美国、加拿大、日本市场，这就意味着中国卖家只要将相关资料提交给亚马逊招商团队，就能直接在这些海外市场上进行销售和消费。

（二）亚马逊的特点

1. 重产品，轻店铺。亚马逊的售卖理念是：尽量让用户购物更便捷。在平台的组织结构上，亚马逊不以店铺为中心进行展示，而是直接采用以产品为中心的结构，店铺首页就是产品列表 Listing。亚马逊通过这种方式淡化店铺，确保亚马逊平台的统一品牌形象，为客户提供一致的视觉体验。简洁明了的平台页面只会出现一种或几种商品，而这种商品正好是用户需求的，其余的产品根本不需要显示。在亚马逊不论是新店还是老店只要产品描述完善、质量有保障，产品介绍刚好是客户所需，就会得到平台流量支持，提高产品曝光率提升订单量。假如一条 Listing，图片精美，价格合适，订单转化率高，亚马逊会根据订单数目不停地更新 Listing 的排名，排名越靠前，获取的流量越多，也就意味着订单越多。

2. 重展示，轻客服。亚马逊的商品详情页有丰富的内容，但在内容排版上按统一的格式，直观清晰地展示给客户，有利于消费者阅读。亚马逊产品展示页面详细描写出产品的特性、材质、颜色等特征，卖同一个产品的不同卖家使用同样的产品介绍，在很大程度上节省了卖家的工作量，也减少了卖家利用不实介绍来促成交易的情况，引导卖家将精力和时间放在价格、配送、售后等服务上。同时，亚马逊平台没有设置在线客服。亚马逊做得更多的是展示产品信息，买家就是通过对产品信息的展示与产品评价几个维度来决定是否下单，这也就减少了卖家在客服成本上的投入。

3. 重推荐，轻广告。亚马逊平台针对新入驻的卖家给予三个月的保护期，对新入驻店铺给予大力的支持，并不用大量资金进行广告推广。买家进入网站后看到的一般都是基于后台数据的关联推荐和排行推荐，而这些推荐的依据都是用户的购买记录以及买家的好评度和推荐度。当客户搜索某一产品时，亚马逊会推荐非常多的相同或相关产品参考，目的就是让消费者有更多的选择，进而通过琳琅满目的商品勾起买家的购买欲望。

4. 重客户，轻卖家。亚马逊平台重视客户的反馈，有两套评价体系，分别是产品评价 Review 与店铺反馈 Feedback，对应的是商品的评论和客户对于卖家提供的服务质量的评价。更高的评价星级意味着更多的曝光、流量和订单；较差的星级则表示没有订单的同时，店铺账户安全岌岌可危。同时，亚马逊对卖家的管理较为严格。无论是个人卖家，还是企业卖家，都必须遵守亚马逊的全方位保障条款，亚马逊接受无条件提前退款以及 30 天的无理由退货，若买家权益受到侵害，将会得到亚马逊的全面支持。

5. Prime 会员服务。从 2005 年开始，亚马逊提供 Prime 会员服务，实行年费制，一年服务有效期内，在亚马逊购物不限金额、重量提供免费的 2 日送达服务。此外还可获得包括 0 元包邮、提前参加闪购、免费试听音乐，更能拿到会员专属折扣等多重会员增值服务。2019 年 Prime Day 大促活动中，亚马逊新增了会员专属折扣（prime 专享折扣 - prime deals and discounts），配合卖家自身的促销活动，可以让消费者获得更多的优惠体验，从而实现卖家销售额的大幅增加。

6. 自有的 FBA 仓储服务。亚马逊（fulfillment by amazon，FBA）是亚马逊独有的物流体系，实行销售配送一体化，形成了一个闭合的销售路线：卖家发货给仓库—仓库储存货物—买家下单后仓库打包发货—客户签收—不满意退货后货物回到仓库。这样的物流服务首先有效地节省了发货时间，为客户提供高效并且有保障的物流服务；其次大大降低了卖家的成本，不仅有智能化物流管理，而且支持全世界多渠道配送服务，从而提高了产品的销量和利润，这也是亚马逊买家所信赖的物流方式。

二、全球速卖通

（一）速卖通的概况

全球速卖通（AliExpress，简称“速卖通”）是阿里巴巴旗下的面向国际市场打造的跨境电商平台，成立于 2010 年，以 B2C 和 C2C 为主要跨境贸易模式。截至目前，速卖通面向全球 200 多个国家和地区销售，通过支付宝国际账户进行担保交易，并使用国际物流渠道运输发货，目前覆盖服装服饰、3C、家居、饰品等共 30 个一级行业类目，是全球第三大英文在线购物网站。俄罗斯、西班牙、法国、巴西等国家是速卖通的重点市场，占据速卖通超过六成的交易量。其中俄罗斯是速卖通的第一大市场。据统计，目前每 6 个俄罗斯人就有 1 个在使用速卖通，速卖通也早已成为当地主流的电商平台。

2020年速卖通对新入驻的卖家时采取了新政策，变化最大的一点即由原来的向平台缴纳年费改为提供保证金，并取消年费激励返还机制。速卖通保证金是按照原有的年费标准及卖家申请入驻的类目进行收取的，费用在1万~5万元不等。若一个卖家同时入驻多个类目，按所有类目中金额最高的费用收取保证金。除此之外，速卖通保证金还实施扣款规则。如卖家出现侵权、产品违规等情形，平台都是会扣取相应的保证金款项的。当速卖通保证金金额为0时，平台会对产品进行下架操作。

（二）速卖通的特点

1. 操作简单。在速卖通平台，卖家可以像在淘宝上一样，把宝贝编辑成在线信息并通过速卖通平台发布。速卖通的发货流程也类似于国内发货流程，通过国际快递将宝贝运输到买家手上。在速卖通进行跨境电子商务，语言不是障碍，物流不是难关，主要城市只需一个电话，货代即来上门收货，像发国内快递一样简单；使用淘代销工具，宝贝信息可被自动翻译成英文。速卖通业务流程也非常简单便利，只要经过如下步骤就能实现跨境贸易：账号注册身份认证，淘代销工具一键搬家和等待订单联系货代。速卖通平台通过淘代销工具将国内贸易和国际贸易无缝衔接，通过当地货代收货的方式简化了跨境物流的烦琐流程，减少了跨境物流的不确定因素，大大提高了跨境电商的效率和安全性。

2. 佣金低。卖家在速卖通上注册、发布产品是免费的，订单成交后速卖通平台会将销售额一定比例作为交易佣金，目前佣金大致是5~8个百分点，远低于同类外贸电商平台。

3. 速卖通卖家服务市场。速卖通卖方服务市场由与速卖通合作的第三方软件公司提供，第三方软件公司通过速卖通授权的开放平台API接口进行数据获取，并对取得的数据做相应处理，形成不同功能的各式应用和工具，为卖家提高操作效率和提升操作效果。到目前为止，速卖通卖家服务市场已经有订单类、物流类、商品类、背销类、图片类、ERP和店铺装修类七大类跨境电商服务。

4. 全球速卖通大学。为了方便卖家，阿里巴巴公司还为速卖通卖家开设了全球速卖通大学网上培训，通过网络视频、在线经验交流、书籍传播等形式帮助速卖通全球卖家熟悉速卖通业务。全球速卖通大学为全球卖家提供了从行业选品、营销推广、境外物流到客户服务等跨境电商各个业务环节的培训课程，使得无经验卖家开展跨境电商业务成为可能。

三、eBay

（一）eBay的概况

想一想： eBay平台和亚马逊平台的区别是什么？

eBay（EBAY，中文译为电子湾、亿贝、易贝）成立于1995年，是一个可让全球民众上网买卖物品的线上拍卖及购物网站。只要物品不违反法律或是在eBay的禁止贩售清单之内，即可以在eBay刊登贩售。eBay以B2C垂直销售模式为主。主要针对个人客户或小型企业，类似淘宝C店。eBay为第三方平台，采用入股第三方物流服务商及整合其他服务商的模式轻资产运营；物流方面主要以专线、小包、海外仓发货为主，平台主要做品牌中端市场，商品品类丰富，有大量中国卖家入驻。

（二）eBay 的特点

1. 入驻门槛比较低。相对亚马逊、速卖通等平台，eBay 的入驻门槛是比较低的，而且审核也没那么严格，个人和企业都可以申请入驻。用户只需要简单地注册一个 eBay 账户，就可以在 eBay 设立的全球各个站点轻松地开展外贸销售。

2. 专业客服服务。eBay 提供专业的客服为卖家服务，可以通过在线沟通或者是电话沟通的方式交流。

3. 销售模式多样。eBay 的销售模式除一口价、拍卖两种方式外，还有“拍卖 + 一口价”的综合销售模式，以及定价出口、无底价竞拍等，销售模式的选择是比较灵活的。其中拍卖是 eBay 区别于其他平台最大的一个特点。eBay 创立之初是一个拍卖网站，现在的销售模式中仍保留着拍卖。卖家设定商品的起拍价和在线时间，下线时的最高竞拍价就是最终金额，出价最高的买家客户即为该商品的中标者。

4. 面向成熟市场。速卖通面向的主要是发展中国家以及一些欠发达国家，而 eBay 面向的则是成熟市场，主要是美国和欧洲，对产品和服务的品质有较高的要求，平台内的一系列规则更偏向于买家。因此，对卖家的商品、物流等方面有更高的要求，只是商品好还不够，其他方面的实力也要过硬才行，如本地化服务，包括海外仓、本地品牌包装等。

四、Wish

（一）Wish 的概况

Wish 是北美地区的移动电子商务平台，基于手机 App 的购物模式，于 2011 年 12 月成立于美国旧金山，是欧洲和北美最受欢迎的移动购物应用，也是苹果应用商店和安卓应用商店里最受欢迎的生活类应用之一。刚开始 Wish 平台不涉及商品交易，只向用户推送信息，2013 年升级为购物平台。目前，Wish 平台向卖家免费开发注册，对每笔交易额按 15% 收取佣金。Wish 拥有 Wish 综合购物应用、Mama 母婴类购物应用、Cute 彩妆类购物应用、Home 家居类购物应用、Geek 电子产品类购物应用等五大购物应用。其中，Wish 综合购物应用的商品种类最齐全、最丰富。Mama、Cute、Home 和 Geek 是从 Wish 综合购物应用中精选出来的垂直类商品购物应用，为商品需求相同的用户群体提供简单直接的购物体验。

（二）Wish 的特点

1. 追踪用户购买行为，推送商品。Wish 可以对用户的购买习惯进行追踪，根据用户在 Wish 上的购买行为，判断用户喜好，通过精准推荐 + 随机探索的形式，向用户推荐可能感兴趣的商品，挖掘用户需求。为了让买家有更好的购物体验，Wish 每次推送的商品不会很多，以最简单、最快的方式帮助商户将商品销售出去。

2. 图片质量要求高。Wish 的买家并不看重产品的描述，而更加看重产品的图片，图片的精美度和清晰度决定了转化率。因此，在 Wish 上销售的产品要以图片展示为主，且对图片的质量要求较高，清晰度高、多角度拍摄，同一件商品的图片数量最好不要超过 6 张。此外，产品要具有差异性和独特性。Wish 在同一页或同一推送下，会将重复或相似度高的产品自动屏蔽。

3. 搜索权重不重要。Wish 的买家很少使用关键词搜索浏览商品，更倾向于无目的浏览，看到喜欢的商品才会点击。因此，商品标题优化、关键词等在 Wish 上不是非常重要。标题只要简洁明确，包括必要的商品名称、品牌名称、关键属性等词即可，当然不能出现侵权词和敏感词。

五、敦煌网

（一）敦煌网的概况

敦煌网于 2004 年创立，是中国第一个 B2B 跨境电子商务交易平台。敦煌是中国古代丝绸之路上的辉煌驿站，是中国丰富商品走出国门的盛大之城。敦煌网以此命名，正是承载着打造网上丝绸之路，连接全球商人，汇聚全球商品，帮助中小企业实现“买全球，卖全球”。作为中小额 B2B 海外电子商务的创新者，敦煌网采用 EDM（电子邮件营销）的营销模式低成本高效率地拓展海外市场，自建的 DHgate 平台，为海外用户提供了高质量的商品信息，用户可以自由订阅英文 EDM 商品信息，第一时间了解市场最新供应情况。

据数据显示，2018 ~2020 年，敦煌网营业收入分别为 1.18 亿美元、1.79 亿美元、2.31 亿美元；净利润分别为 −4 312.5 万美元、−472.9 万美元、58.9 万美元，连年亏损，公司于 2020 年才扭亏为盈。截至目前，敦煌网已拥有 230 万以上累计注册供应商，年均上传产品数量超过 2 500 万件，累计注册买家超过 3 640 万，覆盖全球 223 个国家及地区，并拥有 100 多条物流线路和 10 多个海外仓，在北美、拉美、欧洲等地设有全球业务办事机构。

（二）敦煌网的特点

1. “为成功付费”的经营模式。敦煌网以“促进全球通商，成就创业梦想”为使命，从诞生伊始就开创了“为成功付费”的在线交易模式，突破性采取佣金制，免注册费，在买卖双方交易成功后才收取费用，既减小企业风险，又节省了企业不必要的开支，极大降低中小企业对接国际市场的准入门槛，让数千万人在敦煌网平台实现创业就业。同时避开了与 B2B 阿里巴巴、中国制造网、环球资源、环球市场等的竞争。

2. 向买家收取佣金。敦煌网采用的收费战略是针对买家的。买卖双方交易成功后，依据单笔贸易的金额向买家收取按比例的交易佣金作为敦煌网的服务费，其费用比例通常为交易额的 3% ~12%。

3. 优化一体化服务。除了提供基于平台的基本服务外，敦煌网也在优化一体化服务，主要包括以下几个方面：一是在支付模式上，DHpay 对接全球 30 多种支付方式。敦煌网与多个海外支付机构有着合作关系，除了信用卡外，用户还可以使用银证进行支付，这样的话可以免除很多支付手续费。二是在物流模式上，敦煌网采用海外直发的物流模式。DHlink 支持 EMS、UPS、DHL 等 20 多种物流方式，也可提供仓库及集运服务。敦煌网主要客户和服务对象主要为中小商户，买家可以根据卖家提供的信息来生成订单，可以选择直接批量采购，也可以选择先小量购买样品，再大量采购。这种线上小额批发一般使用快递，快递公司一般在一定金额范围内会代理报关。举例来说，敦煌网与 DHL、联邦快递等国际物流巨头保持着密切合作，以网络庞大的业务量为基础，可使中小企业的同等物流成本至少下降 50%。此外，敦煌网提供信贷服务，培训、营销推广和代运营等其他增值服务。

视频：跨境电子商务物流

课件：跨境电子商务物流

任务三　跨境电子商务物流

一、跨境电子商务物流概述

跨境电子商务物流是指物品通过跨境网络销售平台从供应地到不同国家地域范围接收地的实体流动过程，包括国际运输、包装配送、信息处理等环节。由于商品需要跨越不同的关境，因此跨境电子商务物流相比国内物流，具有运送周期较长、物流费用较高、物流风险较高的特点。在跨境电商交易过程中，境外买家通过跨境电子商务平台购买商品后，境内卖家通过跨境物流将商品派送至买家手上，要经过很多环节，如图 8－8 所示。

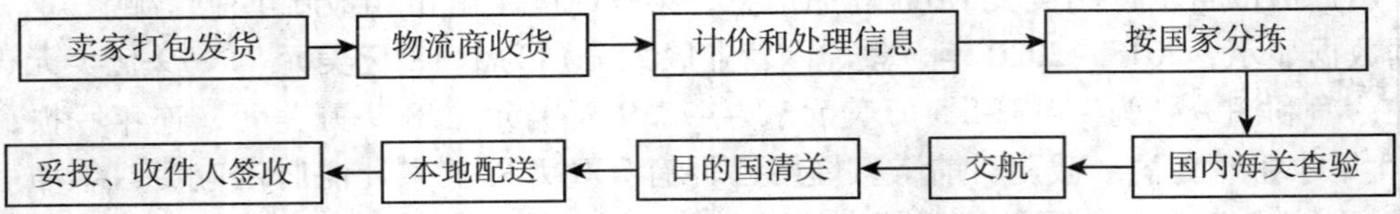

图 8－8　跨境电商物流环节

二、跨境电子商务物流的主要方式

想一想： 跨境电子商务物流的方式主要有哪些？

对于跨境电子商务来说，物流是影响消费者是否满意的一大关键因素。跨境电子商务物流主要包括揽件、仓储分拣、国内清关、跨境运输、海外报关、仓储中转、海外派送等环节，不同模式下的跨境电子商务物流在具体环节上存在些许差异。跨境电子商务物流从发货模式来划分，可以分为直邮模式和海外仓模式。

（一）直邮模式

直邮模式指卖家将商品直接从国内仓库发货至境外消费者手中的物流模式，包括国际邮政包裹物流、商业快递、专线物流三种主要渠道。

1. 邮政包裹物流渠道。邮政包裹模式包括邮政小包、大包、E 邮宝和 E 特快等。据不完全统计，中国跨境电商出口业务中，70% 的包裹都是通过邮政包裹物流渠道投递的，其中中国邮政占据了 60% 的份额，新加坡邮政、荷兰邮政等也是中国跨境电商卖家常用的物流渠道。

（1）邮政小包。邮政小包又称邮政航空小包，包括平邮和挂号两种服务。邮政小包有重量和体积限制，其包裹重量在 2 千克以内，体积要求非圆筒货物单边≤60 厘米，长、宽、高三边之和≤90 厘米；圆筒形货物要求直径的两倍＋长度≤104 厘米，单边长度≤90 厘米，直径的两倍＋长度≥17 厘米，长度≥10 厘米。邮政小包运费经济，可寄达全球 230 多个国家和地区，国内中邮货代服务发达，折扣优惠，通过邮政包裹通道，可以最大限度地避免关税。但是邮政小包运输时间长，一般时间为 15 ~ 60 天，到土耳其、新西兰等国家较快，为 12 ~ 15 天，到加拿大、西班牙等较慢，需要 30 ~ 45 天，到巴西等南美国家非常慢。此外，丢包率高，不接受人工查询，丢包后赔偿慢，且赔偿成功概率不高。

（2）邮政大包。邮政大包又称“航空大包”，中国邮政大包除了航空大包外，还包括水路运输的大包。中国邮政大包可寄达全球 200 多个国家，价格低廉，清关能力强，对时效性要求不高而稍重的货物，可选择使用此方式发货。邮政大包根据目的地国家不同对其重量和体积都有限制，中邮航空大包限重 30 千克（部分国家限重 10 千克）。邮政大包成本低，尤其是该方式以首重 1 千克、续重 1 千克的计费方式结算，价格比 EMS 低，且和 EMS 一样不计算体积重，没有偏远附加费，较商业快递有绝对的价格优势。中国邮政大包运单操作简单、方便，但是它存在妥投速度慢、查询信息更新慢等弊端。

（3）E 邮宝。国际 E 邮宝又称为 E 邮宝、epacket，是中国邮政针对跨境电子商务的物流需求，打造的一款新型经济小包。E 邮宝属于邮政小件包裹业务，大多数国家限重 2 千克，少部分国家限重超过 2 千克，例如俄罗斯、以色列、英国等。E 邮宝尺寸限制与挂号小包、平常小包一样，单边不得超过≤60 厘米，三边之和≤90 厘米，有很大的限制。利用国际 EMS 的物流资源作为 E 邮宝的头程物流，提升了小件包裹的整体货运效率，物流时效显著提升。E 邮宝凭借较快的时效以及较低的价格，已经成为亚马逊、速卖通、eBay 以及其他跨境电商 B2C 卖家的主要发货方式。但相比挂号小包、平邮小包，E 邮宝的通邮范围小很多，仅通邮全球不到 40 个国家及地区，以北美地区、欧洲地区、东南亚地区、大洋洲地区为主。除此之外，以色列、哈萨克斯坦等中亚国家，也可以进行投递。此外，E 邮宝不接受人工查询，不管发生丢件、丢失、破损、损坏还是延误的情况，官方不承担任何责任。

（4）E 特快。E 特快（e－EMS）是中国邮政为适应跨境电商高端寄递需求而设计的一款快速类直发寄递服务。e 特快支持发往日本、韩国、俄罗斯、澳大利亚、新加坡、英国、法国、巴西、西班牙、荷兰、加拿大、乌克兰、白俄罗斯等 100 多个主要国家和地区的包裹，其收寄重量不受 2 千克限制，限重 30 千克，但对尺寸仍有较严格要求。E 特快包裹支持全程物流跟踪，时效优于 e 邮宝，寄往日本、韩国、新加坡等，2 ~ 4 个工作日；英国、法国、加拿大、澳大利亚、西班牙、荷兰等，5 ~ 7 个工作日；俄罗斯、巴西、乌克兰、白俄罗斯等，7 ~ 10 个工作日。而且使用 E 特快丢包有赔偿。

2. 商业快递模式。美国联邦快递集团（FedEX）、美国联合包裹运送服务公司（UPS）、德国敦豪国际公司（DHL）和荷兰天地公司（TNT）是国际商业快递四大巨头。2016 年 5 月联邦快递（FedEx）以 49 亿美元收购了荷兰天地公司（TNT）。这些快递公司拥有全球网络和代理清关资质，针对国际快件业务非常安全和高效，对于 21 千克以上的大件货物有价格优势；同时能提供上门取件服务和全程的跟踪查询服务，网站信息更新快。但其劣势一是国际商业快递渠道对产品的要求高，对寄件限制较多；二是费用较高，附加费用如偏远费、燃油附加费等名目繁多且退件费用昂贵。这就导致国际商业快递的市场份额相对较小，但为不同的客户提供了多样化的物流服务需求。三种国际商业快递区别如表 8－3 所示。

表 8-3　　三种国际商业快递对比

国际商业快递	重量限制	体积限制	妥投时效	优势线路
FedEX	一票多件，每件≤68 千克，单票总重单件≤300 千克，超过需提前预约	最长边≤274 厘米，最长边+其他两边长度两倍≤330 厘米	一般 3~7 个工作日	南美、北美、欧洲
UPS	单件≤70 千克	最长边≤270 厘米，长边+周长≤330 厘米，周长=2×(高度+宽度)	一般 2~4 个工作日	北美
DHL	单件≤70 千克	最长边≤1.2 米	一般 2~4 个工作日	西欧、北美、东南亚

3. 专线物流模式。专线物流模式也是现今跨境电子商务物流比较常见的一种运作模式，一般先在国内仓库集货，通过航空包舱方式批量发往境外，再通过合作公司派送到特定的国家或地区。这种方式一般是需求量大的热门线路，最普遍的有美国专线、欧洲专线、俄罗斯专线、澳大利亚专线等，这种方式的优势是能够集中大批量货物到目的国或目的地区，针对性强，而且通过规模效应降低运输成本。时效性上相比商业快递会略慢，但比邮政包裹快些。例如，到欧洲英法德需要 5~6 个工作日，俄罗斯需要 15~20 个工作日。其丢包率比较低，清关便利。其劣势是在国内揽收范围有限，成本比邮政小包略高。

（二）海外仓模式

想一想： 海外仓模式与直邮模式相比，优劣势分别是什么？

海外仓，又称海外仓储，是指在跨境电子商务买家所在国家或地区自建或租用仓库，先将货物批量用陆运、海运、空运或国际多式联运等方式送到仓库，当境外买家通过平台达成交易订单之后，货物可以实现本地销售和本地配送。海外仓主要有电子商务平台自建海外仓、卖家自建海外仓和第三方海外仓三种类型。

1. 电子商务平台自建海外仓。电子商务平台自建海外仓为卖家提供包括仓储、拣货打包、派送、收款、客服和退货处理等在内的综合跨境电子商务物流服务，收取一定的仓储费和配送费。目前，亚马逊 FBA（Fulfillment by Amazon）是较为典型的海外仓交付模式，包括头程运输、仓储管理和本地配送三个部分。头程运输是指将商品从商家运送到亚马逊指定仓库的物流环节，主要包括空派（空运到机场，目的港货代代理协助清关和派送）、海派（除了干线运输是海运外，其他与空派模式相同）、商业快递（由商业快递公司提供航空运输和到港入仓服务）以及第三方仓调拨（由电商卖家提前备货至非亚马逊的第三方海外仓，然后通过第三方仓的商品调拨进入亚马逊仓完成头程入仓）等方式。本地配送则一般由亚马逊自身的快递团队或者 UPS、FedEX 等公司完成配送。

2. 卖家自建海外仓。具有一定客户基础和资金实力的卖家通过在海外市场自建仓库，提升整体物流配送效率。自建海外仓的优势是卖家可以掌控自身仓库系统操作、通关、报税、物流配送等环节，物流时效稳定，能为客户提供更好服务体验。但最大劣势就在于自建海外仓成本高、流程复杂且需要聘用海外员工。目前卖家自建海外仓的代表企业有兰亭集势、米兰网、大龙网等。

3. 第三方海外仓。第三方海外仓一般是由物流服务商这类第三方企业建立并运营海外仓，为跨境电商卖家提供清关、入库质检、接受订单、商品分拣和配送等服务。卖家使用第三方海外仓需要支付一定费用，包括头程费用、税金、当地派送费用、仓储管理服务费等。目前规模较大的第三方海外仓服务商有万邑通、出口易、递四方等。其中万邑通是 eBay 唯一指定的官方合作伙伴；出口易和递四方是速卖通的官方合作伙伴。

（1）从卖家经营策略的角度，海外仓从境外仓库发货在物流配送速度方面具备一定优势：一是第三方跨境电子商务平台对卖家存放其海外仓的商品会给予流量支持，为跨境电商卖家带来更多商品流量。二是相比直邮模式下的干线航空运输，海外仓头程物流通常采用海运运输方式，单位商品成本相对较低，整体上可降低物流成本；而且直接由海外仓发货，可以有效规避销售旺季带来的物流服务供给不足问题。三是由于商品已提前进入目的国或地区，买家一旦下单后卖家可快速响应，而且卖家借助海外仓可提供本地化服务，有助于提升客户购物体验和客户黏性。但也需注意的是，由于需要提前备货，海外仓一旦形成滞销库存将会为跨境电商卖家带来阶梯递增的仓储成本和存货减值风险。

（2）从商品特点和类型的角度，体积较大、重量较重、价值较高的商品以及需要提升消费者购买体验以提升品牌溢价的品牌商品更适合海外仓模式，例如具有消耗快、溢价高等特点的 3C 电子和服装商品等；而单价较低的轻小件、长尾产品则更适合直邮模式，例如各类型的小百货商品。

三、主要跨境电子商务物流方式的比较

不同跨境电子商务物流方式在运费、时效、运输范围、适用对象、丢包率等方面有不同特点，对于跨境电子商务卖家来说，选择什么物流方式一般需要综合考虑商品特性、运费、时效、目的国清关能力、买家需求、销售淡旺季等因素。主要的跨境电子商务物流的比较，如表 8－4 所示。

表 8－4　主要跨境电子商务物流方式的比较

物流方式	直邮模式					海外仓模式
	邮政			商业快递	专线物流	
	邮政小包/大包	E 邮宝	E 特快			
物流运费	最低	相对较低	较高	最高	相对较低	一般
物流时效	最慢	较快	较快	最快	较快	较快
运输范围	依赖国家邮政网络，运输范围覆盖广			较广	仅限特定区域	仅限特定国家，本地配送由商业快递或当地物流商提供
丢包率	一般	较低	较低	最低	较低	较低

续表

物流方式	直邮模式					海外仓模式
	邮政			商业快递	专线物流	
	邮政小包/大包	E 邮宝	E 特快			
适用对象	价值小、对时效无要求的商品	对时效有要求的商品	对时效有要求的商品、贵重商品	对时效有高要求的商品、贵重商品	对时效要求一般、重量体积较小的商品	需大量备货的商品、超大超限的商品

视频：跨境电子商务支付

课件：跨境电子商务支付

任务四　跨境电子商务支付

一、跨境电子商务支付概述

跨境电子商务支付是指分属不同关境的交易主体，在进行跨境电子商务交易过程中通过跨境电商平台提供的与银行之间的支付接口或者第三方支付工具进行的即时跨境支付[①]行为。目前，跨境电商的主要支付渠道：一是传统商业银行和信用卡组织；二是第三方支付机构；三是跨境收款公司。

二、跨境电子商务支付方式

（一）传统跨境支付方式

1. 汇付（remittance）。又称汇款，即付款人主动通过银行或其他途径将款项汇给收款人，是最简单的支付方式。一般情况下，跨境电商中的汇款人即是进口商，汇出行通常是进口地银行；汇入行通常是出口地银行，收款人即是出口商。汇付的种类有信汇（M/T）、电汇（T/T）和票汇（D/D）。

（1）信汇（mail transfer，M/T）：指汇出行应汇款人的申请，将信汇委托书用航空信函形式寄给境外汇入行，授权解付一定金额给收款人的一种汇款方式。这种方式下收款人收到汇款的时间较晚。

（2）电汇（telegraphic transfer，T/T）：指汇出行应汇款人的申请，用电信的形式给境外的分行或代理人解付一定金额给收款人的一种汇款方式。这种方式下收款人可以迅速收到货款，是目前广泛使用的汇付方式。

① 跨境支付是指对两个或两个以上国家或地区进行国际贸易、国际投资及其他方面所发生的国际债权债务，借助一定的支付系统和结算工具实现资金跨国或跨地区转移，最终完成各类经济交易。

（3）票汇（remittance by banker's demand Draft，D/D）：指汇出行应汇款人的申请，代汇款人开立以其分行或代理行为汇入行的银行即期汇票，支付一定金额给收款人的一种汇款方式。

汇付属于商业信用，因为采用汇付方式，是否按照合同的规定履行付款义务和何时履行付款义务，完全依靠买方的信用，银行在它们之间完全是付款人的代理，只提供服务，不承担付款的责任。汇付的缺点主要是风险大，风险和资金负担都会集中在买卖中的一方。

2. 托收。指在进出口贸易中，出口方开具以进口方为付款人的汇票，委托出口方银行通过其在进口方的分行或代理行向进口方收款的一种结算方式。托收也属于商业信用。银行完全根据卖方的指示来处理，到底银行是否能收到货款，依靠买方的信用。最常用的托收类型是光票托收和跟单托收。（1）光票托收：指金融票据不附带商业票据的托收。光票托收主要用于小额交易、预付货款、分期付款以及收取贸易的从属费用等。（2）跟单托收：指金融单据附有商业单据或不用金融单据的商业单据的托收。托收方式对买方比较有利，费用低，风险小，资金负担小，甚至可以取得卖方的资金融通。

3. 信用证（letter of credit，L/C）。指银行根据进口人（买家）的请求，开给出口人（卖家）的一种保证承担支付货款责任的书面凭证。银行授权出口人在符合信用证所规定的条件下，以该行或其指定的银行为付款人，开具不超过规定金额的汇票，并按规定随附装运单据，按期在指定地点收取货款。信用证是一项自足文件，信用证不依附于买卖合同，银行在审单时强调的是信用证与基础贸易相分离的书面形式上的认证。信用证方式是纯单据业务，信用证是凭单付款，不以货物为准，只要单据相符，开证行就应无条件付款。开证银行负首要付款责任，信用证是一种银行信用，是银行的一种担保文件，开证银行对支付有首要付款的责任。

4. 国际信用卡支付。这种支付方式相当于国际信用卡收款，一般用于国际贸易中 1 000 美元以下的小额收款，比较适合于网店零售。目前，国际信用卡收款是通过第三方信用卡支付公司提供的支付通道来完成收款的。国际信用卡支付有以下优点：一是信用卡用户人群庞大，目前用户量超过 20 亿人，特别是在欧美地区使用率非常高，是欧美买家最流行的支付方式，符合他们超前消费的习惯；二是使用信用卡支付时买家付款步骤少，相对便捷，付款过程仅需 3～5 秒钟；三是银行做担保，可以减少拒付的情况发生，保证买卖双方的利益。而同时，其缺点是使用门槛较高，有开户费和年服务费，且仍有可能拒付（国际信用卡有 180 天拒付期，个别信用卡超过 180 天）。目前主要的国际信用卡组织有 Visa 国际组织、万事达卡国际组织（MasterCard International）、大来卡公司（Diners Club）、JCB（Japan Credit Bureau）、运通卡（American Express）、中国银联。

（二）第三方跨境支付

由于银行间通过电汇、信汇、票汇等传统国际结算工具进行汇款的方式已经难以满足高频次、小额化的中小企业跨境电商交易需求，因此跨境电子商务交易的支付方式也在不断创新，第三方跨境支付模式应运而生。目前整个跨境支付分为前、中、后端三个部分。前端主要是收单，对应的机构有 PayPal、Visa、MasterCard 等授权的第三方收单机构；中端主要职责是分发，对应机构主要是 PayPal、WorldFirst 和 Payoneer；后端主要职责是结汇和发单子，对应的机构主要是外管局批准的第三方支付机构和央行批准的跨境人民币支付机构。

三、第三方跨境电子商务支付

（一）第三方跨境支付的概念

> **想一想：**第三方跨境支付产生的原因是什么？

第三方跨境支付是指具有一定实力和信誉保障的第三方支付机构为跨境电子商务、境外线下商务的交易双方提供跨境互联网支付或移动支付服务，包括外汇资金集中收付及相关结算等业务。第三方跨境支付的范畴如图 8－9 所示。

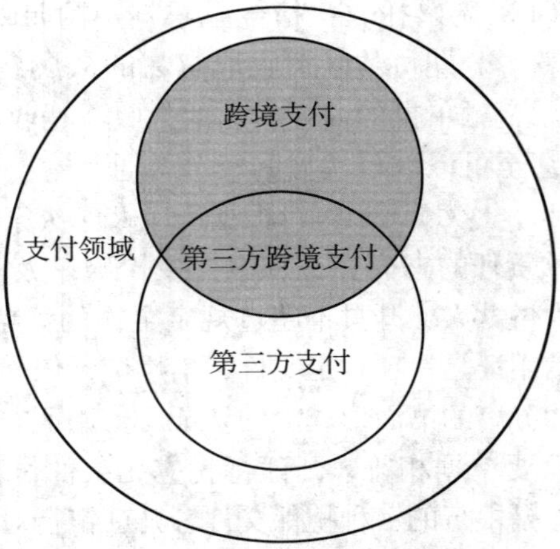

图 8－9　第三方跨境支付范畴

（二）第三方跨境支付的优势

与传统跨境 B2B 贸易相比。跨境 B2C 贸易有着小额、高频、对回款速度要求高的特点，传统跨境支付手段难以满足这样的需求。而第三方跨境支付可以实现更快到账，快速到账不仅可以大大降低卖家的汇率损失风险，同时可以维持资金链正常运转；同时第三方跨境支付机构通过聚集多笔小额跨境支付交易，可以有效降低交易成本。具体有如下三个优势：（1）服务频次高。第三方跨境支付流程简单，无须经历线上烦琐验证或者线下汇款，支付过程安全便捷。（2）汇款到账速度快。一般银行电汇汇款到账时间需要 3～5 天。第三方跨境支付可以更快到账，为卖家节约时间成本，降低风险。（3）交易成本低。第三方跨境支付可以汇聚多笔小额跨境支付交易，手续费费率持续走低，甚至近年来达到零费率，为所有跨境汇款方式中最低的。相比之下，信用卡虽然也是即时到账，但费率一般约为 2%～3%。

（三）我国第三方跨境支付的发展历程

中国现代跨境支付业务发展正式起源于 2007 年。2007 年 9 月，国家外汇管理局允许支付宝办理境外收单业务。国内跨境支付业务正式起步。2013 年外管局在北京等 5 个地区启动支付机构跨境外汇支付试点。同年，中央银行正式下发《关于开展跨境电子商务外汇支付业务试点的批复》，批准 17 家第三方支付机构开展跨境电子商务外汇支付业务试点，跨境电子商务外汇支付业务试点正式开始。2014～2019年，随着中国第三方支付的蓬勃发展，中国跨境支付市场进入启动期，业务量的增加和技术的发展推动行业持续发展。2020年，我国跨境支付行业野蛮发展结束，逐渐步入高速发展期。

中国第三方支付公司主要参与跨境电商中的零售领域，其中又分为跨境零售出口电商和跨境零售进口电商，而跨境B2B电商仅有小部分支付机构参与，如阿里巴巴旗下的阿里巴巴国际站，其跨境支付服务由支付宝提供。在跨境出口零售电商领域中，国内第三方跨境支付公司主要参与其中的收款环节，服务于B端平台及商户，提供完整支付解决方案；而收单业务则主要由以PayPal为首的国际第三方支付公司完成；最终参与结售汇环节的主体除了传统银行外，还有国内30家持牌公司可与银行展开合作。而在跨境进口零售电商及垂直支付（出国旅游及出国留学线上付费）领域中，支付宝、微信因在国内拥有占绝对优势的用户数量及支付市场份额，得以在跨境支付C端领域形成双强领先格局。

思政园地

跨境电商迎来“黄金时代”，国货品牌“组团”出海

早几年前，假如你和国内消费领域公司来探讨“品牌出海”的话题，他们多半潜意识认为，“国内还没做好呢，就想着国外了？”。如今，SHEIN、传音这样的品牌在海外爆火，让不少人意识到已经不能再错过这个机会窗口。短短几年，跨境电商的升级迭代与推陈出新，国内电商也在不断探索和搭建国际购、全球化等跨境电商体系中完善壮大，逐一叩开了海外市场的大门。在“2022·中国新茅品牌榜Top100”的榜单中，有30%的品牌开始了跨境电商或海外销售。前50强新消费品牌中有一半都已经出海了。

亚马逊的中国副总裁杨钧表示，过去在传统贸易模式下，国际贸易链条很长，信息传达效率很低，国货出海过程中充满了非常多的不确定性。在跨境电商之前，中国能出海的品牌屈指可数。到了跨境电商崛起时代，因为电商没有了空间的限制，什么品牌都可以放到网上平台去，而消费者的精力和流量是有限的，所以电商可以借助平台优势，用视频、图片、文字去进行信息的交互，让消费者对品牌有更充分的了解。

传音控股是中国消费电子出海的代表性企业，专为海外用户提供智能手机和移动互联网业务，被誉为“非洲手机之王”。产品远销非洲、南亚、东南亚、中东和南美等地区。它为什么会把非洲作为出海第一站，并一步步走向巅峰？据传音控股投资负责人介绍，因为全球有三个10亿以上的人口规模领域，分别是中国、印度和非洲。以非洲为代表的市场，正成为全球经济增长最快的区域，也是全球GDP增长的主要动力来源。2021年数据显示，非洲大陆有34亿人，预计到2030年有望达到40亿人。非洲人口平均年龄仅19岁，劳动力非常年轻且丰富。

目前所有非洲的商品有90%是依靠进口，其中又有70%是源自中国。非洲缺产品、缺工业，只要你有好的产品，就不怕卖不掉。透过非洲人把钱花到哪里去，也可以看到新消费、新国货的出海机会在哪里。如今，传音以手机为核心，三个手机品牌和一个智能家电品牌在非洲已深入人心。国货出海的黄金时代已经来临，谁也阻挡不了中国品牌迈向全球的脚步。在这样的背景下，有很多的中国制造商和中国企业已经把它的竞争优势从简单的成本优势或者说极致性价比，转化成为基于敏捷制造、敏捷营销、敏捷库存、配送能力，相信未来，越来越多新消费新国货产品和品牌涌向海外，而传统外贸在数字化转型升级中，也将迸发新活力。

资料来源：https：//baijiahao. baidu. com/s？id = 1740651773581444538&wfr = spider&for = pc.

本项目主要知识点

跨境电子商务　跨境电子商务的模式分类　跨境电子商务发展历程　我国跨境电商行业的发展趋势　跨境电子商务的主要平台　跨境电子商务物流　跨境电子商务物流的主要方式　主要跨境电子商务物流方式的比较　跨境电子商务支付　传统跨境支付方式　第三方跨境支付方式

课后习题

一、单选题

1. 跨境电子商务与国内电商的区别不包括（　　）。

A. 业务环节的不同　　B. 交易主体的不同

C. 商品质量的不同　　D. 适用规则的不同

2. 跨境电子商务在商品流通过程中具有的优势不包括（　　）。

A. 跨境电子商务的多边化　　B. 跨境电子商务的去中间化

C. 跨境电子商务的高频化　　D. 跨境电子商务的复杂化

3. 我国跨境电子商务的成长期的代表性企业是（　　）。

A. 阿里巴巴国际站　　B. 天猫国际

C. 敦煌网　　D. 全球速卖通

4. 以下属于 B2C 跨境电子商务平台的是（　　）。

A. 全球速卖通　　B. 阿里巴巴国际站

C. eBay　　D. 洋码头

5. 第三方海外仓服务商收费一般包括（　　）。

A. 头程费用　　B. 税金

C. 本地派送费用　　D. 仓储管理服务费

E. 以上都是

6. 邮政小包的包裹重量一般不超过（　　）。

A. 1 千克　　B. 1.5 千克

C. 2 千克　　D. 3 千克

7. 先在国内仓库集货，通过航空包舱方式批量发往境外，再通过合作公司派送到特定的国家或地区的跨境电子商务物流方式是（　　）。

A. 邮政小包　　B. 专线国际物流

C. 国际商业快递　　D. E 邮宝

8. 运输时效最快的跨境电子商务物流方式是（　　）。

A. 国际商业快递　　B. 专线国际物流

C. E 特快　　D. 海外仓

9. 比较适合于跨境网店零售，一般用于国际贸易中 1 000 美元以下的小额收款的跨境支付方式是（　　）。

A. 国际信用卡支付　　B. 信用证支付

C. 托收　　D. 汇付

10. 以下不属于第三方跨境支付特点的是（　　）。

A. 降低交易成本　　B. 支付过程方便快捷

C. 服务频次高　　D. 到账时间长

二、多选题

1. 跨境电子商务按照交易模式可划分为（　　）。

A. B2B　　B. C2C　　C. B2C　　D. C2B

2. 跨境零售电子商务主要包括（　　）。

A. B2B　　B. C2C　　C. B2C　　D. C2B

3. 以下属于亚马逊平台特点的有（　　）。

A. 重产品，轻店铺　　B. 重推荐，轻广告

C. 重客户，轻卖家　　D. 重客服，轻展示

4. 以下不属于第三方跨境支付特点的有（　　）。

A. 降低交易成本　　B. 支付过程方便快捷

C. 服务频次高　　D. 到账时间长

5. 适合发海外仓的产品有（　　）。

A. 家具类产品　　B. 种类多、季节性产品

C. 3C 电子产品　　D. 汽配类产品

三、判断题

1. 当前我国跨境电子商务进入相对平稳增长的成熟期。（　　）

2. 全球速卖通是以 B2B 和 B2C 为主要跨境贸易模式。（　　）

3. 我国跨境电子商务萌芽期的代表企业是阿里巴巴。（　　）

4. Wish 平台十分看重搜索权重。（　　）

5. 海外仓模式下商品会获得平台流量支持。（　　）

四、简答题

1. 简述跨境电子商务的含义。

2. 简述跨境电子商务与国内电商的主要区别。

3. 按商业模式的不同，跨境电子商务如何分类？

4. 速卖通平台有什么特色？

5. 跨境电子商务物流有哪些模式？

6. 什么是第三方跨境支付？

项目实训　跨境电子商务平台与物流选择

一、实训目的

充分了解当前跨境电子商务主要平台特点，能够为企业找到合适的跨境电商平台，并选择合适的物流方式。

二、实训素材

计算机、网络、素材案例、在线资源等。

三、实训步骤

1. 阅读以下企业背景。

某生态茶叶有限公司自成立起，主要集中于内销领域，为国内采购商提供特质茶叶，近几年公司开始涉及国际贸易茶叶外销。随着对外销流程的日益熟悉，通过国内第三方中间商进行国际贸易的问题也逐渐凸显出来，例如信息反馈不及时，贸易周期长。

为了解决以上问题，该公司的张经理决定在销售部下设立外贸组，准备大力筹划通过电子商务进行国际贸易，张经理在做好前期的海外市场调研和市场定位之后，选择出口东南亚市场。

2. 对不同的跨境电商平台进行分析和对比，为企业选择适合自身特点的平台。

3. 比较跨境电子商务物流的主要模式，选择适合企业的物流方式。

四、实训成果

分组撰写一份实训报告，分析各个跨境平台的运营模式、平台特色，不同物流方式的利弊，并对企业提出合适的跨境电子商务运营策略。

项目九

电子商务涉及的法律法规

知识目标

- 了解电子商务法的调整对象
- 熟悉电子商务法对电子商务经营者的界定
- 掌握与电子商务平台经营者相关的法律规范

能力目标

- 能够剖析电子商务经营者是否履行基本法律义务
- 能够运用所学知识开展电子商务经营合法合规检查

情感目标

- 培养学生良好的法治观念和法律素质
- 培养学生学法、知法、守法意识

思维导图（见图9－1）：

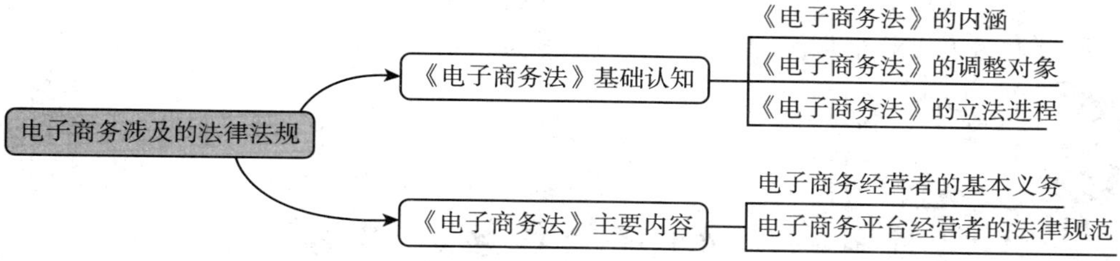

图9－1　电子商务涉及的法律法规

引导案例

大学生创业“踩雷”因侵权被告上法庭

为了给家里减少经济压力，有些大学生会想办法勤工俭学，有些则选择在学校做点小生意创业。但因为法律意识不强，有些学生非但创业没有成功，反而给自己惹上了官司。在世界知识产权日前夕，杭州市萧山区人民法院巡回法庭走进萧山商业城，审理了一起大学生侵害商标权纠纷案。

“法官，我们学院特别鼓励大学生创业，身边有点想法的同学都做起了小生意。‘红双喜’的名气大，我只是想创业赚点零花钱，倒腾乒乓球拍之类的买卖，没想到钱没赚到还违法了！”在巡回法庭庭审现场，跟审判法官说话的叫王力（化名），今年才22岁，是一名在校大学生，因为出售“山寨”乒乓球被品牌方起诉。

王力从小就热爱运动，他就读的学院为鼓励学生创新创业，给出了很多鼓励措施，从小就很懂事的王力为了给父母减轻经济压力，也为了结识更多热爱运动的朋友，从去年8月开始通过阿里巴巴平台采购一批“红双喜”牌乒乓球，并在自己注册的淘宝店铺售卖。

“亲，你放心购买就好，我们所出售的乒乓球都是知名品牌红双喜的……”在阿里巴巴平台上某家批发商的再三承诺下，涉世未深的王力以5.5～6元的价格采购所谓的“红双喜”乒乓球，加上5元的物流成本和其他包装费用，王力以9.9元作为创业初期的销售单价，希望以低价吸引更多的同学购买。殊不知，批发商卖给王力的货物都是“山寨”的，侵害了“红双喜”的商标权。

庭审中，王力表示：“有了创业想法后，我在淘宝等网络平台上大致浏览了各种运动产品的价格，最后认为只有乒乓球的价位较低，是我有能力去尝试创业的。同时，红双喜是李宁的公司，李宁是我从小很崇拜的偶像……”

王力还表示，自己知识产权意识十分薄弱，开始并不知道自己出售这些货品侵犯了他人的知识产权。

开庭审理后，虽然原被告双方对王力的合法来源抗辩存有争议，但经萧山法院主持调解，最后双方达成了停止销售、被告赔偿原告损失8 000元的协议。王力当场履行完毕。

资料来源：https：//xsrb. xsnet. cn/epaper/resfile/2019－04－29/06/xsrb2019042906. pdf.

➢ 启发思考：

1. 结合案件，你觉得电子商务经营者王力应履行哪些义务？
2. 探讨电商平台对于售假网店有哪些积极举措？

视频：《电子商务法》基础认知

课件：《电子商务法》基础认知

任务一 《电子商务法》基础认知

一、《电子商务法》的内涵

电子商务的快速发展带来了许多新的法律问题，如网上电子支付、电子合同、知识产权保护和网上个人隐私保护等，以往的法律法规不能完全适应网络环境，新的、适合于电子商务的法律法规需求迫在眉睫。从国际经验看，立法是促进电子商务发展的通行做法。1996年联合国国际贸易法委员会提出的《电子商务示范法》生效，之后2000年《电子签名示范法》、2005年《联合国国际合同使用电子通信公约》，为各国及地区电子商务立法提供了一整套国际通行规则。目前已有30多个国家和地区制定了综合性的电子商务法，如美国制定了《统一电子交易法》和《电子签名法》。《电子商务法》是政府调整、企业和个人以数据电文（数据电文指经由电子手段、光学手段或者类似手段生成、储存或者传递的信息，这些手段包括但不限于电子数据交换、电子邮件、电报、电传或者传真）为交易手段，通过信息网络所产生的，因交易形式所引起的各种商事交易关系，以及与这种商事交易关系密切相关的社会关系、政府管理关系的法律规范的总称。

二、《电子商务法》的调整对象

《电子商务法》的产生是电子商务发展和自身规范要求的必然结果，是调整在线商业行为及其引发的相关问题的法律规范的总和。电子商务交易及其形成的商事法律关系成为《电子商务法》调整的对象。电子商务法律关系的主体即在线的参与主体，主要包括电子商务第三方平台、电子商务平台内经营者、认证机构、物流配送公司、第三方支付企业、消费者等。

未成年人用父母手机给游戏充值

案例1：2022年2月7日，东方市八所港海岸派出所接到符女士报警求助称，她儿子玩手机游戏时，向游戏平台充值了1万多元，请求帮忙处理。经民警调查了解，符女士的儿子今年11岁，经常趁着父母外出工作时用母亲手机玩网络游戏。2月3～6日，男孩先后32次将母亲手机账户里的1万多元充值到某游戏平台。掌握情况后，民警立即与游戏平台官方客服取得联系，说明是未成年人使用母亲的钱充值游戏平台等情况，并3次帮助符女士向游戏平台上传50余份相关证明材料后，最终帮助符女士成功办理了退款申请手续。3月17日，游戏平台将钱款退还符女士。

案例 2：2022 年 6 月，14 岁的小朱使用他妈妈张某的手机，下载安装了一家网络公司的游戏。在使用过程中，小朱瞒着妈妈，以微信支付的方式，多次充值消费，先后花了 9 000 多元。进行充值消费后，小朱还将扣款通知短信全部删除。2022 年 10 月，张某去银行查询余额时才发现孩子玩游戏充值一事。此后，张某多次与该网络公司沟通，要求退款均被拒绝。最后张某只能向法院起诉。法院审理中，由于张某无法提供有力的证据来证明充值行为系其孩子朱某所为，法院最终还是驳回了张某的诉讼请求。

资料来源：生活与法，http：//www. dongyang. gov. cn/art/2022/2/9/art_1229163134_59545250. html.

请思考：未成年人使用父母手机充值或者打赏，钱能要回来吗？

三、《电子商务法》的立法进程

2022 年全国网上零售额 13. 79 万亿元，同比增长 4%。其中，实物商品网上零售额 11. 96 万亿元，同比增长 6. 2%，占社会消费品零售总额的比重为 27. 2%。电子商务蓬勃发展的背后离不开 2019 年 1 月 1 日正式实施的《电子商务法》。从“酝酿萌芽”到“瓜熟蒂落”，《电子商务法》的出台备受瞩目，其对电商经营者乃至仓储、物流、支付结算多个电商环节的问题给予了法律层面的界定。今后，保障电子商务各方主体的合法权益、规范电子商务行为有了一部专门法律。

《电子商务法》为何历经四审才得以出台？电商法起草组副组长、全国人大财经委副主任委员尹中卿曾表示，根据立法法，我国法律一般是经过三审，但电子商务法的立法从提出到通过，经历五年时间、两届常委会、四次审议，如图 9 –2 所示。经历四审的原因在于，电子商务法和其他法律相比很复杂，涉及面广、规模大，又是新生事物，很多事看不准，而且发展日新月异，制定过程比较慎重。起草过程中，起草部门广泛吸收了行业协会、专家学者以及地方的电子商务示范城市一起从事调研和起草，“一部法律四次审议，三次公开征求意见，这在历次法律审议中都是少有的。”尹中卿说，各方意见都在整个修改过程中博弈。

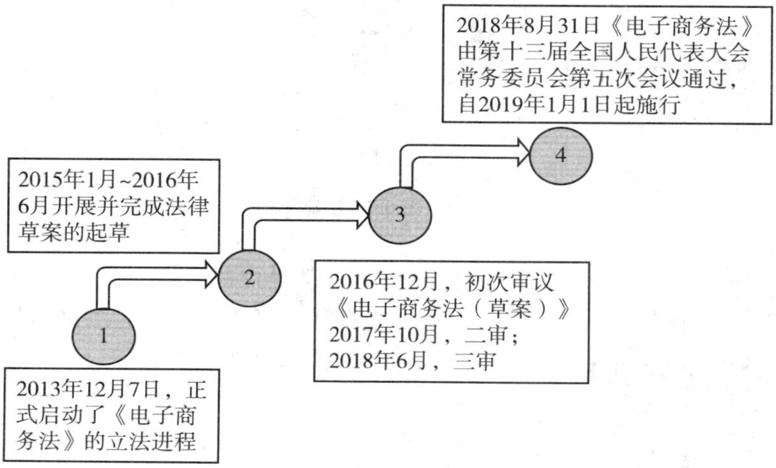

图 9 –2 《电子商务法》立法进程

他以《电子商务法》第38条平台责任条款举例。表决稿将此前四审稿草案中“电子商务平台经营者对平台内经营者的资质资格未尽到审核义务，或者对消费者未尽到安全保障义务，造成消费者损害的，依法承担相应的补充责任”修改为“相应的责任”，删去“补充”二字。将“相应的补充责任”修改为“相应的责任”可以感受到立法机构的审慎。从法学角度解释，“相应的责任”包括但不限于“补充责任”，甚至包括“连带责任”。

视频：《电子商务法》主要内容

任务二　《电子商务法》主要内容

课件：《电子商务法》主要内容

一、电子商务经营者的基本义务

《电子商务法》是我国电子商务领域的基本法律，强化电子商务平台和经营者责任的指导思想贯穿了其立法的全过程。近年来，微商、网络直播随着分享经济、O2O、社交媒体平台的快速发展而产生，其经营形态与传统电商不同，是否应归属于电商经营者范畴自始存在争议，《电子商务法》从一审稿的“电子商务第三方平台和电子商务经营者”到二审稿的“自建网站经营的电子商务经营者、电子商务平台经营者、平台内电子商务经营者”再到三审稿加入“通过自建网站、其他网络服务销售商品或者提供服务的电子商务经营者”，“电子商务经营者”是指通过互联网等信息网络从事销售商品或者提供服务的经营活动的自然人、法人和非法人组织，包括电子商务平台经营者、平台内经营者以及通过自建网站、其他网络服务销售商品或者提供服务的电子商务经营者，如图9－3所示。

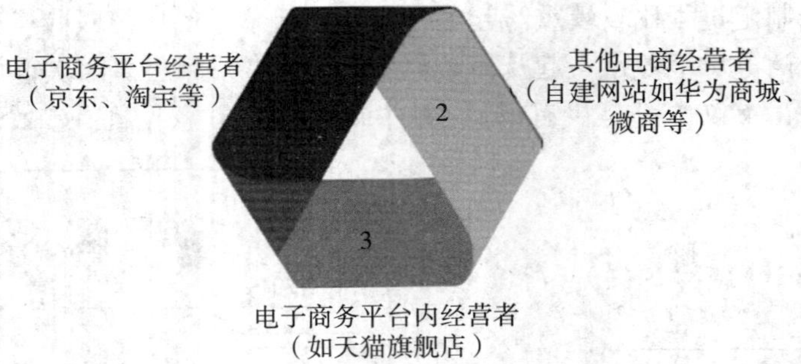

图9－3　电子商务经营者

消费者作为电子商务经营活动中的重要主体，既是商品或服务的实际承受者，又是生产、经营、消费等环节中的弱势方，所以实践中存在大量针对消费者的网络售假、信息泄露等侵权行为，是电子商务纠纷中的重点问题。为了维护消费者的合法权益，电子商务经营者应履行如下基本义务：

（一）保障商品及服务质量

消费者权益中最重要的是安全权，为应对实践中屡见不鲜的假货、坏货问题，《电子商务法》第 13 条规定，电子商务经营者销售的商品或者提供的服务应当符合保障人身、财产安全的要求和环境保护要求，不得销售或者提供法律、行政法规禁止交易的商品或者服务。

网购假货

2022 年 4 月，李先生通过某网店购买了两个名牌包。双方约定所购买的商品为代购法国正品，总价格为 1.7 万元。李先生当天通过网购平台向店铺支付购物款。

随后，李先生收到该店铺邮寄过来的两件商品。考虑到购买商品价格昂贵，李先生在开箱收货时对开箱收货流程进行视频拍摄。拆封后，因挎包做工粗糙，味道刺鼻，李先生找到鉴定机构对挎包进行检验，结果显示，两个挎包均非正品。李先生要求退款，网购平台退还货款 1.7 万元。

李先生认为，该网店采取欺诈的方式销售商品，侵害自身合法权益，一纸诉讼将该网店告至武汉市新洲区法院。

庭审中，被告称，原告提交的鉴定报告由不具备相应鉴定资质的机构作出，不能证明自己销售的商品为假冒伪劣产品。为查明案件事实，承办法官在征得双方当事人同意的情况下，将商品交由具有鉴定资质的机构进行产品真伪鉴定。2021 年 9 月，经鉴定，李先生购买的两个挎包均不是正品。

武汉市新洲区法院审理认为，原告李先生在网店购买商品时，双方就商品的质量、价格进行了约定，原告支付了货款，被告发送了货物，双方信息网络买卖合同成立。李先生订单显示拟购买的商品为法国正品，被告也承诺为代购法国正品，但依据鉴定结果，出售的商品为假冒伪劣产品，被告以假充真的行为显属欺诈。最终，法院判决撤销原告李先生与被告某网店签订的买卖合同，判决该店铺支付李先生赔偿金 5.1 万元。

资料来源：http：//hyqfy. hbfy. gov. cn/DocManage/ViewDoc？docId = 9b76120e-4beb-46b4-b69b-2d4584fc908f.

请思考：如遇网购假货，怎么办？

（二）真实公示商品或服务信息

在网购之前，绝大多数消费者都会参考关于该商品的评价，然后考虑是否购买。于是，不少商家都会在评价上“动手脚”，试图通过刷好评、删差评等方式，提升自己店铺的信用水平。在传统交易中，交易双方往往可以面对面地直接交易，消费者可以直接了解商品或者服务的具体内容和信息。但是，在电子商务活动中，交易双方一般是通过远程（在线）方式订立合同进行交易，消费者所获取的信息往往都是由商家等经营者提供的。实践中电子商务经营者经常通过刷单等虚假宣传方式，误导消费者对其提供的商品或服务产生错误评价，以此增加销量。

《电子商务法》第 17 条规定，电子商务经营者应当全面、真实、准确、及时地披露商品或者服务信息，保障消费者的知情权和选择权。电子商务经营者不得以虚构交易、编造用户评价等方式进行虚假或者引人误解的商业宣传，欺骗、误导消费者。针对“刷单”“刷好评”等误导、欺诈消费者等问题进行专门规定，明确规定电子商务经营者不得以虚构交易、编造用户评价等方式进行虚假或者引人误解的商业宣传，有利于充分保障电子商务消费者的知情权和选择权。

网店刷单违法案件

自2019年9月起，当事人陈某及其妻子金某先后注册了3家信息技术有限公司作为掩护，并通过熟人介绍、网上招募等方式雇用员工21名，成立非法刷单团伙。其刷单流程为：从有刷单需求的淘宝商户手中获得需要刷单的商品信息，转给负责具体操作的刷手完成刷单，从中赚取佣金差价。

自2019年9月至2022年4月，该团伙共计刷单295万单，刷单金额达3.6亿元，向刷手发放刷单佣金1 140万元。该团伙组织严密，架构齐全，分工明确，刷手之多，刷单数量之大，刷单金额之巨，实属罕见。

网络刷单是虚假交易，侵犯消费者的知情权，严重扰乱市场秩序，属于违法违规行为。临海市市场监管局提醒广大市民，网络刷单属违法，切莫尝试当“刷客”。

资料来源：https：//new. qq. com/rain/a/20210609A07H4R00.

请思考：电子商务平台经营者如何防范刷单事件？

《电子商务法》第17条、第81条、第85条等相关条款，一是明确规定了电子商务经营者信息披露的一般义务，要求全面、真实、准确、及时披露商品或者服务信息，禁止以虚构交易、编造消费者评价等方式进行虚假、引人误解的商业宣传，欺骗、误导消费者；二是要求电子商务平台经营者建立健全信用评价制度，公示信用评价规则，不得删除消费者的评价信息；三是明确平台经营者未为消费者提供评价途径或者擅自删除消费者评价的，由市场监督管理部门责令限期整改，给予行政处罚，情节严重的，最高处以50万元以下罚款。

（三）搭售商品提示

买机票默认搭售接机服务，订酒店默认购买健身服务等，平台设置成默认搭售的服务让消费者在不知情的情况下，买了其他可能并不需要的服务，一直以来备受诟病。针对电子商务的搭售行为，为了保障消费者的知情权与自主选择权，《电子商务法》第19条规定，电子商务经营者搭售商品或者服务，应当以显著的方式提请消费者注意，不得将搭售商品或者服务作为默认同意的选项。

山东某电子科技有限公司网络交易强制捆绑搭售案

罗庄区市场监管局发现山东某电子科技有限公司在其天猫店铺“丽波官方旗舰店”销售的某爆款商品强制捆绑搭售了4款同类商品，未在店铺详情页醒目位置以显著方式提醒消费者注意其在搭售，同时将其作为默认同意的选项，也没有选项可以取消不购买搭售的商品。经调查，该公司共销售该款商品5 000个，违法搭售产生违法所得10 000元。该公司行为违反了《电子商务法》的规定，构成了违法搭售商品的违法行为。罗庄区市场监管局根据《电子商务法》规定，对其作出了责令改正违法行为、没收违法所得10 000元、予以罚款50 000元的处罚。

资料来源：https：//www. sohu. com/a/670672173_121687416.

请思考：网购过程中，你是否遇到过强制捆绑搭售，如何维权？

（四）退还押金

网上订酒店、开通共享单车服务等都需要消费者先交纳押金，但押金交纳往往会出现押金难退还的情形，严重损害了消费者的权益。《电子商务法》第21条规定了电子商务经营者押金退还的义务，电子商务经营者按照约定向消费者收取押金的，应当明示押金退还的方式、程序，不得对押金退还设置不合理条件。消费者申请退还押金，符合押金退还条件的，电子商务经营者应当及时退还。违反上述规定者，由有关主管部门责令限期改正，可以处5万元以上20万元以下的罚款；情节严重的，处20万元以上50万元以下的罚款。

全国首例共享单车公益诉讼案

被告广州悦骑公司成立之后，被告广州悦骑公司通过开发的“小鸣单车”App向消费者提供“小鸣单车”服务。消费者使用被告广州悦骑公司的小鸣单车，需先下载手机App进行注册并交纳199元押金，退还押金只基于消费者申请，被告广州悦骑公司承诺在退押申请后的1~7个工作日内，押金予以原路退还。原告广东省消委会陆续收到消费者关于被告广州悦骑公司押金逾期未退还的投诉。

最终，广州市中级人民法院在查清本案事实的前提下，认定了被告的行为确实侵犯了众多不特定消费者合法权益和社会公共利益，并作出判决如下：

一、被告广州悦骑信息科技有限公司按承诺向消费者退还押金，如不能满足退还押金的承诺，则对新注册消费者暂停收取押金，同时在本判决生效之日起十日内，将收取而未退还的押金向“小鸣单车”运营地的公证机关依法提存，并向未退还押金的消费者公告；

二、被告广州悦骑信息科技有限公司于本判决生效之日起十日内，以公众足以知晓的方式向消费者真实、准确、完整披露押金收支、使用、退还等涉及消费者押金安全的相关机制和流程等信息，将披露内容向注册地公证机关进行公证，并向注册地工商行政管理部门备案；

三、被告广州悦骑信息科技有限公司于本判决生效之日起十日内，在《广州日报》A1版和广东省省级以上电视台发表经本院认可的赔礼道歉声明；

四、被告广州悦骑信息科技有限公司于本判决生效之日起十日内，向原告广东省消费者委员会支付调查取证、委托律师代理的合理费用共计23 054元。

资料来源：广东省律师协会，http：//gdla. org. cn//？c = content&a = show&id = 2244.

请思考：如遇共享单车不退押金，如何维权？

（五）依法收集、使用个人信息

近年来，我国加强了对个人信息保护的立法，但实践中侵犯公民个人信息权利的案件屡见不鲜，在电商领域尤为突出。为细化公民个人信息权利，加强可执行性，以保障消费者的个人信息权利，《电子商务法》第 23 条规定，电子商务经营者收集、使用其用户的个人信息，应当遵守法律、行政法规有关个人信息保护的规定。该条规定表明对消费者个人信息可以收集、可以使用，但必须依法保护，依法限制使用方法、传播范围等。生活中，有的 App 在注册页面设置成“不同意其格式条款”无法进入“下一步”，有些格式条款与其使用 App 的目的无关，例如要求用户授权查看通讯录等。

个人信息保护案例

原告吴某诉称，其下载某电商购物 App 并使用个人手机号注册了账号。登录 App 后，原告发现某电商购物 App“个人中心”栏项下有“某钱包”选项，遂按照 App 界面要求，在输入原告本人真实姓名及身份号码后开通了“某钱包”。在使用“某钱包”提供的“免输卡号添加银行卡”功能时，原告原本打算选择自己有卡的银行进行关联，但误触了列表中的某银行，得到了“暂无银行卡可以绑定”的反馈。

原告认为，其并未授权某电商购物平台经营方告知某银行自己真实姓名及身份号码，某银行能够得知原告本人并无银行卡在该行开具，系案涉 App 泄露原告的敏感个人信息所致，而某银行亦因此非法获得了原告的敏感个人信息。

其后，原告在某电商购物 App 内查阅了相关用户协议内容后还进一步发现，App 的运营主体上海某公司与“某钱包”经营主体某付费通公司的运营主体并不一致，而在原告并未明确知情同意的情况下，其真实身份信息还由上海某公司传输给了某付费通公司，并极可能又由某付费通公司传输给了某银行。原告自觉权利受损，遂决定注销“某钱包”，但竟然无法注销。故向法院提起诉讼。

杭州互联网法院判决认为，某电商购物平台向某付费通公司提供其收集的吴某个人信息的行为属于未明示信息处理的目的、方式、范围的行为，吴某系在未充分知情的情况下实施对其个人信息披露的同意。某电商购物平台的上述行为既违反了其与吴某之间的合同约定，也不符合个人信息处理活动应遵循的知情同意规则。

资料来源：https：//m. thepaper. cn/baijiahao_19541224.

（六）依法纳税

《电子商务法》第 11 条规定，电子商务经营者应当依法履行纳税义务，并依法享受税收优惠。不需要办理市场主体登记的电子商务经营者在首次纳税义务发生后，应当依照税收征收管理法律、行政法规的规定申请办理税务登记，并如实申报纳税。本条规定明示了电子商务经营者的纳税义务及完税条件。根据本条规定，所有电子商务经营者包括不需要办理市场主体登记的微商、自然人等都被纳入纳税范畴。

（七）使用电子发票

《电子商务法》第 14 条规定，电子商务经营者销售商品或者提供服务应当依法出具纸质发票或者电子发票等购货凭证或者服务单据。电子发票与纸质发票具有同等法律效力。本条规定了电子商务经营者使用电子发票的义务，与线下经营的规定一致。电子发票可成为报销的凭证，为电子发票的大规模推广铺平了道路。

二、电子商务平台经营者的法律规范

（一）对平台内经营者商品或服务的查验

对电子商务平台经营者的规范是《电子商务法》重要的内容，《电子商务法》第二章的内容直接涉及电子商务平台经营者。《电子商务法》第 38 条规定，电子商务平台经营者知道或者应当知道平台内经营者销售的商品或者提供的服务不符合保障人身、财产安全的要求，或者有其他侵害消费者合法权益行为，未采取必要措施的，依法与该平台内经营者承担连带责任。对关系消费者生命健康的商品或者服务，电子商务平台经营者对平台内经营者的资质资格未尽到审核义务，或者对消费者未尽到安全保障义务，造成消费者损害的，依法承担相应的责任。

经营者未依法履行进货查验义务

经营者怠于履行进货查验义务即对食品进行销售，致不符合安全标准的食品售出，属于经营明知是不符合食品安全标准的食品的行为。

某电子商务有限公司在第三方交易平台开设网络店铺。2022 年 4 月，吴某在该公司开设的网络店铺购买一盒天然虫草素含片。该商品的外包装标注生产日期为 2022 年 2 月 9 日，保质期 24 个月，产品参数显示了涉案产品的生产许可证标号以及执行许可证标号。

吴某收到商品后认为与平台页面显示信息不符，后向当地食药监局投诉。经食药监局调查发现，吴某在某电子商务有限公司购买的天然虫草素含片上标注的生产日期 2022 年 2 月 9 日，晚于案涉产品《全国工业产品生产许可证》的有效期截止日期 2020 年 12 月 16 日。某电子商务有限公司接受调查时承认销售事实，并表示案涉商品于产品生产许可证失效前所生产，其在接到吴某订单后直接联系生产商发货，生产商将案涉商品生产日期改为 2022 年 2 月 9 日并直接发出，某电子商务有限公司未经查验产品的相关生产资质材料即委托生产商发货。食药监局认为，某电子商务有限公司销售标注虚假生产日期食品的行为违反了《食品安全法》的规定并对其作出行政处罚，对其销售标注虚假生产日期的食品的行为，没收违法所得，并处货值金额 1 倍的罚款；对其进货时未查验许可证和相关证明文件及未按规定建立并遵守进货查验记录、出厂检验记录和销售记录制度的行为，责令改正，给予警告。

资料来源：https：//www. court. gov. cn/zixun/xiangqing/278201. html.

请思考：审查平台内经营者经营行为合法性是否有必要，为什么？

（二）禁止滥用平台优势地位

《电子商务法》第 35 条规定，电子商务平台经营者不得利用服务协议、交易规则以及技术等手段，对平台内经营者在平台内的交易、交易价格以及与其他经营者的交易等进行不合理限制或者附加不合理条件，或者向平台内经营者收取不合理费用。该条规定是建立在电子商务平台经营者和平台内经营者的基础之上，其规制的是平台利用优势地位而滥用服务协议和交易规则损害商家合法权益的行为，如强迫商家在两个平台之间“二选一”。平台利用优势地位，违反第 35 条规定，损害平台内经营者合法权益的，最高可处以 200 万元罚款。

饿了么强迫商户“二选一”被罚

2021 年 9 月 15 日，安徽省滁州市中级人民法院就饿了么不正当竞争行为作出判决。法院认定，饿了么强迫商户“二选一”，遭拒后登录商户账号强制关闭其店铺。这是 2021 年以来饿了么再次因强迫商户“二选一”被罚。

部分商家向市场监督管理局表示，“如果在两个平台（美团和饿了么）都经营，饿了么的扣点是 23%。和饿了么签订独家经营，扣点降到 18%。美团的扣点是 15%。”“如果我们上美团，就要缩小我们的配送范围，我们在饿了么平台的配送范围被多次缩小，最终缩小至 3.23 平方千米，配送费提高到 9 元/单。刚开始上饿了么平台的时候配送范围是市区，配送费是 4 元/单。”

法院认为，天长市饿了么外卖服务站的员工要求商户关闭其在美团外卖平台上的网络商铺，强迫其与饿了么平台签订独家合作协议，遭拒后登录商户账号关闭其在饿了么平台上的店铺，对美团实施不正当竞争行为的主观恶意明显。

资料来源：https：//xueqiu. com/3811527599/198135421.

请思考：请分享对《电子商务法》禁止平台经营者强迫商户“二选一”的看法？

（三）建立健全信用评价制度

《电子商务法》第 39 条规定，电子商务平台经营者应当建立健全信用评价制度，公示信用评价规则，为消费者提供对平台内销售的商品或者提供的服务进行评价的途径。电子商务平台经营者不得删除消费者对其平台内销售的商品或者提供服务的评价。

平台不得删除评价

2022 年 3 月，河北省唐山市消费者杨女士投诉称，其在某平台购买的护肤化妆品怀疑为假货，与之前所用同款产品差距较大。之前自己曾因特价购买的面膜质量不佳给予差评，但该评价根本看不到。杨女士认为，消费评价是消费体验的重要一步，也是后续顾客购物的重要参考。故投诉该平台不顾消费者感受删除差评的行为。

资料来源：https：//www. nbd. com. cn/articles/2018 - 09 - 25/1257993. html.

请思考：平台经营者未为消费者提供评价途径或者擅自删除消费者评价，侵犯消费者哪些权利？

（四）竞价排名和广告标注义务

竞价排名是电子商务平台经营者主要的营利方式之一，是电子商务平台经营者和平台内经营者关注的重点内容，同时也将影响消费者的合法权益。《电子商务法》第 40 条规定，电子商务平台经营者应当根据商品或者服务的价格、销量、信用等以多种方式向消费者显示商品或者服务的搜索结果，对于竞价排名的商品或者服务，应当显著标明“广告”。

思政园地

大数据杀熟

同样的商品或服务，老客户看到的价格反而比新客户要贵出许多，这在互联网行业被叫作“大数据杀熟”。调查发现，在机票、酒店、电影、电商、旅游等多个价格有波动的网络平台都存在类似情况，而在线旅游平台更为普遍。同时，还存在同一位用户在不同网站的数据被共享的问题，许多人遇到过在一个网站搜索或浏览的内容立刻被另一网站进行广告推荐的情况。

“大数据杀熟”是一个新近才热起来的词，不过这一现象或已持续多年。近日有媒体对 2 008 名受访者进行的一项调查显示，51. 3% 的受访者遇到过互联网企业利用大数据“杀熟”的情况。“大数据杀熟”到底该如何定性，目前也面临争议。上述调查中，59. 2% 的受访者认为在大数据面前，信息严重不对称，消费者处于弱势；59. 1% 的受访者希望价格主管部门进一步立法规范互联网企业歧视性定价行为。“大数据杀熟”虽然可以说是商家的定价策略，但最终形成了“最懂你的人伤你最深”的局面，确实与人们习以为常的生活经验和固有的商业伦理形成了明显冲突。例如，一些线上商家和网站标明新客户享有专属优惠，从吸引新客户的角度完全可以理解，但在这一优惠政策的另一端，若老客户普遍要支付高于“正常价格”的金额，甚至越是老客户价格越贵，就明显背离了朴素的诚信原则，也是对老客户信赖的一种辜负。由此还会引发商业伦理的扭曲，值得人们警惕。

有一些消费者反映，在线预订酒店、预约车辆时遭遇平台、电商杀熟。一位姓廖的消费者称，自己经常通过某旅行服务网站预订某个特定酒店的房间，长年价格在 380 ~ 400 元。偶然一次，他通过前台了解到，酒店房间淡季的价格在 300 元上下，用朋友账号查询后发现，果然是 300 元；但用自己的账号去查，还是 380 元。

大数据是个“双刃剑”，提供方便的时候可以很方便，想要给你诱导消费也很容易。此外，买机票搭个“专车”接送，订酒店搭个 SPA 放松，看似贴心的服务，有些却是暗戳戳地搭售，让消费者在不知情的时候就购买了，这些平台行为将被禁止。电子商务经营者根据消费者的兴趣爱好、消费习惯等特征向其提供商品或者服务的搜索结果的，应当同时向该消费者提供不针对其个人特征的选项，尊重和平等保护消费者合法权益。电子商务经营者搭售商品或者服务，应当以显著方式提请消费者注意，不得将搭售商品或者服务作为默认同意的选项。

资料来源：https：//baijiahao. baidu. com/s? id = 1595270398443964710&wfr = spider&for = pc.

本项目主要知识点

《电子商务法》调整对象　电子商务经营者基本义务　电子商务平台经营者法律规范

课后习题

一、单选题

1. 某汽车论坛网站中，某品牌汽车厂家推出一款新车，一周之内为之鼓吹叫好的各种文章铺天盖地，如有用户发文客观评价优缺点，即遭群体谩骂围攻，这让网友们无所适从，对这种现象，分析正确的是（　　）。

A. 产品好坏的网络评论，都是言论自由权利的表现，不能过多干涉

B. 如果有证据证明鼓吹叫好的文章系“水军”所发，则该种行为不仅违背了诚信原则，还有可能构成不正当竞争

C. 网络意见仅供参考，如果上当受骗，只能怪消费者自己判断能力低下

D. 如果网络用户仅仅是收取商家报酬为其宣传叫好而并没有谩骂其他用户，则该种行为合法，不应受到干涉

2. 电子商务经营者，是指通过互联网等信息网络从事销售商品或者提供服务的经营活动的自然人、法人和非法人组织，不包括（　　）。

A. 电子商务平台经营者

B. 平台内经营者

C. 通过自建网站、其他网络服务销售商品或者提供服务的电子商务经营者

D. 消费者

3. 某平台经营者雇用他人大量下单，用于提高搜索排名、增加人气，但没有真实交易。此种行为属于（　　）。

A. 正常的营销方式

B. 正常的广告方式

C. 发布违法广告

D. 通过虚假交易进行虚假商业宣传（也称“刷单”），是法律禁止的行为

4. 对关系消费者生命健康的商品或者服务，电子商务平台经营者对平台内经营者的资质资格未尽到审核义务，或者对消费者未尽到安全保障义务，造成消费者损害的，应当依法承担的责任形式是（　　）。

A. 相应的责任　　B. 连带责任　　C. 间接责任　　D. 直接责任

5. 电子商务经营者搭售商品或者服务，下列说明正确的是（　　）。

A. 应与消费者单独签订协议

B. 应当以显著方式提请消费者注意，不得将搭售商品或者服务作为默认同意的选项

C. 可不必用显著的方式提醒消费者

D. 可以默认同意选项

二、多选题

1. 关于电子商务经营者，说法正确的有（　　）。

A. 平台经营者负责制定平台运营规则

B. 平台经营者对平台内经营者有审核义务

C. 平台经营者可以对平台内的经营者进行信用评价

D. 微商、代购，都属于电商经营者

2. 电子商务经营者从事经营活动，应当（　　）。

A. 遵循自愿、平等、公平、诚信的原则

B. 遵守法律和商业道德，公平参与市场竞争

C. 履行消费者权益保护、环境保护、知识产权保护、网络安全与个人信息保护等方面的义务

D. 承担产品和服务质量责任，接受政府和社会的监督

3. （　　）是我国《电子商务法》的立法目的。

A. 主要保护消费者的合法权益　　B. 规范电子商务行为

C. 维护市场秩序　　D. 促进电子商务持续健康发展

4. 电子商务经营活动中应当遵循的原则有（　　）。

A. 自愿　　B. 平等　　C. 公平　　D. 诚信

5. 电子商务经营者按照约定向消费者收取押金，下列说法正确的有（　　）。

A. 不得收取押金

B. 收取押金应当明示退还方式和程序

C. 不得对押金退还设置不合理条件

D. 消费者申请押金退还，符合押金退还条件的，电子商务经营者应当及时退还

三、简答题

1. 分组讨论你如果选择微商或者网店创业，在其设立时应履行哪些法定义务？

2. 简述电子商务法的调整对象。

3. 某人在招聘网站填写求职信息，按要求提供了手机电话，结果推销、宣传广告电话不断打来，分析应当如何收集和合理利用个人信息资料？如何防止对个人资料的侵害？

项目实训　电子商务法律法规相关知识

一、实训目的

了解电子商务法的基本概念和立法状况；了解电子商务法的调整对象，熟悉与电子商务经营者相关的法律规范。

二、实训素材

计算机、网络、素材案例、在线资源等。

三、实训步骤

1. 根据电子商务的特点分组讨论电子商务交易中容易出现的纠纷，思考如何解决这些纠纷。
2. 收集电子商务平台经营者或平台内经营者制定的不合理条款，并说明不合理的地方。
3. 收集 2022 年的十大网络纠纷事件，并对这些事件进行分析。

四、实训成果

1. 要求每组至少讨论 3 个电子商务纠纷，针对这些问题提出改进方案。
2. 以表格的形式列出不合理条款的名称、条款内容及合理的条款内容、出处并进行说明。
3. 分析网络纠纷事件损害了消费者的哪些利益，并将其对应到具体的《电子商务法》条例。

项目十

电子商务职业与创业

知识目标

- 了解电子商务专业人才的职业能力和素养
- 了解电子商务人才的工匠精神
- 理解电子商务创业所需要的个人素质与团队能力
- 认识电子商务创业的流程

能力目标

- 能整体把握电子商务人才的职业素养和能力
- 能够对电子商务创业者进行SWOT分析
- 能够掌握电子商务创业的步骤

情感目标

- 培养学生在创新创业活动中的工匠精神
- 提高学生的团队协作沟通能力
- 培养学生树立正确的职业观和良好的职业道德

思维导图（见图 10－1）：

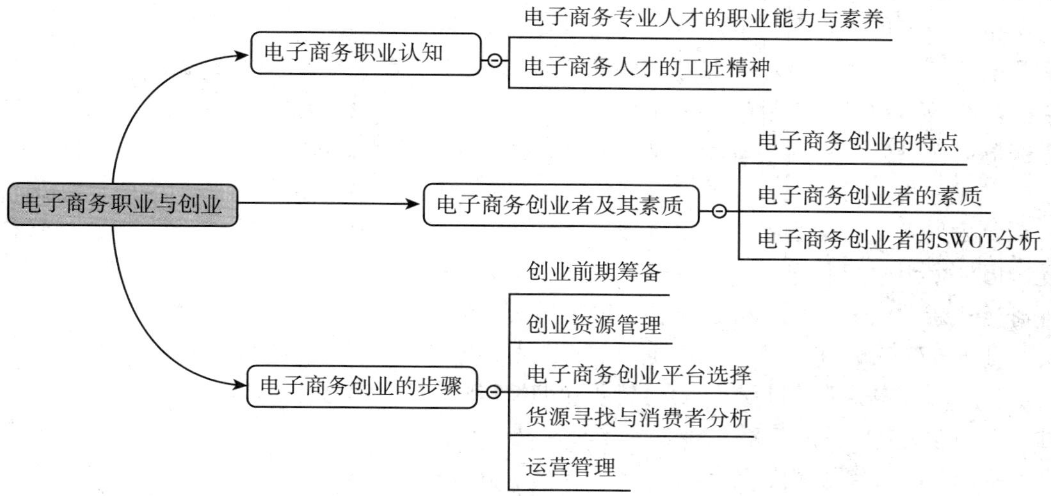

图 10－1　电子商务职业与创业

引导案例

厦门中达电商园积极探索“两头在外”模式助力电商脱贫攻坚

厦门中达电商园积极落实中央“坚决打赢脱贫攻坚战”的战略部署和习近平总书记“要在扶持贫困地区农产品产销对接上拿出管用措施”和“要坚持就业优先，做好百姓就业这篇文章”等一系列重要指示精神，带头履行社会责任，积极开展电商扶贫和促进就业工作，取得经济和社会效益双丰收。通过打造创客中心、孵化中心，培育创新型电商企业，成为落实“双创”战略的重要载体，在吸纳大学生和农民工就业，促进社会和谐稳定方面发挥了积极作用。

厦门中达电商园（以下简称中达）成立于2014 年，园区以共享经济社群理念，服务青年创业、企业转型、消费升级，构建“互联网＋”创新创业平台，先后获得国家小微企业创业创新示范基地、国家电子商务示范基地、2020 火花 S－Park 中国产业地产 30 强“十大园区运营服务标杆”、福建省现代服务业集聚示范区（A 类）、福建省创业孵化示范基地等近 30 项荣誉奖励。

2017 年起，在厦门市和临夏州两地政府的积极推动下，中达积极探索“两头在外”模式，以电子商务为抓手，建设电商孵化基地和开展电商青年实训相结合，采取“培训—就业—创业”打造“四个平台”的“互联网＋”产业协作新模式。项目三次入选原国务院扶贫办典型案例，曾被评为2018 年中国企业精准扶贫分领域案例（电商类第一）。目前，中达成功将该模式复制到宁夏泾源、内蒙古突泉、甘肃金川市、甘肃永昌县，服务范围覆盖 12 个县域。以“两头在外”赋能农村电商，形成内驱式产业生态。中达电商园探索的“两头在外”产业帮扶模式，一方面以沿海的供应链和电商产业发展经验沉淀下来的培训资源作为西部地区产业发展的强支撑，另一方面发挥电子商务创业成本低的优势，充分利用待发展地区的劳动力资源，并吸引农民工、大学生返乡创业，对建档立卡贫困户和致富带头人进行电商相关知识培训。

基于“两头在外”的协作模式，中达在县域服务中重点打造四个平台。一是打造资源平台。发挥人才和产业集聚的资源优势，以前沿的创新理念和专业的服务资源集聚为支撑，向西部地区提供完整的电子商务专业服务和支撑，开放优质资源，有效解决当地电商发展中存在的资源、物流问题，同时引进上游供应链资源，解决无货可卖的问题。二是打造培训平台。乡村要振兴，青年是关键。中达培养了近40位电商创业青年导师团队，通过选送学员到厦门园区培训学习和导师赴县域开班培训相结合的方式，让学员迅速掌握电商运营技巧，从电商运营新手到能独立运营店铺甚至实现盈利。截至2021年底，累计培训电商人才1 051人次，赴厦672人，建档立卡户485人。三是打造就业平台。截至2021年底，中达学员在各大电商平台开设店铺321家，累计销售额超15 000万元，稳定就业创业三个月的学员平均月收入超过3 000元。四是打造创业平台。通过创业导师团队的激励和言传身教，转变学员思想观念，激发创业致富意愿，成功为当地培养了一批批复合型电商人才，甘肃临夏、宁夏泾源、内蒙古突泉等地涌现出一批典型的电商致富带头人，个人最高月收入达10万元。

以新业态渠道推动消费帮扶，升级县域公共品牌数字影响力。为进一步扩大县域产品知名度，中达在进入县域乡村开展工作的同时，深度挖掘农业差异化产品价值、产地地域价值及文化价值基因，因地制宜打造了“西有农时（临夏州）”“泾品臻牛（泾源县）”“北纬46°（突泉县）”等公共农产品品牌，通过国务院扶贫办扶贫产品认定的农产品达68款。

依托直播电商，助力县域品牌走向全国。中达充分发挥旗下新经济产业园云创直播小镇资源，利用“短视频+直播”方式，采用“互联网+农产品”的运营模式，转变原有单一销售途径，打通线上流通矩阵，增加品牌曝光度。引入人民日报人民文旅产业探访组，联合知名网红，链接其既有的庞大粉丝资源，对乡村的自然风光、当地农副特产等进行宣传曝光与销售，为区域公共品牌造势，带动乡村产业振兴，截至2021年底，累计销售额超2 200万元。

资料来源：《中国电子商务报告》（2021），第168～169页，中华人民共和国商务部。

➢ **启发思考：**

1. 你认为厦门中达电商园“两头在外”的协作模式对电商创业有何启示？
2. 如果从事电商创业，创业人员需要哪些素质？

视频：电子商务职业认知

课件：电子商务职业认知

任务一　电子商务职业认知

一、电子商务专业人才的职业能力与素养

随着我国电子商务的快速增长，特别是电子商务新业态新模式的不断涌现，电商企业对

电商人才需求也在不断增加。根据《“十四五”电子商务发展规划》的要求，到2025年，电子商务相关从业人数将达到7 000万人。截至2022年3月，电商直接就业和网络创业从业人员达到4 126.32万人，电商信息技术从业人员达到487.1万人，电商服务业从业人员达到884.95万人，电商支撑行业从业人员达到1 229.43万人，合计6 727.8万人，从业人员数量较2020年的6 015万人，增加了712.8万人。一方面是企业需求大量的电子商务人才；另一方面却是大量电子商务专业毕业生因缺乏职业能力与素养难以就业。同时，电子商务创业者也因不了解电商创业的相关知识，而在电商创业过程中举步维艰。

（一）职业能力

以职业人的角度思考，职业智商决定事业的高度，职业情商决定事业的深度，每个行业的职业能力都有三个方面的内容：职业知识、职业技能、职业素养。

1. 职业智商。职业知识和职业技能统称为职业智商。职业智商是衡量职业技能人才在“技”的方面所掌握的优势。职业技能是指大学生就业所需的技术和能力，这是就业的前提，重点是解决如何操作的问题，也是学生在校学习最重要的任务。随着社会对高技能人才的需求，职业知识也越来越受重视，在扎实职业知识的引导下，在一定的行业范围内，只有拥有相对稳定的系统化的电商知识，才能更加深刻地理解相关原理。

2. 职业情商。职业情商主要指人在情绪、情感、意志、忍耐挫折等方面的品质。职业情商高的人能认识自己和他人的感觉、自我激励、善于同别人沟通，以及很好地控制自己在人际交往中的情绪能力。电子商务逐步发展成了传统行业，电子商务人才的专业情商越来越被企业所重视。做人有原则，做事有底线，重视职业情商铭刻在电商职业人才身上的印记。职业素养重点是解决“为什么要这样做”的问题。

（二）职业素养

1. 职业道德。职业道德是人们在一定的职业活动范围内所遵守的行为规范的总和。电子商务职业道德是对电子商务人员在职业活动中的行为规范。职业道德总是恪守电商人才自己内心的原则，懂诚信、懂尊重，快速发展的电子商务行业总得有人坚守。电子商务诚信以及客户沟通的尊重，电子商务行业的坚守和网络舆论的引导，这是职业道德最好的诠释。

2. 职业理想。职业理想是一个人职业素养的最高标准，在电子商务工作中，每一个职业人对自己的职业前途都抱有理想，拥有职业理想的电商职业人总是对自己的事业有所期待。例如电商客服的职业理想可以是成为客服主管，也可以是运营，或者其他更高职位。

3. 职业尊严。因为有了职业尊严，人们对电子商务行业保持足够的理解和尊重，也因为有了职业尊严，职业人善待它的规律，保持足够的职业进取心。

二、电子商务人才的工匠精神

与职业素养息息相关的是工匠精神。职业素养包括职业理想、职业道德、创新能力、审美意识；工匠精神包含追逐品质、敬业爱岗、行业坚守、对美的理解。电子商务职业素养和工匠精神在很多方面是遥相呼应的，如职业理想与追求品质、职业道德与行业坚守、审美意识与对美的理解。电子商务的工匠精神包括哪些内容，应如何去塑造？

（一）工匠精神

> **想一想：**你有听说过我国大国工匠的典型事例吗？

工匠精神就是要求企业员工如同一个工匠一样钻研自己的产品，产品要精益求精，经得起市场的检验。而电商人才的工匠精神包含哪些素质？可以在以下几个维度体现出来。

1. 产品理解维度。从事电子商务的职业人，总是对于经营的产品或服务品质一丝不苟，不断要求用户体验精益求精，拥有行业创新能力，以及清晰的市场定位。对产品要求越苛刻，工匠精神就越强。

2. 职业情商维度。职业情商维度是工匠精神最重要的维度，电子商务离不开计算机、手机、网络与物流等条件，这些条件决定了成败的每一个细节。职业电商人应享受电商工作带来的愉悦感，耐心从事电商基础工作，专注于每一个细节，坚持不懈地做好电商行业的各个领域。每当遇到需要苛刻的标准时，职业情商就会显得特别重要。

3. 艺术能力维度。电商行业的每一个步骤都离不开产品的优化和网页的优化。首先必须秉承客户至上的思维进行电商行业内的艺术理解，对产品、网页、品牌形象等进行艺术设计和艺术氛围引导。

4. 自我认知维度。自我认知就是要平心静气从事电商领域的工作，既要有职业规划，同时又要淡泊名利，注重自我修养和积累，熟悉电商行业规律。

电子商务专业人才的工匠精神，实际上就是在电商的领域内，专注于自身的工作与责任，不断雕琢与创新，做好电商行业引领，产出高品质的电子商务理念与模式，引导社会对电子商务行业的美誉度。

（二）电商专业人才工匠精神的塑造方式

工匠精神不是一种机械重复的工作行为，而包含着更深远的意义，代表着一个时代的气息，如坚定、求实、精益求精等。如德国的精工制造业，它将一项技术发挥到极致，顶级品质打造顶级品牌。对企业而言，工匠精神就是品牌打造的基础。拥有工匠精神不一定都会成为企业家，但大多数成功的企业家都有工匠精神。任何工匠精神的塑造，根据对成功者的分析，工匠精神可以从以下六个方面去塑造。

1. 审美意识。积极参与艺术类、鉴赏类选修课程，通过对美的学习，重点培养审美意识和美的创造能力。

2. 创新能力。积极参加创新课程，同时积极参与技能竞赛，结合第一、第二课堂重点培养创新能力。

3. 专注力。珍惜每次素质拓展能力课程，侧重注意力培训以及专注力的重点培养并锻造注意力。

4. 忍耐力。积极参加高品质学生社团，努力营造社团竞争氛围，重点塑造心理忍耐力和钻研忍耐力。

5. 坚守意识。定期观看大国工匠相关视频，培养优秀学生以烘托工匠精神氛围，重点培养坚守意识。

6. 忠诚度。重新理解实践教学，引导学生自我定位做好职业规划，适应企业文化，在岗位实习前培养自身的忠诚度素养和职业操守。

视频：电子商务创业者及其素质

任务二 电子商务创业者及其素质

课件：电子商务创业者及其素质

一、电子商务创业的特点

电子商务创业，是指利用电子商务的平台、商业模式、技术、理念、物流、客户等资源，开展的创办企业、服务公众、获得利润、立足行业的创造性活动。电子商务创业活动具有以下四个方面的特点。

（一）门槛低

与传统行业相比较，其最大的优势在于无实体店经营，减少了店铺资金、店铺装修等大笔费用的支出。同样是卖服装的店铺搞活动，实体店在活动中涉及大量费用，如人工费、门店费、产品折损等费用，而网店除了人工费用之外无须增加其他成本。电子商务创业之初对资金的要求不高，以淘宝开店为例，普通用户只需缴纳 1 000 元的保证金就可开店，适合大部分缺乏资金的青年创业者。大部分的电子商务创业者均以经营有形产品为主，如食品、服装、酒水等，电子商务是把有形产品变成无形图片的售卖过程。因此电子商务比传统商业的库存压力要小，从而降低了库存风险。因此，电子商务创业门槛较低。

（二）入门快

电商行业，只需要会网购，就可以顺利从买家转换为卖家，其流程是逆向的。

（三）深入难

电商行业每天都在发展变化中，需要不断地去学习新规则和知识，去进步、去突破，从而掌握电子商务如何去运营，如何去注重细节，如何去进行全方位的协同工作，取得更高的工作效率。

（四）需耐心

电商从业者耐心地去挑选优质货源、设计商品详情页，并与客户在线沟通、处理售后服务，以及耐心地去学习新的电商规则和营销技巧。

二、电子商务创业者的素质

电子商务商业模式、技术、理念、物流、客户等资源逐渐形成了共享经济，素未谋面的人们之间的交流与活动逐渐地变得越来越容易。这种模式让电商行业对创业者的实质有基本的要求。电子商务商业模式、技术、理念、物流、客户等资源逐渐凑成了共享型经济，在这个环境下人与人相互服务变得越来越轻松，也是这种商业模式让电商行业对创业者有了最基本的素质要求。

（一）电子商务创业者的个人素质要求

想一想：你认为电商创业者必须具备哪些素质？

1. 创业决心。如果创业者下定决心将电子商务作为创业方向，那么不论在创业中一帆风顺还是遭遇挫折，都仍然会坚持，顽强坚持下去。

2. 忍耐力。一个电商企业的成长路上要经历无数的艰难险阻，这些困难从各个角度挑战创业者的忍耐能力。尤其是抵抗挫折的能力，抗压已经成为电商创业者们必备的技能。忍耐并不是无为，而是不断积累力量，完善经营模式，并等待机会逆转。

3. 勤奋学习。电商行业的创业者与其他行业的创业者比较面临更大的挑战，是生存环境的不断更新和升级。昨天的技术、理念、平台、生活方式、盈利模式，到了今天就可能失去活力；如果创业者不刻苦学习，就很难坚持到最后。电商创业者必须足够勤奋，甚至全天候服务客户，节假日也要工作，加班加点是常事。只有勤字当头，才能成功迈上新台阶。

4. 刚柔并济。电子商务与传统行业不同，运作方式十分灵活，传统行业是一种固有的思维模式，新的电商创业者应懂得一张一弛，文武之道。电商创业者切忌两种极端性格：一是过于强势，一切都是他说了算；二是过于弱势，掌控不了员工和客户。

5. 包容心。要有一颗包容的心，任何人都有优点和缺点，要用人所长，包容和改善他人的缺点；包容还体现在对待客户的态度上，能够耐心与不同类型的客户进行良好的沟通；接受团队内部不同的意见，包容可以使企业在试错中不断成长。

6. 创新能力。守旧不用面临风险，但也会错失发展的机会，尤其是电子商务快速发展的时期，小创新就可能为网店带来大量客户。即使一个创业者暂时没有创新能力，也必须有创新意识，只有这样才可以带领团队创新。

（二）创业型电子商务团队的建设要求

互联网时代已经颠覆了以技术为主的时代，创新显得极为重要，创新型电子商务团队建设显得极为重要，建设要求如下：

1. 产品减重。太多团队在产品设计中吸收了太多营养，此时应该回过头来做一些客户探索和验证，了解用户真正问题。在开发产品前，与用户验证设计方案是否可行；试着对最初产品的设计减重，减到只解决客户的一两个核心问题为止，减到以最简单的方式将功能显现。

2. 团队减员。尽量让团队在小而美的状态下多停留一段时间，以形成未来的核心团队。要鼓励团队成员一专多能，勇于尝试自己不熟悉的业务；要考虑更多地利用免费的外部资源，例如朋友、意向投资人、专家顾问，特别是早期用户。

3. 沟通减重。在沟通前，先把一次要表达的内容减到最少，把想法送出后，让自己处于清空的状态，去仔细观察对方的反应；在沟通时，如果一时不能达成一致，需以一颗平常心面对；创业者应该让自己处于聆听和接纳的状态，特别是当对市场几乎一无所知时。

三、电子商务创业者的 SWOT 分析

随着人们生活水平的不断提高以及互联网的普及，网上购物消费者的不断增加与消费能力

的不断增强，电商平台日趋成熟，技术环境逐渐改进，第三方支付工具不断优化，为创业者提供了巨大的电商创业机遇，同时电商创业者也面临着巨大的挑战。所以应对电商创业者进行SWOT分析，如优势、劣势、机会、威胁分析。针对大学创业者进行SWOT分析结果如下：

（一）电子商务创业的优势

1. 无实体店费用支出。电子商务创业相较于传统创业，最大的优势在于无实体店经营，减少了店铺租金、店铺装修等大笔费用的支出。

2. 低资金门槛。电子商务创业初期对资金的要求不高，以淘宝开店为例，最低的资金要求仅为1 000元钱，适合大部分草根青年创业。

3. 少库存风险。大多数电子商务是将有形商品变为无形图片售卖的过程，再通过快递实现无形图片到有形商品的还原。因此，电子商务比传统商业的库存压力要小，由此也降低了库存风险。

（二）电子商务创业的劣势

1. 拉新成本过高。以拼多多为例，注册卖家数量已经超过560万家。尤其是对新店而言，要想从560多万家店铺中脱颖而出，拉到新客户的成本（拉新成本）不断升高。正是因为如此，才会出现大量9.9元以下的特卖商品，店铺通过这种拼单让利引流的方式来降低拉新成本。

2. 商品体验感太差。电子商务缺乏将实物商品呈现给消费者的真实接触途径，几乎都是凭视觉感知，无法像传统商业那样实现“视觉、听觉、触觉、嗅觉、味觉”的全面感受，在非标品领域表现得尤为明显，如腊肉，无法界定其型号、口味、产地以及生产时间。

3. 客户响应不快。大部分的电商客户均追求极速的客户响应，因为延迟几秒的响应均会导致大量潜在客户流失。例如，很多网店都采用人工客服（或机器人）1年365天24小时轮班，即使半夜也会对顾客的咨询在第一时间做出回应，而这正是大部分缺乏资金和人手的电商创业者无法做到的。

（三）电子商务创业的机会

1. 销售半径无限。传统商业的销售半径小，大部分商铺的销售范围有限。客户接触不到店铺，自然无法形成购买。但是电商通过互联网将销售半径扩大到了无限，可以通过跨境电商将商品卖到世界各地。

2. 区域特色产品。许多特色商品的生产限于某些特定区域，但是其消费范围却不限于此。纵观成功的电商创业大多以本地特色产品作为主打，例如温州地区的第一大电商商品就是鞋类，因为鞋业是温州地区的第一大轻工产业。

3. 个性创意产品。在大部分的电商产品同质化严重、价格竞争激烈的今天，个性创意产品或许已经成为电商创业的蓝海。网络创意家居用品“阿拉神灯”是一款集无线蓝牙音箱、彩色灯、闹钟、收音机等多种功能于一体的台灯，可以通过手机蓝牙或者外置TF卡播放音乐，灯光能够伴随音乐的节奏和音量的大小而变换。“阿拉神灯”于2014年在全网获得了超过千万元的销售业绩。

（四）电子商务行业的威胁

1. 行业恶性竞争。由于电商的入行门槛较低，尤其是个人网店，所以导致了大量的同行从业人员扎堆进入某些热门行业，带来了行业的恶性竞争。例如某些商品的线上价格远远低于制造成本，导致偷工减料、以次充好的现象出现，使得某些网站的正品率降低、客户信任度不高。

2. 虚假交易盛行。由于大部分的网站采用按交易量等指标排名的显示顺序，使得“刷单”盛行。“刷销量”“刷信誉”“刷好评”等虚假交易已经成为电商的“毒药”，“不刷等死、刷了找死”，严重危害了全行业的秩序，却一时也找不到解决的对策。

3. 烧钱补贴盛行。某些网站在推出新产品或新服务时为了打压同行竞争、争取市场份额，采用烧钱补贴政策。例如滴滴和快的，在争取客户时采用了现金补贴的方式，短时间内花费几十亿元的资本，同时也挤垮了多家缺乏资本支持的对手。

视频：电子商务创业的步骤

课件：电子商务创业的步骤

任务三　电子商务创业的步骤

在创业之前需对创业步骤有一定的了解，这里把电子商务创业的步骤大体总结为以下五步：创业前期筹备、创业资源管理、电子商务创业平台选择、货源寻找与消费者分析、运营管理。

一、创业前期筹备

当创业者决定进入创业领域的那一刻，就应该对该领域的市场情况有深入的调研了解，明确该市场的目标人群、发展现状和前景，从而不至于使自己之后陷入进退两难的境地，也对自己的创业方向和发展路径有一个很好的规划提供数据指导。创业前期筹备工作主要包括撰写商业计划书、筹措资金、分析创业环境、定位目标市场、建设创业团队等。

（一）撰写商业计划书

商业计划书是创业融资的“敲门砖”。作为企业进行融资的文件，其作用就如同预上市公司的招股说明书，是一份对项目进行陈述和剖析，便于投资者对投资对象进行了解和初步考察的文本文件。因此，对初创者来说，商业计划书的作用尤为重要，一个酝酿中的创业计划往往很模糊，通过编写商业计划书使创业者对创业计划有更清晰的认识。

（二）筹措资金

资金是创业能否成功的决定性要素，找合伙人和投资人也因此成为创业者投注精力最多的事情。但事实上，创业是一个复杂的系统工程，成功的投资人只是创业成功必要条件中的一部分。无论采取何种方式筹措资金，一定要选择适合自己的方式，否则还没开始创业就走上了歪路。

（三）分析创业环境

创业外部环境是指创业组织外部的各种创业条件的总和，对创业组织的发展具有广泛的影响力，是创业组织发展的保证。创业环境分析可以从宏观环境和行业环境两方面入手。宏观环境是指政府政策、社会文化环境和科技环境。宏观环境表面看上去与电子商务创业没有太大的关系，但宏观环境中的各个因素是不可控的，在整体大局上影响着电商创业。因此，必须清楚地了解和熟悉相关的政策法律环境，以便更好地应对创业风险并抓住机遇。不同的行业所处的发展阶段不同，其经济特点也不同，这些信息直接决定电商创业者所选择进入的行业能否给自己带来可观的利润，甚至关系到后期发展的前景。

（四）定位目标市场

电商创业在目标市场定位部分可分为两种方式，一种为对现有产品的再定位；另一种为对潜在产品的预定位。对现有产品再定位可能导致产品名称、价格和包装发生变化，但是这些外表变化的目的是保证产品在潜在消费者心目中留下值得购买的印象。对潜在产品的定位，要求营销者必须从零开始，使产品特色确实符合所选择的消费市场。

（五）办理营业执照

营业执照是企业法人营业执照的简称，是企业或组织合法经营权的凭证，办理营业执照能更好地与用户建立信任关系。

（六）建设创业团队

要想创业成功，必须创建一个符合自身要求的创业团队。创业团队建设的一般步骤为：（1）制定战略目标与重点；（2）创业者的自我评估；（3）选择创业合作者；（4）确定组织架构、职责与权利；（5）制定组织目标与章程。

二、创业资源管理

创业资源是指新创企业在创造价值的过程中需要的特定的资产，包括有形与无形的资产，它是新创企业创立和运营的必要条件。也就是说利用管理好创业资源，是创业成功的重要因素。创业资源主要包括创业人才、创业资本、创业机会、创业技术等。从利用方式角度划分，创业资源包括直接资源和间接资源；从内容角度，创业资源包括人力和技术资源、财务资源、生产经营资源；从控制的角度划分，创业资源可分为自有资源和外部资源。

（一）创业人才

人才的管理与分配是创业过程中的重要环节。项目启动前对人才的搜寻、匹配、定位决定着项目发展的速度。另外，人才的引进与流失都是创业者需重视的问题。

（二）创业资本

创业资本决定着企业前期启动的稳定性与持久性。无论是前期注入还是中期续投，都必须考虑到资金的流动并进行合理分配使用。在拟订创业计划时应着重根据创业资金确定规模，避免后期乏力。

（三）创业机会

把创业机会在于对市场的敏锐观察力，其中也包含对创业政策、新颁布法律法规的解读以及社会实时动态的把握。

（四）创业技术

创业技术包括其特有的科技、手艺、方法。创业技术直接控制生产成本，是应不断进行创新与改进的。

三、电子商务创业平台选择

电子商务创业少不了要选择入驻哪个平台，如果网店做得不灵活，功能无法有效表现，则可能不会吸引消费者。网民对网店总体来说还是比较挑剔的，除了货品本身外，还希望网站做得美观漂亮，使用方便。一套不好用的网店系统，相当于实体店铺没有选好地址，这在商业领域是一个大忌。接下来以阿里巴巴、淘宝、京东、微店、拼多多、抖店为例讲解电子商务的平台选择。

（一）阿里巴巴

阿里巴巴是一个比较综合的交易平台。在业界，阿里巴巴具有极高的知名度，很多厂家都会选择在阿里巴巴上买卖货物。不论是平台的推广，还是品牌都是相当不错的。很多淘宝店铺都会在阿里巴巴上选择货源，而且一件代发，让很多潜在的淘宝用户也会光顾。优点：知名度高，品牌多，拥有海量客户资源。缺点：对厂家资质审核不严。

（二）淘宝

淘宝目前是中国购物网站中成交量最高的一个网站。淘宝网拥有过亿用户，而且开通了海外淘等一系列便民购物服务。淘宝拥有支付宝支付功能，并推出了多种消费活动，吸引了大量年轻人消费。淘宝的便捷、自由、丰富，让其成为电商中的佼佼者。优点：买卖环节简单，忠实客户多。缺点：商品质量参差不齐，商品特色不明显。

（三）京东

京东早期以销售家电产品为主，而且拥有独立的物流。在产品的价格和运输条件上优势突出。京东是一个典型的 B2C 的物流。京东是一个典型的 B2C 电商平台，缩短了产品的交易环节，因此，价格优势是京东的一大竞争力。目前京东逐渐从家电领域中突围，涉足服装、图书、农产品等商品。优点：物流独立，运输速度快，价格便宜。缺点：商品质量参差不齐。

（四）微店

微店是零成本开设的小型网店，无库存压力，无资金风险，无须处理物流和客服，只需利用网络社交圈推广，即可售出商品从中获取佣金；供应商把产品发布到云端产品库，就有无数的微店为其推销商品，从而降低了推广的难度，拓展了网络销售渠道。优点：云销售模式较新颖，全品类的电商平台，用户黏性较强，按成交提佣金、按点击付费，是目前唯一在渠道环节发力的电商，PC 手机端、WAP 端、微商城全部组建完成。缺点：相比天猫、京东商品较少，入驻供应商较少，上线时间短，依靠第三方物流。

（五）拼多多

拼多多是一个专注于 C2M 拼团购物的第三方社交电商平台，拼多多以独创的社交拼团为核心模式，主打百亿补贴、农货上行、产地好货等，于 2018 年 7 月在美国纳斯达克证券交易所正式挂牌上市。优点：选品角度看，拼多多比淘宝稍微容易一点；从做店成本来看，拼多多比淘宝成本低很多。缺点：拼多多“运营成本”高；拼多多用户相比淘宝质量差；拼多多毛利低。

（六）抖店

抖店是抖音旗下的为电商商家实现一站式经营的平台，为商家提供全链路服务，帮助商家长效经营高效交易，实现生意的新增长。抖店具有以下几个特点：（1）一站式经营。开通抖店后，您可以通过内容到数据到服务全方位的抖店产品，实现商品交易、店铺管理、售前 & 售后履约、第三方服务市场合作等全链路的生意经营。（2）多渠道拓展。开通抖店后，您可以在抖音、今日头条、西瓜、抖音火山版等渠道进行商品分享，一家小店，多条售卖渠道。（3）双路径带货。①商家自营：抖店商家可实现在平台的持续经营，可通过商家自播实现生意的新增长。②达人带货：商家在抖店不仅可以自播带货，也可以申请加入精选联盟，邀请平台达人帮助带货。（4）开放式服务。第三方服务市场合作：抖店连同第三方服务市场，可助力商家在商品管理、订单管理、营销管理、客服等全经营链路实现效率提升。

四、货源寻找与消费者分析

电商企业创业初期考虑最多的就是货源。想把小店做大，除了实行价格优惠之外，还要有质量保证。那么，寻找合适的货源肯定是创业者需要深思熟虑的问题。不仅要了解影响商品选择的因素、分析不同进货渠道，还需运用不同的工具对相应的产品进行市场分析。电子商务创业是为了提供满足消费者需求的产品或服务，而在市场竞争环境下，可供消费者选择的产品或服务是多种多样的。创业者需要在营销的过程中，可能了解并满足消费者的购物心理，让产品或服务销售得更顺利，这也正是消费者研究分析存在的意义。消费者研究分析首先要研究消费者购买行为，包括产品信息的了解途径、主要的获取方法、关键性的影响因素、习惯的使用方式，了解消费者画像；其次，要研究消费者的消费态度，即消费者对某一产品或服务所持有的一种比较稳定的赞同或不赞同的心理状态等。

五、运营管理

在电子商务创业中，网店运营管理工作主要包括订单管理、客服管理和物流通与装修、网店推广、网店管理（商品管理、订单管理、客服管理和物流管理）等。

（一）商品拍摄与美化

商品拍摄与美化是电子商务创业运营过程中必不可少的一环。同时，随着视觉营销的兴起，客户对于视觉体验的需要也越来越旺盛，如何通过商品拍摄与美化的手段在电子商务创业竞争中展现自身商品的出众，抓住客户的第一印象，培养客户对商品的好感度，是商品拍摄与美化的根本目的。

（二）网店开通与装修

如果已经选择好了电子商务平台，接下来就是要开通并装修网店了。网店的美化装修如同实体店的装修一样，要让客户从视觉和心理上感受到店主对店铺的用心，并且能够最大限度地提升店铺的形象。精美的网店装修有利于网店品牌的形成，提高浏览量，同时延长客户在网店停留时间。漂亮恰当的装修，能给客户带来美感，使客户浏览时不易疲劳，自然会细心查看。好的商品在诱人的装修设计的衬托下，会使人更加不愿意拒绝，有利于促进成交。

（三）网店推广

在快速发展的电商时代，如果电商创业者不做任何网店推广，那么网店就如一潭死水般慢慢等待关门。如果想将网店做大，那么电商创业者就不可避免地要进行推广。"酒香不怕巷子深"这句话对于电商创业者来说绝对是不适用的。如今的电商平台，不推广网店，就只有等着商品被埋没。网店推广的方法包括搜索引擎推广、论坛推广、第三方平台推广、交换链接推广、微信推广、微博推广、视频推广等。

（四）网店管理

良好的管理能够为网店带来可持续竞争优势。网店管理工作包括商品管理、订单管理、客服管理和物流管理。商品管理是网店经营的主要活动，它直接关系到网店的生死存亡。在市场竞争残酷的微利时代，只有对网店商品做好进、销、存的管理，才能得以生存、发展，才能战胜竞争对手。订单管理是一个常见的管理问题，包含在网店的客户订单处理流程中。订单管理可被用来发掘潜在的客户和现有客户的潜在商业机会。订单取决于需求，订单管理就是处理订单。想要运营好网店，就必须与客户建立良好的关系，换句话说，也就是要掌握客户关系管理的有效方法。这对电商创业者来说十分重要，是电子商务创业顺利开展经营活动、实现快速发展的必要保证。

物流从业者是电商创业者除客户外接触最多的人群之一，物流费用有可能成为一项重要的经营支出。选择好物流企业并与其建立良好的合作关系，对提升网店的服务质量及降低经营成本都有着重要的作用。

思政园地

临安白牛村电商人的转型之路

浙江临安昌化白牛村，这个距离杭州主城区一个多小时车程的小山村，是中国首批14个淘宝村之一，全村有电商户68家。鼎盛时期，全村电商网销额达4.7亿元/年。2007年，白牛村出现了首批淘宝掌柜，"85后"的方强是白牛村电商企业"林之源"的创始人，爱人小叶是当地小有名气的"网红主播"。

这两年，在疫情、市场调整的叠加冲击下，订单减少、成本增加，白牛村的传统网销进入了“寒冬”。如何突破重围？是摆在大家面前亟须解决的一道难题。

一颗山核桃都要历经15年方才挂果，身为临安人的白牛电商们更是深谙此道。坚守过后，期待开花结果。

1. 曾经的“掌柜”，如今的“网红”。

“我们家的山核桃仁都是现剥现炒的，没有添加剂哦！”白牛电商企业林之源直播间内，小叶一边说，一边打开一罐山核桃仁，抓起一小把，放进嘴里，“嗯，香香脆脆的，好吃。”一旁的方强补充道：“少糖少盐，小罐装方便携带，喜欢的可以下单喽……”，镜头前的两人，一唱一和，产品介绍、线上互动，一连串操作驾轻就熟。

方强的父亲曾是山核桃小贩，后来办了炒货加工厂，开实体店卖山核桃仁。但是，方强选择了一条和父辈截然不同的路，开起了网店。

然而，2019年随着直播带货行业迅猛发展，方强的网店销量开始逐渐下滑，促销也并未带来明显的改善，情况还在急转直下。2020年，在疫情和直播带货的双重影响叠加下，订单减少、成本增加，不仅是方强，白牛村的传统网销进入了“寒冬”。第一次，方强强烈意识到，改变迫在眉睫。

2. 熬过艰苦岁月，迎来直播第一桶金。

不同的变化，落在不同人身上，表现出不同的结果。当其他电商还犹豫观望时，方强夫妻毅然决定转换“赛道”，成为白牛村第一批直播带货的电商。但是，站在手机镜头前该怎么吆喝？2020年，借助“云上白牛”示范型村落景区建设的“东风”，白牛村电商大楼落成投用。面对疫情的影响和直播带货的冲击，昌化镇“e起牛”党建联盟推出“百名网红培育计划”，为电商户们精心打造了9个直播间，鼓励电商们试着自己做直播，为自己的农产品代言，并定期开设直播培训班。方强夫妻去参加了培训，学习如何直播，怎么做短视频。只是，草根素人，从零开始，惨淡也是预料之中。调整心态后的方强，将直播间搬到了自家的生产车间、田间地头，“这是我们最大的天然优势，比任何广告都更有说服力。”方强清楚地知道自己的核心竞争力，这也成了他们坚持下去的理由。2020年9月3日，方强清楚地记得这一天，直播间迎来了第一桶金——9 000多元的销售额。如今，他们的抖音号收获了10万名粉丝，几乎都是精准客户，一场直播下来能带动销售2 000斤山核桃仁，目前近70%的销售额是通过抖音直播带来的。

3. 东方甄选的火爆，是无法回避的话题。

与直播间一墙之隔，是打包间。装罐、称重、封管、装箱，山核桃的焦香伴随着胶带撕下“吱啦吱啦”的节奏声，我帮着工人们将装罐好的山核桃仁装箱打包。“白露到，竹竿摇”，每年9月之后才是山核桃的销售黄金期，还有一个销售旺季是在元旦到春节这段时间。或许是这两年经历了太多的变化，最近，“东方甄选”直播间的火爆，成了白牛电商们无法回避的一个话题。方强的直播间一直是“平播”，不需要“54321”大叫大喊，但“东方甄选”的火让他们意识到，大家对直播的内容有了更高的需求。

4. 白牛电商何去何从？

每当夜幕降临，白牛村电商大楼灯火通明。三楼9个直播间里“吆喝声”此起彼伏：“入口即化，沙绵软糯，宝宝们，吃一口你就会爱上临安的小香薯……”“坚果在一号链接，喜欢的可以下单了！”

一旁的会议室里，白牛村的驻村干部与电商们聚在一起，结合“三服务”“助企纾困”等活动，围绕电商产业如何转型升级主题开展了热烈讨论。

有人说，可以学抖音新农人拍摄视频，在内容上多点创新；有人说，内容是要新颖，但产品质量才是最重要的……如何向直播、短视频迭代升级转型，成了当下白牛村电商迫切需要解决的问题。

这两年，白牛电商们一直在寻找新的出路，有人选择从线上转为线下，例如做供应链，做与电商相关的配套等；也有人像方强一样，尝试直播带货。我们能感受到，对于未来，白牛电商还是充满信心的，对于改变，大家都很积极。接下来，我们将针对不同电商的个性特色，开展“一对一”培训，在内容输出上下功夫，让大家在转型过程中能走得更稳。

5. 白牛电商的信心，还来自政府部门实实在在的帮助。

为了给企业加油鼓劲，今年以来，临安昌化出台了500万元奖扶政策支持企业创新创业，还建立了“1+1”保姆式服务机制，聚焦“急难愁盼”的发展问题，为企业提供全流程、个性化的“一站式”帮办代办服务；还计划盘活白牛电商大楼等资源，打造集仓储、培育、直播、互联于一体的新农人创客中心，为农创客提供更优质的资源、劳动、空间等要素保障。

走在村里的白牛古道上，白牛村第一家民宿、日料店、牛肉馆已相继开业，小酒馆也正在装修中……越来越多年轻人喜爱的业态引进白牛村，村民们希望能让更多年轻人来得了，留得下。

资料来源：https：//t. cj. sina. com. cn/articles/view/1700720163/655eee23020016axs.

本项目主要知识点

电子商务创业　创业者素质　职业能力和职业素养　工匠精神　工匠精神的塑造方式　电子商务创业特点　电子商务创业者的SWOT分析　电子商务创业步骤　创业资源管理　运营管理

课后习题

一、单选题

1. 在职业能力中，职业知识和职业技能统称为（　　）。

A. 职业情商　　B. 工匠精神　　C. 职业素养　　D. 职业智商

2. （　　）重点解决“为什么必须要这样做”的问题。

A. 职业情商　　B. 工匠精神　　C. 职业素养　　D. 职业知识

3. 关于沟通减重，以下说法错误的是（　　）。

A. 在沟通前，先把一次要表达的内容减到最少，把想法送出后，让自己处于清空的状态，去仔细观察对方的反应

B. 在沟通时，如果一时不能达成一致，需以一颗平常心面对

C. 创业者应该让自己处于聆听和接纳的状态，特别是对市场几乎一无所知时
D. 沟通时要主动表达自己多个观点，让对方觉得自己很博学
4. 电子商务创业团队建设的步骤顺序（　　）。
①明确筹建创业团队的原则
②设定创业团队的岗位设定及工作职责
③制定创业团队的管理办法和标准
A. ①②③　　B. ②③①　　C. ③①②　　D. ③②①
5. 在创业申请贷款额度中，超过 2 年的贷款额度一般最高不超过（　　）万元。
A. 10　　B. 15　　C. 20　　D. 25

二、多选题

1. 职业情商高的人能（　　）。
A. 认识自己和他人的感觉
B. 自我激励
C. 善于同别人沟通
D. 很好地控制自己在人际交往中的情绪能力
2. 职业素养的内容包含职业理想、（　　）。
A. 职业道德　　B. 职业尊严　　C. 职业规划　　D. 创新能力
3. 工匠精神需从（　　）坚守意识、忠诚度塑造。
A. 创新能力　　B. 审美意识　　C. 专注力　　D. 忍耐力
4. 门槛低、（　　）是电子商务创业活动显著的特点。
A. 费用大　　B. 入门快　　C. 深入难　　D. 需耐心
5. 创业资源主要表现形式为（　　）和创业管理等。
A. 创业技术　　B. 创业人才　　C. 创业资本　　D. 创业机会

三、简答题

1. 什么是工匠精神？
2. 电子商务的职业素养和工匠精神有哪些联系？
3. 电商创业的一般步骤是什么？

项目实训　电子商务创业实训

一、实训目的

了解当前电子商务创业的基本内容进行认知学习，掌握电子商务人才所具备的能力、创业人所具备的素质、电商创业的步骤。

二、实训素材

计算机、网络、素材案例、在线资源等。

三、实训步骤

1. 电子商务人才能力分析。以实训小组为单位，通过在网上收集，对常见的电商人才进行分析，完成表 10－1 中的内容。

表 10－1　　常见的电商人才具备的能力

电商岗位	职业技能	职业知识	职业素养	工匠精神
网页美工				
客服				
运营				
平台搭建与维护				
数据库建设				

2. 电子商务创业者素质分析。小李是某大学电子商务大三的学生，临近毕业之际，在大家都选择在找工作的时候，他选择回乡创业，他的家乡位于黑龙江省五常市，是著名的大米之乡，小王决定通过电商的方式进行产品售卖，虽然店铺仅仅运营了 1 个月，但销量表现很好，小王也一直在不断地学习新知识，希望能把店铺打造成知名的农产品网店，让更多的人能够通过网店直接买到东北的农产品。

在上述案例中，小王体现出了哪些电子商务创业的素质？除此之外，他还应具备哪些电子商务创业者素质？这些素质能力能够锻炼他哪些精神，对他创业有哪些益处？

3. 电子商务创业步骤认知。以实训小组为单位，假设现在你们的团队（3～5 人）准备创业开一家农产品网店，主营产品为江西富硒农产品，包括富硒菊花茶、富硒鸡蛋、富硒大米等东北特色农产品，请根据电子商务创业步骤完成每个步骤具体工作内容的书写并填写表 10－2。

表 10－2　　农产品网店创业步骤及工作内容

步骤	具体内容
创业前期筹备	
创业资源管理	
电子商务平台选择	
消费者分析	
运营管理	

完成实训任务后，教师安排小组之间互相进行评比，随后教师对各个小组的实训做出评价。

参考文献

［1］许应楠．电子商务基础与实务［M］．北京：高等教育出版社，2021.

［2］程越敏．电子商务基础［M］．北京：高等教育出版社，2020.

［3］覃征．电子商务概论［M］．北京：高等教育出版社，2019.

［4］刘喜敏，梁娟娟．网络营销（第七版）［M］．大连：大连理工大学出版社，2022.

［5］方玲玉．网络营销实务（第二版）［M］．北京：高等教育出版社，2020.

［6］于海浩，刘志坤．大数据技术入门［M］．北京：清华大学出版社，2022.

［7］王忠元．移动电子商务［M］．北京：机械工业出版社，2022.

［8］黄轲，谢超，易俗．移动电子商务基础与事务［M］．北京：人民邮电出版社，2021.

［9］杨立钒，万以娴．电子商务法与案例分析［M］．北京：人民邮电出版社，2021.

［10］赵莉，林海．电子商务法律法规［M］．北京：高等教育出版社，2021.

［11］马宁．电子商务物流管理（微课版　第3版）［M］．北京：人民邮电出版社，2020.

［12］林子雨．大数据技术原理与应用——概念、存储、处理、分析与应用（第3版）［M］．北京：人民邮电出版社，2021.

［13］郑秀田，甘红云，林菡密．跨境电子商务概论［M］．北京：人民邮电出版社，2021.

［14］邹益民，隋东旭．跨境电商基础与实务［M］．北京：人民邮电出版社，2022.

［15］白东蕊．电子商务基础［M］．北京：人民邮电出版社，2021.

［16］华迎．电子商务基础与实务（微课版）［M］．北京：人民邮电出版社，2022.

［17］王红蕾，刘冬美．电子商务基础（慕课版）［M］．北京：人民邮电出版社，2022.

［18］贺湘辉，刘香玉．电子商务基础（第二版）［M］．北京：中国人民大学出版社，2020.

［19］朱景伟，陈海建．电子商务基础实训指导［M］．上海：复旦大学出版社，2020.

［20］胡亦．大数据基础应用［M］．北京：机械工业出版社，2023.

［21］隋东旭．电子商务基础与实务［M］．北京：清华大学出版社，2022.

［22］杨立钒．电子商务基础（第三版）［M］．西安：西安电子科技大学出版社，2017.

［23］吴浪．电子商务基础与实务［M］．四川：重庆大学出版社，2018.

［24］陈建忠，赵世明．移动电子商务基础与实务［M］．北京：人民邮电出版社，2016.

［25］欧志敏．电子商务法律法规［M］．北京：中国人民大学出版社，2022.

［26］郑红花．跨境电子商务法律法规（第2版）［M］．北京：电子工业出版社，2023.

［27］韩晓平．电子商务法律法规（第4版）［M］．北京：机械工业出版社，2020.